岡田英弘

漢字とは何か

——日本とモンゴルから見る——

編・序＝宮脇淳子

特別寄稿＝樋口康一

藤原書店

漢字とは何か　目次

文字の国の悲哀——漢字は中国語ではない　124

漢字文明についてのエッセイ集

漢字とは何か

日本とモンゴルから見る

編集協力＝嶋津弘章

序章　岡田英弘の漢字論

宮脇淳子

なぜ本書を編んだか

岡田英弘は歴史学者である。その守備範囲は幅広く、漢籍を史料としたシナ史から現代中国論、シナを取り巻く朝鮮、満洲、モンゴル、チベットの歴史と文化、日本の学校教育における世界史の枠組みの見直し、大陸から見る古代日本など、学問分野は多岐にわたる。しかも、すべての分野において、これからも後進に影響を与え続けるだろう画期的な業績を残した。二〇一六年に完結した『岡田英弘著作集』(藤原書店)全八巻はその集大成である。

本書の編者である私は、京都大学文学部を卒業後、大阪大学大学院在籍中の一九七八年に二十代で弟子入りしてから、二〇一七年五月に岡田が満八十六歳で逝去するまで四十年近く、途中からは妻として生活をともにしながら、間近でその学問を学んだ。

編集作業に私も参加した著作集には、早い時期に新書や文庫として刊行され、版を重ねている文章はごくわずかの例外を除いて基本的には採録せず、単行本未収録の原稿、入手困難の書籍、討論会における発言記録、講演録などを中心に構成した。このことは相乗効果を発揮したらしく、おかげで、すでに知られていた岡田の著書『歴史とはなにか』『世界史の誕生』『倭国』『日本史の誕生』『倭国の時代』『中国文明の歴史』はさらに版を重ね、著作集のほうも版を重ねている。

岡田の著書はいくつも外国語に翻訳されているが、なかでも『世界史の誕生』は、台湾で繁体字中国語訳、北京で同じ翻訳者による簡体字中国語版、韓国でハングル訳、モンゴル国でキリル文字モンゴル語訳が刊行され、このあと、モンゴル人がモンゴル語訳から英訳すると言っている。その内容はというと、戦後の日本の世界史教育は、戦前の西洋史と東洋史を合体させたものであるが、地中海文明の基礎となったヘーロドトス著『歴史』と、シナ文明の基礎となった司馬遷著『史記』の世界観がまったく異なるために、日本人にとって世界史の総合的な理解が困難なのである。単なる西洋史と東洋史の合体ではない世界史を成立させるには、中央ユーラシア草原から見た世界史が役に立つ。地中海世界とシナ世界を直接結びつけた十三世紀のモンゴル帝国が、本当の意味の世界史の始まりである。十五世紀に始まるヨーロッパの大航海時代は、モンゴル帝国の影響を受けて開始されたのである。

岡田がどうしてこんな、誰も考えつかなかったような歴史観・世界観を持つにいたったかは、本人の天才もあるが、その生い立ちにも遠因があるはずである。

岡田の曾祖父は阿波の国の人で、蜂須賀侯のお抱え儒者だった。徳島に生まれた祖父は、大阪、東京（順天堂）で医学を学び、徳島市で開業したあと、神戸市に遷った。父・岡田正弘は、神戸一中から一高に進み、東京帝国大学医学部を卒業したあと、創立されたばかりの東京高等歯科医学校（現・東京医科歯科大学）に教授で迎えられ、のち学長になり、日本学士院会員になった。母は、父の恩師である東京帝国大学薬理学教授・林春雄の姪である。

岡田は、薬理学者であった父と同じ自然科学者になるつもりで、旧制高校の理科乙類に進んだが、大学受験の直前に文学部に志望を変えた。岡田の学問は、だから理系の思考方法でなされており、整合性がとれるまであきらめず、どんなことも究極までとことん理詰めに考え続けるというものである。

一九五〇年、旧制最後の年に東京大学文学部東洋史学科に入学したとき、岡田は言語学科とどちらにするか迷ったそうである。本書のさまざまな論説を読むと、日本語における漢字の役割のみならず、言葉と精神生活、母語と外国語、書き言葉と話し言葉など、それぞれの関係性が縷々論じられており、岡田が言葉に対して持っていた関心の深さが随所に見て取れる。しかし、もし言語学を専攻していたら、東洋史を専攻したよりももっと同僚に理解されない、孤独な人生を過ごしたに違いないと私には思える。

二〇二〇年一月から藤原書店のPR誌『機《き》』に、岡田のシナ学に基づいた短いエッセイ「歴史から中国を観る」の連載を始めた私に、藤原良雄社長から呼び出しがかかった。中国人にとっての漢字が、日本人にとっての漢字とはまったく異なるものであること、これこそが、日本の文化と中国の文化の決定的かつ根源的な違いであり、言葉がなければ概念はその言語社会に存在しない、という岡田の理論を、私は説明した。藤原社長はその内容に感嘆し、岡田の漢字論がいまだほとんど世に理解されていないことを惜しんで、著作集からその部分だけを抜き出し、一書として世に問うことを決めた。それが本書である。

シナ（チャイナ）の誕生と漢字の役割

本書は、著作集ではいくつかの巻に分かれていた論説を、シナにおける漢字の歴史、日本語の影響を受けた現代中国語と中国人、日本における仮名の誕生その他について、三章に編集し直した。各章の注目点については後述する。

本書を編むにあたって、著作集に収録済みの岡田の文章と私の解説だけでは、新しい本にするには物足りないと考え、京都大学文学部の私の同級生で、モンゴル語を一緒に学んだ言語学者、樋口康一・愛媛大学名誉教授に終章の執筆をお願いした。樋口氏は『岡田英弘著作集』第六巻の「月報」にも寄稿してくれており、私と同様、岡田とは四十年来の知己である。

樋口氏は、言語学者から見た漢字論や、ユーラシア大陸における文字の変遷など、興味深い論を展開してくれたので、本書刊行の意義も高まった。岡田も喜んでいるに違いない。

最初に、シナ（中国）における漢字の役割を理解するために、岡田の中国文明論を概説しようと思う。歴史上、「中国」という名前の国家は、一九一二年の中華民国まで存在しない。紀元前二二一年に天下を統一した始皇帝の「秦」が、「漢訳大蔵経」に記された音訳の漢字「支那」、そして英語の「China」の語源である。であるから、正確を期すなら、一九一二年以前は「中国」ではなく「シナ（チャイナ）」と呼びたいが、戦後の日本ではChinaを「中国」と翻訳してきたから、目くじらを立てても仕方がない。岡田自身の一般書も、『中国文明の歴史』（講談社現代新書）という題名である。

さて、秦の始皇帝による文字の統一は、「口頭で話される言語」の統一ではなく、「漢字の書体」とその漢字に対する読み音を一つに決めたことだった。その結果、読み音は、漢字の意味を表す言葉ではなく、その字の名前というだけのものになった。このあと二千年以上、シナ文明では、文字と言葉は乖離したままだったのである。

漢字にルビがふられるようになったのは、一九一八年、中華民国教育部が、注音字母《ちゅういんじぼ》という、カタカナをまねた表音文字を公布したのが始まりである。これが、口で話し耳で聴いてわかる言葉としての中国語の第一歩だった。

それまで長い間、シナには共通の話し言葉はなかった。読み音が地方によってばらばらである漢字を使いこなすためには、一つずつの漢字が持つ意味がわからなければならないが、それを説明する文字はない。だから、漢字を習得するためには、古典の文章をまるごと暗記し、文脈を思い出しながら使うしかない。儒教の経典である「四書五経」が、国定教科書になったために、科挙を受験するようなひとにぎりの知識人は、これを丸暗記し、その語彙を使って文章を綴った。そのために漢字を使う人びとが儒教徒に見えたのであって、儒教が宗教として信仰されたわけではない。

シナ文明（中国文明）は、なぜ黄河で誕生したのか

漢字は、じつは黄河《こうが》流域ではなく南の長江《ちょうこう》流域で生まれたことが今ではわかっている。しかし、漢字文明は、黄河中流の洛陽《らくよう》盆地で発展した。なぜだろうか。

黄河の渓谷に都市文明が誕生したのは、この地方の生産力が高かったからではなく、むしろ黄河が交通の障碍《しょうがい》だったからである。

今の中国青海省の高原に源を発する黄河は、高い山を迂回しながら、あちらこちらに流れを変え、甘粛《かんしゅく》省の南部を横断し、寧夏《ねいか》回族自治区でモンゴル高原に出て北流するが、やがて内モンゴル自治区の陰山《いんざん》山脈にさえぎられて、その南麓を東方に流れる。古くは黄河はこのまま東に流れ、今の北京市を通って渤海《ぼっかい》湾に注いでいたのだが、地殻変動で太行《たいこう》山脈が隆起したために急流となって南下するようになった。

山西省と陝西《せんせい》省の高原をわけて南下する黄河は秦嶺《しんれい》山脈の北麓に衝突し、ここで渭河《いが》が流れ込

んで再び東方に向かう。このあたりの黄河は長年にわたって黄土高原《こうど》を削りつづけたので、山西省と陝西省の境の両岸は断崖絶壁となり、ところによっては百七十メートルも垂直にそそり立っている。

黄河が洛陽盆地の北を過ぎるころになると、両岸は低くなり渡河に適するようになるが、しばらくして開封《かいほう》市の北をすぎると、一望の大平原に出る。すると黄河の流速は急激に落ちて多量の土砂が河底に沈澱する。河底が高くなると氾濫を起こしやすくなるうえ、この一帯は海抜が低いために地下水は塩分を多く含んで人間の生活に適さない。治水工事がされるまえの古代には、平原にほとんど聚落はなかった。

つまり、洛陽盆地より西では、黄河はその両岸の険しさと急流とで交通の障碍になるし、洛陽盆地の東方では、ひんぱんな氾濫と水路の変化によって、やはり交通の障碍になる。ただ洛陽から開封にいたる二百キロメートルの間だけは、流速はゆるく両岸は低く、水路は安定していて渡河が容易であった。

洛陽盆地に黄河文明が発生したのは、この一帯でだけ黄河を渡ることができた、という理由からである。黄河の北側は、東北アジア、北アジア、中央アジアへ通じる陸上交通路が集まり、南側は、東シナ海、南シナ海、インド洋への水上交通路が、ここから始まった。かつてシナの交通を「南船北馬」と言ったのは、これである。すなわち、洛陽盆地は、異なった生活文化を持つ人

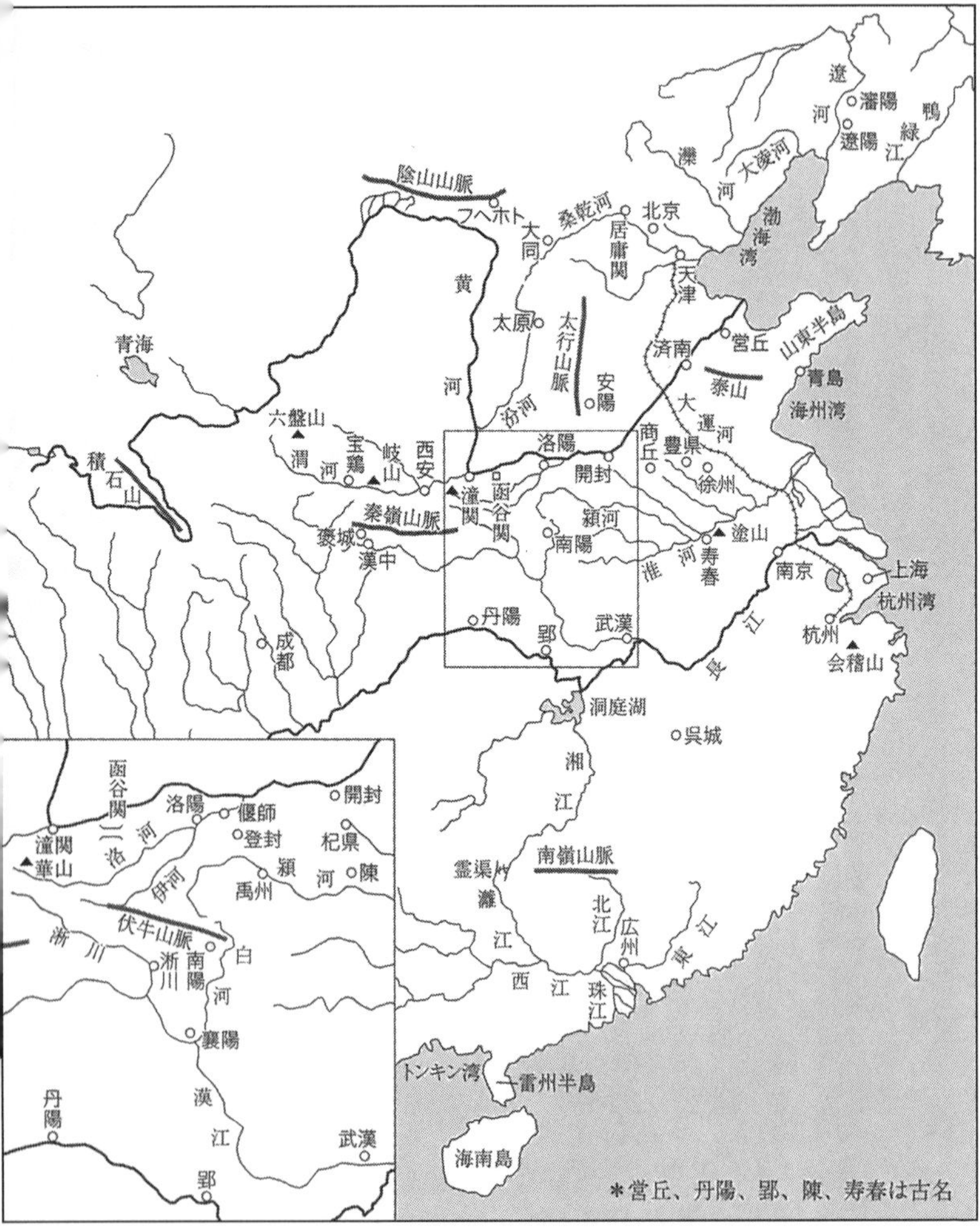

図１　シナの河川と都市

（『岡田英弘著作集』第４巻、26頁より）

びとが接触するユーラシア大陸の十字路だった。

では、黄河文明をになった漢人（中国人）はどこから来たのか。

シナ最古の歴史書である司馬遷著『史記』には、洛陽盆地を中心とする「中華」をとりまいて、「東夷《とうい》」「西戎《せいじゅう》」「南蛮《なんばん》」「北狄《ほくてき》」、略して「四夷《しい》」がいたという。「夷狄」や「蛮夷」も同じ意味である。

「夷」は「低・底」と同音で、低地人の意味であり、洛陽盆地から東方の、黄河・淮河《わいが》下流域のデルタ地帯に住み、農耕と漁撈《ぎょろう》を生業とした人びとを指した。

「戎」は「絨《じゅう》」と同じく羊毛の意味で、洛陽盆地から西方の、陝西省・甘粛省南部の草原の遊牧民のことである。

「狄」は、貿易・交易の「易《えき》」、穀物購入の「糴《てき》」と同音で、行商人の意味であるが、洛陽盆地の北方、当時はまだ森林におおわれていた山西高原の狩猟民のことであった。

「蛮」は、彼らの言葉で人の意味で、洛陽盆地から南方の、河南西部・陝西南部・四川東部山地の焼畑農耕民のことである。

これらの異なった生活形態をもつ人びとが接触したのが、洛陽盆地の近辺だった。このような「四夷」に対し、漢族の遠祖を「中華」というのは、洛陽盆地の西にある華山に由来する。次節で詳しく述べるが、「漢人」（中国人）は、そもそも歴史の始まりから、血統や生業や言語を同じくする民族であったことはなく、これらの諸種族が接触・混合して形成した都市の住民のことだった。

シナ文明（中国文明）の本質は、漢字と都市と皇帝

シナ（中国）では、王朝だけが交代して中身に変化はなかったというのは、司馬遷著『史記』が描いた世界観の枠組みにとらわれているだけで、じつはシナは時代ごとに、国家の領域も、話し言葉も、漢人と呼ばれる人たちの中身も入れ替わってきた。

ではシナ文明の本質とは何か、というと、漢字と都市と皇帝の三つである。

長江流域で生まれた漢字を洛陽盆地に持ち込んだのは、殷《いん》王朝の前の夏人《か》だと岡田は言うが（第1章「漢字の正体」四七頁）、このあと様々な出自の漢字を使う集団が、洛陽盆地のあちらこちらに生まれた。表意文字である漢字は、違う言語を話していた人びとの、交易のための共通語として発展したのである。

漢文の古典には、文法上の名詞や動詞の区別はなく、接頭辞や接尾辞もなく、時称もなく、どんな順番で並べてもいい。発音は二の次で、目で見て理解する通信手段である。これは、マーケット・ランゲージの特徴である。

はじめは各集団によって、漢字の字体や読み方は異なっていた。前述のように、これを統一したのが、紀元前二二一年に中原《ちゆうげん》に覇を唱えた秦の始皇帝である。

始皇帝は、度量衡《どりようこう》と車の軌道を一つにしたのと同様、漢字の字体も一つだけに決めた。戦国時代に他の六国で使われていた字体の書物を焼き捨てさせたのが焚書である。始皇帝が採用した字体こそ、今日でも印鑑に使われている篆字《てんじ》である。さらに、漢字一字の読み方は一つだけに決められ、それも一音節が原則となった。

こうして、漢字の読み音は、秦の支配下に入った各集団にとって意味をもたない音になったが、日常の話し言葉とどんなにかけ離れていても、このあと漢字を学べば「漢人」と見なされることになった。つまり、漢人とは文化上の観念であって、人種としては、「蛮」「夷」「戎」「狄」の子孫である。

たくさんの漢字を学んで、これを使いこなすことができるには、かなりの知能指数を必要とする。教育には金も暇もかかるので、誰でもできるわけではない。だから、シナでは、いつの時代でも、漢字を知っている一握りのエリートだけが、「読書人」と呼ばれて、本当の漢人であった。シナの領域で暮らしていても、漢字を知らない労働者階級は、実際には「夷狄」あつかいを受けてきたのである。

シナ文明の本質の二番目は、都市に住む人間が、漢人であるということである。

シナの都市は、すべて城壁で囲まれているのがふつうである。北京市の城壁は取り壊されてしまったが、今でも地方の県城や鎮には城壁が残っている。シナにおいては、いかなる種族の出身者でも、都市に住みついて、市民の戸籍に名を登録し、市民の義務である夫役と兵役に服せば、その人は漢人と見なされた。つまり、城内に住んだのは、役人と兵士と商工業者で、彼らが漢人になったのである。

古代シナの王は、もともと市場の組合長から発展したものである。洛陽盆地をめぐって興亡をくりかえした「蛮」「夷」「戎」「狄」出身の諸国は、首都から貿易路をのばし、要所要所に新しい都市を建設して移民団を送り込んだ。これが「封建」であって、「封」は方面、地方の意味である。はるか遠方に広がった交易のネットワークが効率よく機能して業績をあげるために、首都の王たちは、「巡狩《じゅんしゅ》」といって現地を訪ね、植民都市の方は「朝貢《ちょうこう》」を行なって朝礼に出席し、贈り物をした。

古くは「邑《ゆう》」、のちには「県」（「懸」と同音で、首都に直結するという意味）と呼ばれた地方都市には、首都から派遣された軍隊が駐屯して、首都からやってきた商人と、周辺地域の夷狄の間の交易活動を保護する。首都から遠い邑に対しては、数十の邑をまとめて監督する軍司令官が派遣された。これが「諸侯」で、その地位は世襲であった。世襲でなくて任命になると、これが「郡県」である。「郡」は「軍」と同音で、常設の駐屯軍を意味する。

県城には、現物で納入される租税を収納する倉庫があり、これを「県官」といった。「官」は「館」と同音で、衣食を公給されることを意味する。「館」を「管理」する者が「官吏」である。つまりシナの官吏は、市場に付設された収納庫の番人から発展したものであった。

シナ文明の本質の三番目は、皇帝である。黄河中流の渓谷から四方へ広がる商業都市のネットワークとして誕生した「シナ（中国）」は、その後もずっと、皇帝を頂点とする一大商業組織であり、その経営下の商業都市群の営業する範囲が「シナ」だった。

シナの皇帝の本来の商業的性格を示すものとして、後世にいたるまで、シナ各地の税関の収入は原則として皇帝の私的収入であり、宦官《かんがん》が派遣されてこれを監督したことがあげられる。また皇帝は、絹織物や高級陶磁器などの生産を直営し、金融業を経営して利益をあげた。

さて、古い時代には夷狄の住地であった、地方の都市と都市の間は、城郭都市の商業網の網の目が密になるにつれて、ますます多くの夷狄が都市の名簿に登録して漢人となり、秦の始皇帝の統一までには、華北、華中の平野部では、夷狄はことごとく漢化して姿を消した。漢人は、農民でも原則として城壁に囲まれた町に住み、夜明けとともに町から出て耕作を行ない、日暮れとともに町に帰ったのである。

こうして中華世界が拡大すると、その外側の「夷狄」の範囲も広がっていった。はじめは、黄河・淮河の下流域に住む漁撈民が「東夷」であったのが、遼河の東方と朝鮮半島および日本列島の住民が、あらたに東夷と呼ばれるようになる。山西高原の狩猟民のことであった「北狄」は、モンゴル高原の遊牧騎馬民を指すようになっていった。

シナにおける漢字の歴史（第1章解説）

以上のような歴史的背景を知った上で、本文の岡田の漢字論を味わっていただきたい。いろいろな機会に書いたり話したりしたことを並べ直したので、同じような文章が出てくることもあるが、前後のつながりから必要と思われるものは残した。

文字が漢字しかないということがシナ人（中国人）にとって何を意味したか、ふりがなのまったくない漢字を勉強するということがどういうことかは、日本人の想像を絶する。私の知っている限り、このような見方をした日本の東洋史学者は岡田以外にはいない。なぜこんなことがわかったのか、今もなお不思議に思う。

マーシャル・マクルーハンは、「グーテンベルクが十五世紀に活字印刷の技術を開発するまでは、言葉が文字よりも優越していた古代・中世だったのが、このあと、文字が言葉よりも優越する現代になった」と言うが、岡田によると、「シナでは、言葉と文字は最初から乖離していた、言葉は言葉、文字は文字で、最初から別々のものであった」。

スウェーデンの言語学者カールグレンは、このことを理解しており、「漢文は、読む前に全体の意味がわかっていなければ、一つひとつの漢字の意味もわからない」と指摘している。解読の手がかりは、厖大な量の古典の暗誦である。

十九世紀末になってもなお、中国人にとって漢字の学習は伝統的なものであった。中国革命を起こした孫文の右腕の、日本にも留学したことのある戴伝賢《たいでんけん》（戴天仇《たいてんきゅう》）の自伝にこういう一節がある。本文から引用する。

「彼は中国の一般的な知識人と同様、四、五歳から徹底的な古典教育を受けた。『論語』などのテキストを幼少時から叩き込まれ、十二、三歳の頃には主要な古典をあらかた暗誦できるほどであった。ところが、彼には自分が暗記した古典の意味が、文字どおり一つもわからなかったという。教える側が解釈を伝授しなかったということもあるが、十万字を超えるテキストが完璧に頭に入っているというのに、その意味するところがまったく理解できなかったというのは、恐るべき話である。

ところが、ある日、漢籍を読んでいるうちに、ふと「これはひょっとして、こういう意味の言葉ではないか」と思ったのだという。そこで、早速同じ文字が出てくる別の文献を探してみたところ、たしかに自分が推測している意味であるらしいことがわかった。そして、その一つの単語の意味がわかったおかげで、まるでもつれていた糸がほどけるように、他の単語の意味もわかるようになった。それは目の前から霧が晴れるような体験であったという」

つまり、漢文は、日本人やヨーロッパ人が考えているような「言葉」ではなく、「中国語」の古典でもない。漢人にとって漢字を学ぶのは、外国語を使って暗号を解読するようなものなのである。

漢文は、漢人の論理の発達を阻害した。どういうことかというと、表意文字の特性として、情緒のニュアンスを表現する語彙が貧弱なために、漢人の感情生活を単調にした、ということである。

漢人にとって、自分が話すとおりに書くことは極端に困難であって、まず絶望的と言ってもよい。また、もし仮にこれができたとしても、その結果は、きわめて難解な、おそらく当人以外には読めないようなものになる。だから、日常の自然言語から遊離した語彙と文法を学んでこれをマスターしなければならない。

文字のほうが圧倒的に効果的な伝達手段であるため、言語が文字に圧迫され、侵蝕され、その結果、感情や思考の表現力が劣り、結局は精神的発達が遅れることになる。だから、古くから仮名文字を発達させ、おかげで国語による表現力にそれほど大きな個人差のない日本人と違って、漢人のあいだには一見、知能の極端な個人差が存在するらしく見える。これはじつは漢字の世界へのアクセスの差なのである。

それでは、漢字の使用方法を完全にマスターしたエリートである「読書人」にとって問題はないかというと、これがまたそうではない。彼らがなにごとかを文字によって表現しようとすれば、儒教の経典や古人の詩文の文体に沿った表現しかできないからである。

教育程度が高ければ高いほど、文字によるコミュニケーションの領域が拡大して、音声による生きたコミュニケーションの能力が低下する。漢字を基礎としたまったく人工的な文字言語が極端に発達したため、それに反比例して音声による自然言語は貧弱になってしまった。

しかし、見方を変えると、漢字のこの性質は、異なる言語を話す雑多な集団にまたがるコミュニケーション手段としては最適であって、全人類の四分の一にのぼる巨大な人口を、一つの文化、一つの国民として統合することは、漢字の存在なくしては不可能だった。

共産中国では、『毛沢東選集』が儒教の経典と同じような効果を持った。毛沢東思想学習の模範である雷鋒《らいほう》、王傑《おうけつ》のように、「毛主席の本を読み、毛主席の話を聞き、毛主席に従ってことをなす」という人間は、要するに、軍隊に入ってはじめて漢字を覚え、『毛沢東選集』四巻だけを拠りどころとして、その文体にならって日記をつけられるようになった者である。それは、彼らのなかに渦巻いているいろいろな感情が、中国語の貧困のために他のはけ口がなく、『毛沢東選集』

の文体にのせることによって解消するしか方法がなかったからである。

革命前の漢人にとっての「四書五経」と、革命後の中国人にとっての『毛沢東選集』が、同じ役割を果たした、という岡田の分析は、じつに卓見であると思うが、では、それ以後の現代中国における言葉の問題はどうなのか、という文章は残念ながら存在しない。それは、一九九〇年代に入ると、岡田が時事問題よりも歴史概説のほうに興趣を覚えるようになったのと、一九九九年に脳梗塞を患い、喚語障害という失語症になったからである。リハビリのおかげで日常生活に支障はなくなったが、かつてのような鋭い論説を書くことは、もはやなかった。

日本の影響を受けた現代中国語と中国人（第2章解説）

本章に収録した「魯迅の悲劇」の元版「魯迅のなかの日本人」が最初に発表されたのは、一九七九年の『中央公論』七月号である。他と重なるために、著作集収録の際に省いてしまった以下の文章は、私がその後引用し続けている極めて重要な論の初出であるから、改めてここで紹介したい。

「清国留学生がはじめて日本に到着したのは、日清戦争の翌年の一八九六年（明治二十九年）

のことで、それから四半世紀、日本が山東省の旧ドイツ権益を継承しようとした、いわゆる山東問題で一九一九年（大正八年）の五・四運動が起るまで、毎年々々平均五千名の中国人学生が日本に留学しました。こうした十万人を超える日本留学経験者が持ち帰ったものが、現在の中国の文化の基礎を作ったと言っていいのですが、なかでももっとも根本的な影響は、日本語が中国の言葉に与えたものです。

つまり明治維新から日清戦争に至る四半世紀に、日本人が外国語を下敷きにして、苦心惨憺して作り上げた新しい日本語が、たまたま漢字をふんだんに使用して組み立てたものだったので、中国人留学生たちはその基礎の上にさらに新しい中国語を作り出したというわけです。それに四半世紀がかかって、五・四運動に至って魯迅が出て、「白話文《はくわぶん》」という名の新しい文体を中国に提供しますが、これは語彙も日本製の漢語が大部分なら、発想も日本文の文体を下敷きにしたもので、それ以前の中国の公用語とは似ても似つかない新しい言語です」

この中の「四半世紀の間に、毎年平均五千人の中国人留学生、計十万人を超える日本留学経験者」という数字に対して、根拠を示せ、というような言いがかりが今でもあるが、岡田も私もその分野の専門家ではないのだから、誰かに調べてもらいたいものである。

「魯迅のなかの日本人」『中央公論』のはじまりには、さらに岡田が珍しく真情を吐露したこのような文章がある。

「一般に言って、国際人といわれるような人は、自分が生れた国の文化と、ある外国の文化の間の淵に落ちこんだような人なのでして、いくら努力しても母国の社会にも完全には再適応できなければ、外国の社会にも完全には入りこめないところがあるものです。

これが国際人に成りそこねたような人たちですと、失敗は誰の目にも明らかだから、ある意味ではまだ始末がいいのですが、成功した国際人になると、はた目にはわからないだけ、問題は深刻です。一見、国内でも安定した自分の居場所を切り開いていますし、外国に行けば水を獲た魚のように、堂々と外国人と対等に仕事をして、やはり安定しているかのようです。それだけの、人並すぐれた能力を具えているのですから当然ですが、一方において、同国人とも、外国人とも、自分の全人格を挙げた心おきないコミュニケーションは不可能になってしまう。

国際人は心の内に、それぞれの言語と結びついた特殊な体験の記憶のチャンネルを何本も持っていて、それを相手からのインプットに従って、ぱっぱっと切り替えながら生活しているのですから、そうしたチャンネルを同じ数だけ具えている相手でなければ、すべてのチャンネルを同時に開いて心を通わせ合うことは不可能ですが、そうなると、本当の友達と呼べる相手の数は、極端に少なくなってしまう。国際人に育つということは、実は楽しいことでも嬉しいことでもなく、どうにもならない災難のようなものです。

国際人の運命は孤立であり寂寞《せきばく》である。それが国際化の代価ですが、このことは何も、年功序列、無失点、忠誠心、仲間意識が決定的な比重を占める日本でだけのことではありません。どんな国でも、国際化の時代には、外国文化との谷間に落ちこんだきり、二度とはい上がれなかった犠牲者をおびただしく出しているものでして、累々たる死屍の山の上に、生き残った国際人がぽつりぽつりと立っている、といったところです」

この書き出しの部分が、本章「魯迅の悲劇」の最後「国際人の運命は不幸なものである。もっとも、人間、幸福にならなければならない義務はないが」に対応しているのである。

本文にあるように、魯迅はやがて教え子の許広平と愛し合うようになり、許広平に日本語を教えようと思い始める。

『あなたは私ほど世故に長けていないようです。（中略）もう一つ損な点は、外国の本が読めぬことです。思うに比較的便利なのは日本語を習うことでしょう。来年から、私が強制して勉強させます。言うことをきかないとシッペをしますよ』

要するに魯迅は、自分の全人格を挙げて許広平とコミュニケーションをとりたくなり、そのために愛人の心のなかに日本語のチャンネルを開こうとしたのである。これを見ても、いかに日本語が魯迅の精神生活にとって大事であったかがわかるというものである。(中略)しかし、許広平には魯迅の気持ちがよくわからなかったようで、日本語の勉強にはあまり熱心になれず、そのうちに海嬰《かいえい》という息子が生まれたので、日本語の勉強は中断してそのままになってしまった」

岡田がこの論説を発表した一九七九年というのは、前年に台湾の国際学会で私と知り合い、私を口説いていたときで、「魯迅のなかの日本人」をはじめて読んだとき、私へのラブレターであることを直観した。魯迅にとっての日本は、岡田にとってのアメリカであり、私が自分のように英語が流暢になることを望み（しかし、私が岡田から離れて留学することには断固として反対したので、私の英語は岡田の望み通りにはならなかった）、自分がアメリカで経験したことを、のちに岡田はすべて私に追体験させようとした。

続く「日本を愛した中国人」は一九八〇年の『中央公論』十二月号に発表されたが、このときにはすでに恋仲になっていた私からの手紙に対する岡田の返信を、最近になって見つけて読み直した（四十年前にやり取りしたラブレターの束を発見したのは、コロナ禍の賜物である）。

『日本を愛した中国人』を読んで胸が熱くなったと言われたのは意外だったが嬉しかった。自分では、締りのない大甘物を書いてしまったような、少々うしろめたい気持ちだったが、君の言葉に勇気を出して、もう一度読み直してみたら、何と政治よりも民族よりも思想よりも、愛が偉大だと宣言していたことにあらためて気が付いた。自分のこととなると、いつもながら、こうも見えないのかね」

岡田の人生に興味を持った編集者たちが回顧録執筆を勧めても心を動かさず、自分自身の感情を直截的には書き残そうとしなかった岡田だが、文学的な感性は高かった。革命のために日本人の妻を棄てた郭沫若《かくまつじゃく》と反対に、日本人の妻を最後まで愛した陶晶孫《とうしょうそん》を高く評価した文章を楽しんでほしい。

文字と言葉と精神世界の関係（第3章解説）

さて、岡田の漢字論・シナ文化論については、日本の知識人ほとんどが同意し、最近では海外の中国社会でも盛んに翻訳されているが、本章の〝日本語は漢語を下敷きにして人工的につくられた〟という岡田の論は、日本の保守系文化人には嫌う人が多い。漢字の影響を受ける前から、話し言葉としての日本語は厳然とあった、と思いたいからである。

しかし、岡田が引用している高島俊男氏の説明にあるように、漢字が日本に入ってきた当時の日本語は、「雨」「雪」「風」とか「暑い」「寒い」などの具体的なものを指す言葉はあっても、「天候」「気象」など、それらを概括する抽象的な言葉はなかった。

言葉がなければ、その言葉が指し示す概念はその言語社会には存在しない。人間の感情も、言葉によって規定されているのである。

話し言葉を文字に写すことで書き言葉がつくられるのではない。書き言葉を学ぶことで話し言葉がととのえられてゆくのである。一般に、人間は文字を通して学ばなければ、言葉を豊かにはできない。

岡田の古代日本論が独特であるのは、自分で見聞きした二十世紀のマレーシア建国と国語の開発を、七世紀末から八世紀初めの日本の状況と比較したところである。

六六三年の白村江の敗戦の衝撃で、日本という国号と、天皇という君主号が誕生した、というのが、岡田の理論であるが、これについては著作集第3巻に詳しい。

七世紀の日本国は、政治的団結を維持するために、大急ぎで新しい国語を開発しなければならなかった。それは、漢字で綴った漢語の文語を下敷きにして、その一語一語に、意味が対応する倭語を探し出してきて置き換える。対応する倭語がなければ、倭語らしい言葉を考案して、それに漢語と同じ意味をむりやり持たせる。これが日本語の誕生であった。

日本語がどのようにつくられていったかは、『万葉集』をひもとけばわかる。

『万葉集』の中でも、もっとも古風な歌は、倭語の単語を意訳した漢字を、倭語の語順に従って並べるだけである。まだ漢文の一種と言っても差し支えない段階の文体である。

次の段階は、どの一句にも、かならず意味を表わす漢字が入っているが、それぞれに倭語の音訳漢字が添えられている。

第三の段階は、いくつかの意訳漢字が残っているが、それ以外の倭語は、動詞も形容詞も助詞もすべて一音節に漢字一字を当てて音訳している。

最後の段階になると、名詞とそれ以外の品詞の区別もなく、倭語の一音節ごとに漢字一字を当てて音訳してある。これが万葉仮名と呼ばれるものであり、この完全音訳の方式の完成によって、日本語は、漢字を使いながらも、漢語から絶縁して、独立の国語の姿をとるようになれたのである。

ここまで来れば、次の段階では、何かほかに一音節一字の文字体系を考案して、音訳にも漢字を使わないことにすればいい。こうして、音訳漢字を草書体にした平仮名と、筆画の一部だけをとった片仮名が出現した。

こうして始まった国語の開発は、情緒を表現する韻文の詩歌に関する限り、『万葉集』のようにめざましく成功したが、より実用的、論理的な散文の文体の開発は、なかなか成功しなかった。日本語の散文の開発が遅れた根本の原因は、漢文から出発したからである。漢字には名詞と動詞の区別もなく、語尾変化もないから、字と字のあいだの論理的な関係を示す方法がない。一定の語順さえないのだから、漢文には文法もないのである。このような特異な言語を基礎として、その訓読という方法で日本語の語彙と文体を開発したから、日本語はいつまでも不安定で、論理的な散文の発達が遅れた。

結局、十九世紀になって、文法構造のはっきりしたヨーロッパ語、ことに英語を基礎として、あらためて現代日本語が開発されてから、散文の文体が確定することになったのである。

以上が、一時は言語学者になることも考えた岡田の、言葉に関する論説の概要である。

みやわき・じゅんこ　一九五二年生。公益財団法人東洋文庫研究員。博士（学術）。専攻は東洋史。主な著書に『モンゴルの歴史——遊牧民の誕生からモンゴル国まで』（刀水書房）『最後の遊牧帝国——ジューンガル部の興亡』（講談社）『世界史のなかの満洲帝国と日本』（ワック）『真実の中国史〔1840-1949〕』『真実の満洲史〔1894-1956〕』（ビジネス社）『世界史のなかの蒙古襲来』（扶桑社）他。

第1章　シナにおける漢字の歴史

漢字の正体——マクルーハンの提起を受けて

アルファベットと漢字の根本的な違い

マーシャル・マクルーハン（一九一一〜八〇、カナダ出身の英文学者、文明批評家）の『グーテンベルクの銀河系』を読んだ。素直な感想を言えば、こんな簡単なことを、こんな大著にする、なんてご苦労様、としか言えない。きっと、おしゃべり好きな哲学者だったんだろう。マクルーハンのメッセージを、私なりに一口で言えば、十五世紀までは、言葉が文字よりも優越していた古代・中世だったのが、グーテンベルクが活字印刷の技術を開発してから、その関係が逆転して、文字が言葉よりも優越する現代になった、ということだと思う。

ところで、グーテンベルクが活字にした文字は、ラテン文字のアルファベットだった。アルファベットは、言うまでもなく、表音文字である。英語では、アルファベットはA、B、CからX、Y、Zまで二十六文字だが、グーテンベルクが印刷した『聖書』のラテン語では、IとJ、UとVが同じ文字で、Wはなかったから、三字少なくて二十三文字だった。文字の種類がこんなに少ないから、活字化するのは容易で、印刷の効率もよかったわけだ。

ところで、グーテンベルクはけっして、世界で最初に活字を発明した人ではない。シナの北宋時代の随筆『夢渓筆談《むけいひつだん》』（沈括《しんかつ》著）によると、十一世紀に畢昇《ひつしょう》という人が、陶製の活字を膠《にかわ》で固定して版をつくる技術を開発していた。グーテンベルクよりは四百年も早い。しかしこの技術は普及しなかった。おもな理由は文字の性質である。

シナで使われている漢字は、表音文字のアルファベットと違って表意文字で、種類が極端に多い。公認されている文字だけでも五万種類に近い。こんなに文字の種類が多いと、印刷を始める前に厖大な量の活字をつくって準備しておかなければならない。必要な活字を探し出すのに手間と時間がかかり過ぎる。せっかくでき上がった組み版を取っておけず、一頁を刷り終わるたびに、いちいち版を解いて、次の頁の版を組み直さなければならない。こういった、活字印刷に特有の短所が出てくる。文字の種類の少ないヨーロッパとは、事情が全然違うのである。

それにシナでは、活字の発明より百年以上も前の唐代から木版印刷が始まっており、畢昇の時代にはすでに完全に実用化していた。シナに現存する木版印刷物は、九世紀末のものがいちばん古いが、日本ではさらに百年以上も古くて、八世紀の「百万塔陀羅尼《ひゃくまんとうだらに》」が残っている。これが世界最古の大量印刷物である。

それでも、シナで活字印刷の技術が断絶したわけではなくて、グーテンベルクと同時の十五世紀の明《みん》朝の時代には、銅活字を使って印刷された書物があり、今でも残っている。朝鮮王朝でも、独自に銅活字が開発され、実用化された。一四〇三年のことで、グーテンベルクより五十年も早い。

畢昇の活字の発明が、グーテンベルクと違って、シナ文明の性格を変えるような革命的な意義を持たなかったのは、木版印刷がすでに普及していて、しかも活字印刷よりはるかに実用的だったからである。

しかし、言葉と文字の乖離《かいり》という、マクルーハン流の角度からシナ文明の歴史を観察してみると、そこにはたいへん興味ある事実が見つかる。それは、シナでは、言葉と文字は最初から乖離していた、もっと正確に言えば、言葉は言葉、文字は文字で、最初から別々のものであり、言葉をそのまま文字に移し換える、などという思想は、漢人にとってはなじみにくい、異質なものだった、という事実である。

このあたりの事情を、もっと突っ込んで考えてみよう。まず、漢字が表意文字である、という性格が何を意味するか、ということである。

漢字は日本ではふつう、象形《しょうけい》文字だと理解されている。これは正確ではない。

シナで最古の漢字の辞典は、後漢《ごかん》の許慎《きょしん》という学者がつくった『説文解字《せつもんかいじ》』で、紀元一〇〇年にできた。この辞典の序文で、許慎は漢字を「六書《りくしょ》」に分類して、その構造と読み音との関係を説明している。

「六書」の第一は「指事《しじ》」である。これは「上」「下」など、抽象的な観念を表す記号である。「一」「二」「三」なども指事文字に入る。

第二は「象形」である。これは「日」「月」など、具体的な物を表わす絵文字で、「人」「女」「母」「魚」「馬」「鳥」なども象形文字である。

「六書」の次の二つは、いずれも指事文字や象形文字を二つ以上組み合わせてつくる合成文字だが、もとの文字を読む音と、できた文字を読む音との関係がそれぞれ違う。

第三は、「形声《けいせい》」である。これは「江」「河」などだ、と許慎は例を挙げる。これは多少、説明を要する。

「江」は長江、「河」は黄河を指す固有名詞で、日本語の「かわ」のような普通名詞ではない。「かわ」に当たる本来の漢字は「水」で、川が流れる様子を表わす象形文字である。「江」「河」の左側のサンズイヘンは、この「水」が変形したもので、このサンズイヘンが意味を表わす。これに対して、右側のツクリの「工」「可」は、長江や黄河の名前と同じ音に読む別の文字を持ってきてくっつけたもので、読み音を示す、いわばフリガナである。もともとの意味では、「工」は定規を表わし、「可」は口から息を吐き出すことを表わす。

第四は「会意《かいい》」で、許慎は例として「武」「信」を挙げる。「武」は「戈《か》」と「止」を合成した文字だが、「戈」はトビグチのような形をした兵器、「止」は足跡の形である。これを合成すると、兵器を持って立つという「武」の意味になる。「信」は見てのとおり、「人」と「言」の合成で、他人に言葉で約束を与えるという「信」の意味になる。ここで大事なことは、「戈」も「止」も、また「人」も「言」も、それぞれ意味を表わしていて、しかも「武」の読み音は「戈」とも「止」とも違うし、「信」の読み音は「人」とも「言」とも違うことである。

つまり「形声」と「会意」は、どちらも合成文字だが、形声文字は意味を表わす部分と読み音を表わす部分に分かれるのに対し、会意文字は、それぞれが独自の意味を持つ部分の寄せ集めで、しかもどの部分の本来の読み音とも違う音で読む、ということである。

こうしてできた指事文字、象形文字、形声文字、会意文字の使い方、それも読み音との関係での特殊な使い方が、「六書」の第五と第六になる。

第五の「転注《てんちゅう》」の例として、許慎は「考」「老」を挙げる。これはちょっとわかりにくいが、要するに同じ字に、意味によって二通り以上の読み音があることである。「考」の本来の意味は「父親」で、字形も最初は「老」と同じだった。「老」を「ラウ」と読むと、髪が白く腰が曲がった老人の意味になり、「カウ」と読むと父親の意味になる。読み方を区別するために、あとで「老」の右下に小さく「丂」のツクリを書き込んだのが「考」になったのである。

最後の第六は「仮借《かしゃ》」である。これは当て字のことで、意味に関係なく、読み音の同じ文字を借りてきて使うことである。現在「かんがえる」の意味で「考」を使うのは当て字で、「かんがえる」の意味では「覈《かく》」または「攷《こう》」と書くのが正しい。

この『説文解字』の「六書」は、最初の「指事」と「象形」の二つを除いて、あとの四つはすべて文字と読み音との関係を基準にした分類である。そのなかでも、「形声」の原理がいちばん応用がきき、これを使えばいくらでも新しい文字がつくれる。実際、現在通用している漢字の八〇パーセント以上が形声文字である。

漢字は漢語ではない

さてここで、漢字の起源にさかのぼってみよう。

現在までに知られている最古の漢字は殷《いん》代のもので、紀元前十四世紀に建設された、殷人の王都である河南省安陽市の殷墟《いんきょ》の遺跡からは、すでに文字の体系として完成された形を示す漢字が、亀甲や獣骨に彫りつけられて出てくる。しかし漢字を発明したのはおそらく殷人ではない。黄河文明よりさらに古く、南方の長江流域には長江文明の都市が存在していた。漢字の原型は長江文明で発生して、そこから黄河流域に持ち込まれて発達したものだろう。そして漢字を南方から黄河流域に持ち込んだのは夏人《か》だったろう。

夏人は龍を崇拝し、米作農耕と漁撈で生活する、東南アジア系の文化を持った人たちで、その始祖の禹王《う》の墓は、浙江省《せっこう》紹興市《しょうこう》の南の会稽山《かいけい》にある。禹の名前は「ヘビ」を意味する。古い神話によれば、禹は鯀《こん》（タマゴの意味）という名前の父から生まれ、地上の世界をおおいつくした大洪水を治めて山川の位置を定め、人類の最初の王となったという。歴史時代になっても、浙江省、福建省《ふっけん》、広東省《カントン》、ベトナム北部の海岸の越人《えつ》という原住民は、禹の子孫と自称した。

夏人は長江下流から淮河《わいが》をさかのぼって河南省《かなん》に入り、ここに都市を建設した。この夏人の覇権を奪ったのが、北方の山西省《さんせい》・南モンゴルから下りてきた狩猟民の殷人だった。紀元前十二世紀の末になって、西方の甘粛省《かんしゅく》の草原から陝西省《せんせい》に入ってきた遊牧民の周人《しゅう》が、殷人を倒して黄河流域を支配した。さらに紀元前八世紀になると、周人は陝西省を放棄して河南省に移り、そのあとへ、やはり甘粛省の草原の遊牧民の出身の秦人《しん》が陝西省に進出して、ここに都市を建設して定住した。秦人は、紀元前四世紀には王国に成長し、黄河流域のほかの諸王国と競争した。紀元前三世紀に至って秦王・政《せい》が現われ、紀元前二二一年、ほかの諸王国をことごとく併合して、皇帝と自称した。これが秦の始皇帝《しこうてい》であり、シナの歴史の始まりである。シナのことを、インドで「チーナ」、ペルシア語で「チーン」、アラビア語で「スィーン」、英語で「チャイナ」、フランス語で「シーヌ」、ドイツ語で「ヒーナ」、日本語で「支那」と呼ぶのは、すべて「秦」の音訳である。このことは、紀元前二二一年の統一がシナの起源であることをよく示している。

秦の始皇帝は、漢字の性格を変え、漢字文化の運命を決定した。新しい統一を維持するには、共通のコミュニケーションの手段が必要である。その目的で、漢字の字体と使用法の統一が実施された。始皇帝は紀元前二一九年、山東省の黄海海岸の琅邪台《ろうやだい》に行幸《ぎょうこう》して、ここに石碑を立てて自分の事業を記録したが、その銘文の一節に「書の文字を同じくす」と言っている。

この文字の統一のために、公定の手引書がつくられた。始皇帝に仕えた丞相《じょうしょう》（総理大臣）・李斯《りし》は『蒼頡《そうけつ》』七章をつくり、車府令《しゃふれい》（宦官の長）・趙高《ちょうこう》は『爰歴《えんれき》』六章をつくり、太史令《たいしれい》（宮廷占星術師の長）・胡母敬《こぼけい》は『博学《はくがく》』七章をつくった。これらの書物は、みな四字を一句とする韻文で書かれた教科書で、これを暗誦することによって、各字の読み方を覚えるようになっていた。秦が亡びて前漢の時代に入ってから、民間の文字の教師がこの三つの書物を合編して、六十字ごとに区切って一章とし、すべて五十五章を『蒼頡篇《そうけつへん》』と題したと、紀元前一世紀末の前漢の宮廷図書館の蔵書解題目録である『漢書《かんじょ》』「藝文志《げいもんし》」篇に記されているので、秦の始皇帝が公認した漢字は、全部で三千三百字だったことがわかる。言い換えれば、この三千三百字以外の漢字は、正規の文字ではないとして、公的なコミュニケーションから排除されたのである。

漢字の音には意味がない

ここで漢字が表意文字であることを、あらためて思い出してみよう。表意文字であれば、意味さえ同じならば、どんな音で読んでもいい。実用に差し支えないはずである。ところで、始皇帝が統一した地域、のちのシナには、いろいろ異なった生活形態の人々が混じり合って住んでおり、話している言葉もいろいろ異なっていたはずである。

現代でさえ、長江以北の北方語（いわゆる中国語）とは別に、長江以南には上海《シャンハイ》語や、福建語や、広東語が話されていて、北方語とも通じないし、互いのあいだでも通じない。いずれも漢字を音読した借用語が多いので、中国語の方言ということになってはいるが、本来は違う系統の言語である。まして二千二百年前の始皇帝の統一の当時には、もっともっと違う言葉が多くあったはずだ。現に紀元前七世紀、湖北省の楚《そ》王国の言葉では、「乳」を「穀《こう》」と言い、「虎」を「於菟《おと》」と言ったと『春秋左氏伝』という古典は伝える。これは明らかに、漢語とは違う系統の言葉である。

漢字が表意文字であるという性格は、話す言葉が違う人々のあいだのコミュニケーションにはきわめて都合がいい。漢字を読む側としては、形声文字だろうが何だろうが、意味さえわかれば、自分の言葉を当てて読めばいい。つまり、始皇帝の統一までは、同じ字でも、地方によってまったく違う音の言葉で読んでいたはずだし、また同じ地方でも、何通りもの、意味の同じ言葉で読んでいたはずだ。しかもその読み音は、何音節でもかまわない。それにもかかわらず、後世の漢字音は、原則として一字一音、それも一音節に限ることになっている。

このことは日本人にはわかりにくい。日本では、漢字の音読みには一字に漢音・呉音の二種類のほかに、唐音や俗音があり、さらに訓読みが数限りなくある。たとえば「馬」の漢字は「バ」、呉音は「メ」、訓は「ウマ」であり、「弥」の漢音は「ビ」、呉音は「ミ」、訓は「イヤ」である。日本人はこうした多様な読み方を駆使して漢字を読んでいるので、本場では一字一音、一音節であることになかなか気がつかない。しかし、これがシナの現実である。

漢字の読み音が一字一音、一音節である現象は、表意文字として不自然である。これはどうしても、政治の力で強制的に一字一音、一音節に統一したのでなければならない。それを実現したのが、先に言った、始皇帝の三人の重臣がつくった教科書である。これらの教科書を暗誦することによって、それまでいろいろな書き方があった字体が統一され、各字の読み方が統一されたばかりではなく、字数も三千三百字に制限された。

すでに説明したとおり、形声文字の原理を利用すれば、新しい漢字を無限につくり出せる。しかし書く側が勝手に漢字をつくるのでは、読む側には意味がわからないことになる。そこである種の約束ごとが必要になる。始皇帝の統一に先立つ戦国時代には、儒家《じゆか》や墨家《ぼっか》など、諸子百家と呼ばれる多くの教団が並び立って、それぞれ自派の経典を教団ごとの読み方で教えていた。文字の技術を学びたければ、どれかの教団に入信する必要があった。当然、文字の書き方も読み方も、教団によって違いがあった。このままでは、せっかく統一した帝国の内部でコミュニケーションが混乱するので、始皇帝は、字数の三千三百字までの制限と、字体の統一と、読み音の統一を行なう必要があった。

それでも、漢字は増え続けた。始皇帝の統一から千九百年後、清《しん》朝の康熙帝《こうきてい》の勅命を受けて編《へん》纂《さん》された『康熙字典』は、一七一六年に完成したが、これに正式に登録された漢字は四万七千三十五字になっている。日本ではこの『康熙字典』が、活字の正字体の標準になっている。日本の諸橋轍次《もろはしてつじ》編の『大漢和辞典』(一九五五〜六〇年刊行)では字数が少し多くて、四万八千九百二字を収録する。

漢字の読み音が一字一音、一音節に限られた結果、読み音は意味のある言葉ではなくなって、その字の名前というだけのものになった。言い換えれば、読み音は、漢字の意味を表わす言葉ではなくて、それを聴いて記憶から漢字の形を呼び出すための手がかりという性質のものになった。ここで文字と言葉の決定的な乖離が起こったわけである。

さらに恐るべきことがある。始皇帝が定めた一音節の字音は、最初の子音と、真ん中の母音と、最後の子音とからできている。この字音には形の変化がない。意味のニュアンスの変化によって、最初の子音の前に前綴《ぜんてつ》が付いたり、真ん中の母音が変化したり、最後の子音のあとに後綴《こうてつ》が付いたりということもない。言い換えれば、名詞の数や格、動詞の態や時称を言い分ける方法がない。いや、それどころか、品詞の区別がもともとない。漢字で綴った漢文を外国語に訳すと、同じ漢字を名詞にも、動詞にも、形容詞にも訳せる。品詞の区別がないとすると、文章のなかに、最初に主語の名詞が来て、次に動詞が来て、動詞のあとに目的語の形容詞や名詞が来るといったような、一定の語順というものがないことになる。つまり、漢文には文法がない。

漢文に文法がなく、それを構成する漢字の音が意味のある言葉でないとすると、どうやって解読できるのか、という問題が起こる。これについては、ベルンハルド・カールグレンというスウェーデンの言語学者が、「漢文は、読む前に全体の意味がわかっていなければ、一つひとつの漢字の意味もわからない」と指摘している。解読の手がかりは、厖大な量の古典の暗誦である。

文法のない漢文の解読法

秦の始皇帝の統一がつくり出したシナの本質は、皇帝が所有する城郭都市の商業ネットワークで、それを経営するために、皇帝は多数の官僚を必要とした。官僚になって皇帝に仕えることは、シナ最大の企業に就職することであった。官僚の資格は、何よりまず漢字を使いこなす能力である。このことを、三世紀の魏《ぎ》の文帝・曹丕《そうひ》（曹操《そうそう》の息子）は、「文章は経国の大業にして、不朽の盛事なり」と表現している。

六〇七年に隋《ずい》の煬帝《ようだい》が科挙の試験を創立して、詩文の才能によって官僚予備軍を選抜するようになってからは、科挙の受験志望者は「読書人」と呼ばれた。読書人の家庭では、男子は五、六歳で塾に入って漢字を習い、古典の本文だけでなく、その注釈の隅々に至るまで、暗記をたたき込まれる。これはただ、一字ずつ筆で書きながら、大声でその音を唱え、原文を見なくても一字残らず正確に書けるように、ひたすら練習を繰り返すだけで、その間、原文の意味の説明などいっさいない。何年ものあいだ、意味もわからず、暗誦と筆写ばかりの忍耐の日々に明け暮れるうちに、十何歳になったある日、突然、霧が晴れるように、この文章はなんのことを言っているらしいと、見当がついてくる。そうなれば、新しい文章を見ても、その漢字の組み合わせがどの古典のどこに出ていたかさえ思い出せれば、それを手がかりにして解読ができるようになる。つまり古典のなかの用例を暗号表として、漢文を解説するのである。

一九〇四年まで千三百年も続いた科挙の試験のおかげで、漢字の知識が広がったのはいいが、その反面、漢文の世界で開発された漢字の組み合わせが、字音どおりに発音されて、地方の多くの言語に入り込んだので、これらの言語は見かけ上、漢語の方言のようになった。しかしそうした地方言語はもともと、系統の異なった言語である。現に上海語も福建語も、漢字語からの借用語は多いが、漢字では書けない。広東語はいちおう漢字で書けるが、北方の漢語にはない、広東語独特の俗字が多用されているので、はなはだ読みにくい。さらに、広東語の話し言葉でふつうに使う語彙《ごい》には、当たる漢字のないものがある。つまり広東語は、日本の漢字・国字・仮名交じり文や、韓国の吏読《りとう》（イド。漢文の合間に、韓国語の動詞の語尾や助詞を表わす漢字をはさんだもの）や漢字・ハングル交じり文によく似ている。もし広東語が漢語の方言ならば、日本語も韓国語も、漢語の方言といっていい理屈である。

さらにもっとややこしいことに、北方語のなかでももっとも洗練され、普通話《プートンホワ》の標準とされる北京《ペキン》語でさえ、話し言葉には、当たる漢字がない語彙がある。つまり漢字だけでは、北京語でさえ完全には書き表わせないのだ。

漢字で綴った漢文は、どの特定の話し言葉にも基づいていない分だけ、なおさら違う言葉を話す人々のあいだのコミュニケーションには有効だった。

アレクシス・リガロフというフランス人の言語学者が、「中国語は書かれた言語だ（Chinese is a written language.)」と私に語ったことがある。つまりシナでは、コミュニケーションの主流は、手で書いて目で読む漢字であって、口で話し耳で聞く漢語ではない、という意味である。同じことを、十六世紀に福建省を訪れたスペイン人は「漢人は空中に指で字を書きながら会話する」と報告している。
　この言葉と文字の乖離、言葉に対する文字の優越という現象は、シナでは秦の始皇帝の統一と同時に始まり、現代でもまったく変わっていない。このことは、台湾や香港の映画やテレビの画面を見ているだけでわかる。台湾では、映画やテレビの登場人物がしゃべる言葉は国語《グオユイ》（南京《ナンキン》なまりの北京語）か台湾語（福建語の地方版）のどちらかであり、香港の映画やテレビでは、広東語か北京語である。しかし台湾には、国語の不得意な人が多いし、台湾語のわからない客家《ハッカ》人もいる。香港《ホンコン》でも事情は似ていて、海外で香港映画や香港テレビを楽しむ華人の観衆には、北京語も広東語もわからない人が多い。そこで台湾では、スクリーンの下端に漢字の字幕を流す。香港では、漢字と並んで英語の字幕が加わる。漢字が読める人は漢字を読んでくれ、漢字が読めない人は英語を読んでくれというわけである。ところがこの漢字の字幕は、原語の逐語訳ではない。大意を汲んだ要約である。そのことは、せりふを聴きながら見ていればすぐわかる。

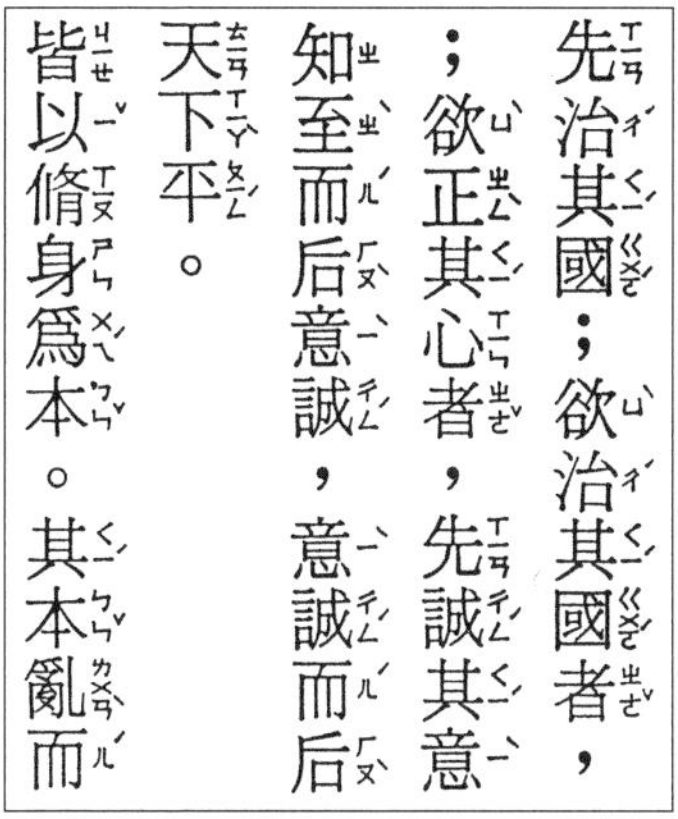

図2　注音字母の例
（「大學章句」より、部分）

　そういうわけで、シナでは紀元前三世紀から、文字と言葉は別物であり、漢文以外に漢語などというものは存在しなかった。話し言葉をそのまま写して文字にするという観念は、十九世紀末、日清戦争のあとで清国留学生が日本で発見したもので、これがきっかけになって一九一八年、中華民国の教育部が注音字母《ちゅういんじぼ》という、カタカナをまねた表音文字を公布したのが、口で話し耳で聴いてわかる中国語というものの開発の第一歩になった。

それでも、この文字と言葉の乖離がなかったら、シナのアイデンティティも成り立たない。だれの言葉を写したのでもない漢字・漢文がコミュニケーションの唯一の手段だからこそ、シナの統一が保てるのである。その反面、文法のない漢文は漢人の論理の発達を阻害したし、また表意文字である漢字の特性として、情緒のニュアンスを表現する語彙が貧弱なために、漢人の感情生活を単調にしたことは否定できない。

地中海世界や西ヨーロッパ世界では、ヘブル文字も、ギリシア文字もラテン文字も、すべて表音文字だ。こういう世界では、言葉をそのまま書き留めたのが文字であり、文字を読み上げればそのまま言葉になる、と単純に思い込みやすい。このふつうの思い込みが嘘であり、言葉は言葉、文字は文字だということを、マーシャル・マクルーハンが見破ったのはさすがにえらい。しかしシナ世界では最初から、印刷技術に関係なく、文字は言葉に対応しない、それ自体で完結した記号体系だった。このことをマクルーハンが知ったら、なんと言っただろうか。

漢字の宿命

日本人もシナの一部族?

中国人は、日本人を〝外国人〟とは思っていない。

奇妙に聞こえるかもしれないが、これは日本人が言う「同文同種」という意味ではなく、ましてや中国人が日本人に親近感を抱いているということではまったくない。中国語で「外国人《ワイグオレン》」というのは、自分たち中国人とは違って漢字を使わない、人間とも言えないような野蛮人である、という意味である。逆に言えば、漢字さえ使っていれば自分たちと同じ〝中国人〟、つまり人間の一変種なのである。

渡部昇一さんは『日本史から見た日本人　古代編』（祥伝社黄金文庫）のなかで、次のようなことを言っている。

中国人の学者が日本の本や看板を見て「われわれと同じですね」と言うのは「あなたの国の語《ご》彙《い》にわれわれの言葉が混じっていますね」という意味ではなく、「日本語はわれわれのシナ語の方言みたいなものですね」という意味であり、結局は「日本人もシナの周辺の一部族ですね」というぐらいの意味なのである――と。

これには理由がある。渡部さんも触れているが、そもそも中国人同士でさえ、出身地が違えば言葉は通じないのである。ＮＨＫの「中国語講座」で教えているような中国語は、北京《ペキン》語を基に人工的につくられた共通語（普通話《プートンホワ》）であって、実際に中国人が話す言葉ではない。シナでは地域によって話す言葉がまったく違う。だから共通語が必要になったのである。

日本語を話していても、中国人はそれをどこかの〝方言〟だと思う。だから、学校で教わった、訛《なま》りのない中国語で話すと、初めて中国人ではないとわかってびっくりする。普通話をきれいに発音するのは、北京放送のアナウンサーと中国語教師と外国人だけと言ってもいいだろう。

全国に通用する中国語がなかった時代、その代わりをしたのが漢字だった。漢字は表意文字だから、地方によって読み方や発音が違っても、意味さえわかっていれば、筆記し、目で読んで、聴覚に頼らずにコミュニケーションできる。どんな言語を話していようと、それとは無関係に通信・記録手段として使える。だから、古代の漢人たちにとって漢字は商売をするために欠かせない符牒・記号になった。一つひとつの文字に当ててある音は、極端に言えばその字の〝名前〟であって、日常語とは関連のない、無意味な音なのである。

漢人にとって漢字を学ぶのは、外国語を使って暗号を解読するようなもので、その漢字を基礎としたまったく人工的な文字言語が極端に発達したため、それに反比例して音声による自然言語は貧弱になってしまった。だから、一般の漢人にとって心が通い合うのは生活をともにする家族だけになり、その範囲の外にいる人々とは文字言語におんぶした紋切り型のコミュニケーションしかできない。漢字がわからなければ、それさえ無理である。つまり、そもそも漢人同士が外国人のようなものだから、漢人にとって日本人は漢人やら外国人やらはっきりしないわけである。

ともあれ、漢字はシナ文化圏（皇帝の支配圏）という商業ネットワークには欠かせないものだった。言い換えれば、漢字の通用する範囲がシナであり、その商業圏に参加する人々が漢人だったのである。中国人（漢人）は、日本人のように「血」や「言語」のアイデンティティを持っていない。その意味では「中国人」という民族は存在せず、その実態はなきに等しい。同一民族としての連帯感など生まれるはずもなかったのである。

中国人には漢文は読めない

現代中国語をいささかでも齧《かじ》った人なら、だれでもご承知だろうが、今の中国語と漢文はまったく関係がない。北京語だろうが、上海《シャンハイ》語だろうが、どれだけ中国語を話せるようになっても、『論語』や漢詩を返り点なしの白文で読みこなせるようには絶対にならない。

たとえば、有名な陶潜《とうせん》（陶淵明《えんめい》）の「帰去来辞《ききょらいのじ》」の一節である「帰去来兮　田園将蕪　胡不帰」（帰りなんいざ　田園まさに蕪《あ》れなんとす　なんぞ帰らざる）を正確な中国音で読み上げてみたとする。断言してもいいが、その朗読だけを聞いて、意味を説明できる中国人はいないはずである（もちろん、最初から、この詩を知っている人は別だが）。『論語』の一節をそのまま読み上げても、同じ結果になることだろう。

これは「帰去来辞」の詩や、『論語』が古典語だからというわけではない。もし、漢文に記された言葉が古語であるなら、いかにそれが時代を経ていても、現代中国語を話せる人にとっては、なんらかの手掛かりがあるはずである。

たとえば、日本の古典である『源氏物語』はたしかに現代日本人には読みづらいものだが、それでもまったく意味がわからないわけではない。「いづれの御時《おんとき》にか、女御《にょうご》・更衣《こうい》、あまた侍《さぶら》ひたまひけるなかに……」というのは有名な冒頭の部分だが、この一節のなかには、現代の日本語に残っている単語があるわけで、日本人ならだれでもある程度内容が推測できる。

しかし、中国人にとっての漢文とは、そのままではまったく歯が立たないものである。いくら音声で聞いてもわからないばかりではなく、その文章を目で読んでも意味不明——それが漢文なのである。

漢文とは、中国語の古語などではない——そのことを示す逸話はいくらでもある。

中国革命を起こした孫文の右腕に、戴伝賢《たいでんけん》（戴天仇《てんきゅう》）という知識人がいた。彼は国民党政権の中枢に長くあった人で、理論家としても知られている。その戴伝賢の自伝にこういう一節がある。

彼は中国の一般的知識人と同様、五、六歳から徹底的な古典教育を受けた。『論語』などのテキストを幼少時から叩き込まれ、十二、三歳の頃には主要な古典をあらかた暗誦できるほどであったという。相当、賢い子供であったのだろう。

ところが、彼の告白によれば、それだけの漢籍をマスターしたものの、彼には自分が暗記した古典の意味が、文字どおり一つもわからなかったという。教える側が解釈を伝授しなかったということもあるが、十万字を超えるテキストが完璧に頭に入っているというのに、その意味するところがまったく理解できなかったというのは、恐るべき話である。

ところが、ある日、漢籍を読んでいるうちに、ふと、その一節が目に入った。そして、そのとき、「これはひょっとして、こういう意味の言葉ではないか」と思ったのだという。そこで、早速同じ文字が出てくる別の文献を探してみたところ（テキストを完全に丸暗記しているのだから、それは容易である）、たしかに自分が推測している意味であるらしいことがわかった。

十代の戴伝賢にとって、自分が読んでいた漢文に「意味がある」ということを知ったのは、じつに衝撃的なできごとであった。そして、その一つの単語の意味がわかったおかげで、まるでもつれていた糸がほどけるように、他の単語の意味もわかるようになった。それは目の前から霧が晴れるような体験であったという。こうして彼は、自分が暗記していたテキストの意味がわかるようになった、と自伝のなかで述懐している。なるほど、日本の庶民にとっての「お経」もこんな按配だろう。

ちなみに成人した戴伝賢は、日本に留学するのだが、このとき彼が日本語をマスターするために、まずやったのは、意味がわからなくても、とにかく日本語の文章を読み上げることであったという。自分が幼少時に受けた「素読」の訓練を日本語にも当てはめたわけである。そして彼はこのやり方で日本語を完璧にマスターしたという。つまり、戴伝賢にとっては、漢文も日本語も、ともに〝外国語〟であったというわけである。

容易には信じがたいことかもしれないが、中国人、そして十九世紀までのシナ人にとっても漢文とは外国語同然なのである。いや、外国語のほうがまだ理解しやすいであろう。戴伝賢は幸いにして、ある偶然から漢文を解読する方法を発見したが、おそらく、シナ大陸においては、わからないままでいる人のほうが圧倒的に多数派であったはずである。

これは、なにも中国の古典教育の方法が悪いから起きた話ではない。そもそも、漢文を読むというのは、至難の業である。日本人のように、返り点や送り仮名がついた漢文を読むわけではなく、最初から白文に取り組むとなれば、これは絶望的な行為と言ったほうがいい。

なぜなら、漢文には日本語のように動詞や名詞といった品詞の区別がない。同じ「言」という文字にしても、あるときには「言う」という意味の動詞として使われ、またあるときには「発言」という意味の名詞に使われる。その違いを明確に判定する方法はない。また、同じ動詞であっても、そこには時制という概念もないから、過去形なのか現在形なのかという区別もできない。さらには句読点もないから、どこからどこまでが一文かもわからない。

さらに、この漢文を読み上げるとなれば、事態は絶望的である。たとえば、先ほどの「帰去来辞」のなかにある「蕪」という語は、「無」という語と音声的にはまったく同じである。だから、耳で聞くだけでは、もとの文章がどの漢字で構成されているかを予測することさえ不可能なのである。

こういった漢文の特殊な性質について初めて指摘したのは、ベルンハルド・カールグレンというスウェーデンの言語学者である。彼は、漢文というものは全体の意味がわかっていなければ、一字一字の切り方もわからないし、意味もわからないと喝破した。彼が指摘したときには、だれもがそんな馬鹿なことはあるまいと思ったのだが、調べてみたところ彼の指摘のとおりであった。日本人は漢文を見て、「返り点も何もない白文を、中国人はすらすら読むのだからたいしたものだ」と思いがちだが、そんなことはない。日本人も中国人も、脳の回路は同じである。ほとんどの中国人にとって、白文は日本人と同じようにチンプンカンプンなのである。

要するに、古典とか漢詩というものは、科挙の試験を受けるような一部の秀才にとっては必須の教養ではあったが、それ以外の人間にとっては「無縁の世界」なのである。だから、日常的に付き合う中国人には、こういった古典が説く道義心なども「無縁の世界」だと考えるべきなのである。

たしかに「信なくば立たず」（信用というものは、社会存立の基盤であり、これが失われたら崩壊するほかない）と『論語』には書かれている。日本の商人は、古来、これを商人道の基本に置いて商売をしてきた。だが、孔子の国・中国の商人にとっては、これもまた「無縁の世界」なのである。

古代の漢文、雅言《がげん》とは何か

漢字が表意文字であって表音文字でないという性質から必然的に出てくることは、その漢字を綴り合わせた漢文という記号体系が、漢人が日常に使用する自然言語と規則的に対応しない、という事実である。つまり、漢字・漢文はけっして漢人の日常言語そのままを書き表わしたものではない、ということになる。

このことの重みは、紀元九世紀という古い時代にすでに「仮名」という表音文字の体系を確立していた、幸福な日本人には容易に実感できないところである。日本人が一つの漢字を認識するとき、じつはその字の意味を直接に認識しているのではない。その字と結びつけて覚えている仮名書きの日本語を思い出しているにすぎない。

ここで日本語というのは、いわゆる「音」と「訓」の双方を含む。たとえば「岡田英弘」という字面を見るとき、日本人はこれを「おか・だ・ひで・ひろ」か「こう・でん・えい・こう」という仮名の系列に置き換えて認識するのであって、「高地・はたけ・雄花・ひろがり」という意味の系列として理解するのではない。つまり日本人にとっては、漢字も表音文字なのであって、表意文字なのではない。これは漢人と正反対の態度である。

こうなると、漢字のもっとも効果的な使用法は、実際に人々が話す言語の構造とは関係なく、ある簡単な原則に従って排列することになる。そうすると、表意文字の体系であるから、言語を異にする人々のあいだの通信手段として使えることになる。そしてそのように排列された漢字を、それぞれに割り当てた一音節の音で読むと、まったく新しい、人工的な符号ができ上がる。こうしてつくり出された人工的な言語は、日常の言語とはまったく違う、文字通信専用の「言語」となる。これが「雅言」である。こうして漢字は、それをつくり出した種族の日常言語から遊離することによって、彼らに取って代わった殷《いん》人や周《しゅう》人、また秦《しん》人や楚《そ》人にとっても有用な通信手段、記録手段になりえたのである。

ところで、こうした漢字で綴られた漢文の特徴としてきわだつことは、そこには名詞や動詞の形式上の区別もなく、接頭辞も接尾辞も書き表わされていない、ということである。この結果、漢字の組み合わせを順次に読み下すことによって成立する、いわゆる「雅言」は、性・数・格も時称もないピジン（pidgin）風の言語の様相を呈するが、これは夏《か》人の言語をベースにして、多くの言語、狄《てき》や戎《じゅう》のアルタイ系、チベット・ビルマ系の言語が影響して成立した古代都市の共通語、マーケット・ランゲージ（market language）の特徴を残したものと考えられる。

シナにおける方言とは何か

漢字は表意文字であり、その漢字を綴り合わせた漢文は、「言葉」の音を表わさず、手で書いて眼で読む、聴覚に訴えず視覚に訴える記号体系である。こういう性質の体系を使って情報を伝達する場合、口で話し耳で聞く自然言語に従って書くということは、原理の上では不可能ではないまでも、非常にむだが多く、効率が低くて得策ではない。つまり、表意文字の性質として、「言葉」に忠実であればあるほどわかりにくくなる。

じつは表音文字でさえ、実際に「言葉」が話されるとおりに書こうとすればするほど、文章としては難解になってゆくものであって、その証拠に、座談会のテープを一字一句忠実に原稿に起こしたものを読んでみるがいい。何を言っているのか、ちょっとやそっとではわかるものではない。これに手を加え、人工的な書き言葉の文体に直して、やっと読めるようになるのである。ことほどさように、表音文字の文化でさえ、話し言葉と書き言葉のあいだには無視できない差がある。ましてシナのような表意文字の文化においてをや。

むしろ表意文字の有効な使用法は、書き手や読み手の自然言語の文法とは関係なく、簡明な法則を決めておいて、それに従って最小限度の必要な字を排列することである。これが一九一六年の『新青年』に始まる文学革命まで、四千年間もシナの唯一のコミュニケーションの手段であった古文の本質であった。

これは日本人とはまったく事情が違う。日本人は仮名四十八文字さえ覚えれば、自分の話し言葉に従って、一音節ずつ書き表わすだけで、最低限度の情報の伝達が可能である。もちろん文体を洗練し、漢字を適当に混ぜれば、もっと読みやすくなるが、それでも書き言葉が話し言葉に対応していることには変わりはない。

ところが漢人の場合は、漢字は表意文字で、しかも一字の読みとしては一音節が配当されているだけだから、自分の話し言葉に従って書こうとすれば、まず一音節ごとにその意味を分析して、その意味を正確に表わし、しかもその音節を配当されている字を探し出さなければならない。これだけでもたいへんなところへ持ってきて、いかに漢語といえども、どの音節もそれぞれ意味を持つわけではないし、またどの方言にも、対応する漢字のない語がたくさん存在する。だから漢人にとって、自分が話すとおりに書くことは極端に困難であって、まず絶望的と言ってもよい。また、もし仮にこれができたとする。その結果は、きわめて難解な、おそらく当人以外には読めないようなものになるほかはない。

だから、コミュニケーションの手段として有効な漢文を読み書きできるためには、日常の自然言語から遊離した語彙《ごい》と文法を学んでこれをマスターしなければならない。これはだれにでもできることではない。一九一六年の文学革命以前、文字の知識がごく少数の人々に独占されていたのは、なにも支配階級の腹黒い陰謀のせいでもなんでもなく、大多数の漢人にとって、文字の技術は生来の能力を越えたところにあったからにすぎない。

しかし漢字が表意文字であることは、一面において利点でもある。漢字のこの性質は、異なる言語を話す雑多な集団にわたったコミュニケーションの手段としては最適であって、そのためにこそ、ヨーロッパ全体より四〇パーセントも広い土地に住む、全人類の四分の一にのぼる巨大な人口を一つの文化、一つの国民として統合することが可能になったのである。つまり表意文字は、どんな言語の話し手にも使用可能であり、しかも、漢語の話し言葉の知識を必要としないからである。ただ、漢文の文法は新たに習得しなければならないが、それは生まれつき漢語を話している漢人、つまり漢族にとっても同じことなのだから、世話はない。

しかもその漢族同士、出身地が違えば話は通じないのである。一九三七年、当時エドガー・スノウ夫人だったニム・ウェールズは、西安事件の直後の延安に四カ月のあいだ滞在して、その経験を次のように記している。

共同生活をしている兵士たちがあらゆる方言を話すのであるから、赤軍が中国の言語の困難さをどう解決したのかということは科学的興味のある問題であった。南方方言のあるものは北方人にとってまったく理解できないものであったし、その逆の場合もあった。事実、中国のほかの地方では中国人の会合でも英語を使ったほうが話が通じやすいという場合も少なくないのである。上海の中国人クラブでさえもいろいろ試みた結果、中国語をやめて英語を使用せねばならなかったのである。私の発見したところでは、赤軍ではすべての人があらゆる方言を耳で学んだ。しかし、しゃべるのはやっぱり自分の方言である。政治をやる人たちはたいてい、国語《クオイー》、つまり北京官話を知っているが、普通の会話でかれらがわざわざそれを使うとは思えない。方言間では、単語や句がまるっきり異なっていることも多いが、普通ちがっているのは発音だけである。それだからかれらはあるキーになる音をおぼえておいて、心のなかでそれをほかの方言に翻訳すればそれでよいのだった。単語が違うときには、両地方の人間はお互いに翻訳語を使うのだった。というのは、個人的にはそれを使っていなくても、経験上、ほかの方言でそれに相当する単語を知っているからだった。かれらがけっこうやすやすとお互いに理解しあっていたところをみると、言語上の絶えざる努力が兵士たちの頭脳を鋭敏にしたらしい（実際、かれらのあいだでは、自分たちのことばをできるだけお国なまりで発音して、お互いにそれをあてるという遊びが流行していた）。

（浅野雄三訳『人民中国の夜明け』新興出版社、一九七一年、九三頁）

これはシナの深刻な言語問題の本質をよく表現していて、いかにも燕京《えんけい》大学の優等生だった才媛のニム・ウェールズらしいが、ここで見落とされている重大な点が一つある。それは漢語の方言のあいだの差は、たんに子音や母音の違いだけではなく、「声《せい》」の問題もある、ということである。

すなわち漢語は、どの方言でも、子音・母音の種類が少なく、しかもいわゆる単音節語が多いから、そのままでは同音異義語が非常に増えてしまう。これを避けるために音の高さとその変化によって区別する。これが「声」であって、ふつうにわれわれが中国語と呼んでいる北京方言（国語《グオユイ》、普通話《プートンホワ》）ではこれが四つある。しかしトーンは四声に限らないので、三声の東干《ドンガン》語から八声の広東《カントン》語に至るまで、いろいろな方言がある。

これほど相互に異なる漢語の諸方言は、じつは方言というよりは、それぞれ独立の言語と考えるべきものであって、ちょうどゲルマン語派のなかに英語、オランダ語、ドイツ語、スウェーデン語、デンマーク語、ノルウェー語、アイスランド語などがあるのと同じように、あるいはラテン語派のなかにフランス語、スペイン語、ポルトガル語、イタリア語、ルーマニア語などがあるのと同じように、シナでも北京語、上海語、福建語、潮州語、広東語、客家《ハッカ》語、海南語などの独立の言語が並存しているのだ、と見たほうが正しい。

だから一口に漢族とは言っても、その成員に文化の統一性があるように見えるのは、多分に幻影であって、これだけ多くの違った言語を話す人々を結び付けているのは、表意文字である漢字の特異な機能である。もし中国で今、漢字を廃止してローマ字（ラテン字）に切り替えたとしたら、中国の言語問題はよりいっそう深刻になるに違いない。そのときは各省ごとの地方語の大きな差異がいっぺんに表面に出て、湖南省人の手紙は北京市民には読めず、上海の新聞は広東省人には読めない、といった事態になるからである。

そこで、もし北京語だけを唯一の国語とし、その発音を基礎として綴りを決めたらどうか。そうすれば、北京語圏の外に住む中国人は、読み書きを外国語でしなければならないことになる。現在の日本で、仮名や漢字の知識が一夜にして消滅して、今後はいっさいの読み書きを英語でしなければならなくなったとしたら、そうした事態に相当するであろう。そうなれば、中国の政治的統一でさえ、どれほど長く持ちこたえられるか疑問である。

以上で、漢字が「言葉」の音に直接には結び付かない通信の手段である、という事実の重大な意味が、いくらかわかってもらえたと思う。つまり、一方においては、言語を異にする多くの集団にわたるコミュニケーションに有効であり、他方においては、だれにとっても習得や使用が容易でない、ということで、そのためにどうしても、知能程度、教育程度、生活程度の高い少数の人々だけが、漢字を自由に使いこなせる、という結果にならざるをえない。この点、仮名という表音文字の体系を持っていて、その基礎の上に漢字を表音文字のごとく取り入れて使っている日本人より、表意文字しか持たない中国人のほうが、漢字の習得・使用に不利であり、識字能力において劣ることも注意しておきたい。

始皇帝《しこうてい》の「焚書《ふんしょ》」の意味

シナには古代から共通漢語というのは、一度も存在しなかった。古代においても、各地方ごとに言語が異なるのが常態であったから、たとえば県の知事からの報告書一つを採ってみても、それが地方ごとに別々の言語で書かれていたとすれば、それを解読するだけでもたいへんな労力である。もちろん、皇帝からの命令を地方に伝えるときにも、各言語に翻訳せねばならない。

そこで始皇帝が考えたのが、文字の統一であった。

断わっておくが、始皇帝がやったのは「口頭で話される言語」の統一ではない。そのようなことは、現代中国でも南北で言語の系統すら違うのだから、しょせん無理な話である。現代日本のように、共通語を定めるというのは不可能な国なのである。

そこで彼は、帝国の支配に必要な文書類に用いる書き言葉だけに的を絞った。まず漢字の書体を統一し、しかも、その漢字に対応する読みを決定したのである。

漢字はその性格上、放っておけば、どんどん数が増える。偏と旁《つくり》を組み合わせれば、原理的にはいくらでも新しい文字がつくれる。しかし、そういった漢字の無制限な増殖を許せば、書き言葉すらも通じなくなってしまう。そこで、まず漢字の数を制限し、書体も限定することにしたのである。

じつは、漢字の増殖はすでに当時から深刻な問題であった。国によって使う文字が違っていたし、読みも当然異なっていたからである。そこで外交文書を取り交わそうとしても、相手の文書そのものが読めないという事態が出現しつつあった。

そのコミュニケーション・ギャップを埋める役割を果たしたのが、儒教集団であった。儒家《じゅか》はご存じのとおり、『詩経《しきょう》』『春秋《しゅんじゅう》』『易経《えききょう》』といった古典を神聖視し、その読み方を厳密に定めていた。だから、どの出身地の人間であろうと、儒家同士では手紙のやりとりも非常にスムーズにいった。

その儒教集団の特性を利用したのが、戦国時代の諸国であった。つまり、儒家が書いた文章をやりとりすれば、外交文書の行き違いが起きない。そこで、諸国は競って儒家を雇い入れたのである。だから、戦国時代において儒家は、倫理道徳を説く人材というより、むしろ文書作成の技術者だと認識されていたのである。

そのことは、孔子の弟子たちがしばしば、対立関係にある国に派遣されていったこと一つを見ても明らかである。また、孔子自身を含め、儒家に一国の宰相になった人がいないという事実は、彼らがあくまでも文書作りのエキスパートと見られていたことと、おおいに関係している。

秦《しん》の始皇帝が文字の統一と固定化を考えた原点には、おそらくこの儒教集団の活躍があったに違いない。儒家が行なっているように、文字の書き方、読み方を統一すれば、言語の壁は無視できると始皇帝は考えたのである。

さて、このようにして始皇帝は漢字の数を一挙に制限して、三千三百字にした。現在、日本で出版されている中型の漢和字典でも、二万近い漢字が収録されているから、これはいかにも少ないように思えるかもしれないが、秦帝国の行政という目的から考えれば充分な数である。

しかも彼は、同時に民間に流布しているさまざまな書物を焼かせた。いわゆる「焚書」である。始皇帝の焚書は思想統制のためと信じている人が多いが、これまた、大きな誤解である。始皇帝が書物を焼いた目的は、民間において野放図な漢字の使用が行なわれないようにというものだった。ことに漢文作成の基本用例となるべき『詩経』や『書経《しょきょう》』などの民間版を追放するのが目的で、それに関係のない法律書や農書などは焚書の対象外であった。

要するに焚書とは、漢文の表記や表現を公的に統一するための手段であった。つまり、公に定めたテキストを基準に漢文を書けという意味だったのである。

始皇帝は度量衡を統一したが、そのときに彼は古くから使われていた民間の升や定規を捨てさせている。古い基準が残っていては混乱のもとだからである。焚書の発想はそれと同じで、帝国統制のための純然たる実利・実益面からの行為だったのである。

ちなみに、焚書と並んで語られるのが「坑儒」である。つまり、秦の始皇帝は儒家を迫害し、彼らを穴埋めにした、とむかしから語られてきた。

しかし、これもおおいなる誤報である。漢字の統一を図ったことでもわかるように、始皇帝は文書作成者としての儒家の価値を認めていた。儒家を利用することはあっても、殺す必要はない。

じつは、いわゆる坑儒というのは、儒家を相手にしたものではない。これは、もとはと言えば、皇帝のもとで働いていた書生二人が、不死の薬を求める皇帝を批判して逃走したことに関する処分であった。批判に激怒した始皇帝が書生たちを取り調べ、最終的に数百人を検挙して生き埋めにしたことが、のちに坑儒として誤解されて伝わったにすぎない。

漢から三国時代の漢字と儒教

前漢時代の初期には、戦国時代に戻ったような状態だったが、武帝《ぶてい》の治世（前一四一〜前八七）に入ると、積極政策のおかげでシナの都市、ことに首都の長安（西安）は大成長を遂げ、多くの人口がここに集中して一種の知的爆発が起こり、異なる学派・教団のあいだの接触・交流が多くなって、学説・教義の総合と折衷の傾向が強くなった。この傾向の中心になったのが、この頃から流行するようになった、儒教系の新興宗教「古文学」であり、やがてその運動に乗って王莽《おうもう》が出現し、前漢朝の天下を奪うのである。

この新傾向の一つの現われが、成帝《せいてい》の治世（前三三〜前七）に行なわれた書物の蒐集・整理事業である。これには四人の高官が委員となって、一書ごとに内容を検閲し、合格したものについては摘要をつくって、それぞれ皇帝に奏上しては裁可を受けた。この手続きを経て宮中の図書館に納められた書物は、すべて五百九十六部、一万三千二百六十九巻であった。紙もまだ発明されず、印刷術も存在しない時代のことだから、こうして定本が宮中に受納された書物だけが、公式に書物としての資格を獲得することになるわけである。「焚書」は書物の破壊、これは書物の保存という違いはあるものの、その目的と効果においては同じことであり、情報の国家管理であることには変わりはない。

王莽に指導された儒教革命は、わずか十五年（紀元八〜二三）で失敗し、後漢《ごかん》時代に入るが、王莽が熱烈に信奉した儒教そのものは、後漢朝の国教として存続した。

ところで、いかなる宗教でも、国教たるためには、教義もさることながら、経典のテキストが一定でなければならない。ところが儒教の経典は、いずれも前漢の初め以来、多くの学派によって伝承され、学派ごとにかなりテキストが異なっている。そうした学派ごとのテキストは、前漢末の整理によってそれぞれ定本ができているが、今度は学派を超えた標準テキストをつくらなければならない。そのため一七五年、『周易《しゅうえき》』『尚書《しょうしょ》』『魯詩《ろし》』『儀礼《ぎらい》』『春秋』『公羊伝《くようでん》』『論語』の七経の標準テキストが公定され、石碑に刻んで首都の洛陽《らくよう》の太学《たいがく》の門外に建てられた。これを「石経《せっけい》」と言う。

「石経」の意義は、現代の中国における『毛沢東選集《もうたくとう》』のそれと同じである。つまり漢字の用例集であって、これを徹底的に学習し、一字残らず暗誦できるようになって、初めて漢字で書かれた文章を読みこなし、また漢字を使って文章を書くことができるようになる。それもこの七経の文体にのっとって書かなければならない。漢文には、これといった一定の文法はないので、七経の用字例に従って綴れば、読むほうも七経の出典に照らして意味を理解することができる。現代の『毛沢東選集』でもこの機能は同じで、毛沢東の文体をそっくりまね、毛沢東の用語をそのまま使うことによって、やはり『毛沢東選集』を学習している人々とのあいだにコミュニケーションが成立するのである。この際、儒教思想とか毛沢東思想とかの内容よりも、むしろ用語と文体のほうが重要なのである。いわば本音よりは建前、といったところである。

もちろん、経典のテキストの統一だけでは不充分なので、その解釈の統一も必要だったが、たまたま「石経」の建立の九年後の一八四年、全国にわたって黄巾《こうきん》という宗教秘密結社の大反乱が爆発して、後漢帝国は事実上崩壊し、国教どころではなくなってしまった。実際、この黄巾の乱を境として、儒教は宗教としての生命を失い、これに代わって秘密結社の教義から発達してきた道教、およびそれまで外国人居留民の宗教であって、道教の組織を取り入れて発達した仏教が、シナの思想文化の主流になってゆくのである。

こうして登場した道教・仏教とも、もともと文字に縁の薄い下層階級の宗教だったから、その文献も自然と非古典的な特異な文体と用字法を保存することになる。その一方で、政治の面では、それに代わるものがないために、儒教系の文体が維持されるが、ここでも階層の交代があって、それまで権力を握っていた文人官僚に代わって、儒教の伝統にたいして敬意を払わない軍人たちが実権を奪うことになる。その上、黄巾の乱の直接の結果として、それまでシナの中枢部を成していた華北の平野部で、戦乱と飢饉のために人口が激減し、乱の直前の一五七年の五千六百四十八万六千八百五十六人から、いっきょに十分の一の五百万人ほどに下がったと言われ、乱後一世紀近くを経過した二六三年、蜀を併合した魏の人口は五百三十七万二千八百九十一人にしかならなかった。こうして生じた空虚を埋めるために、匈奴《きょうど》・鮮卑《せんぴ》などの北方異族の移住が盛んになり、これがやがて百三十五年に及ぶ「五胡十六国《ごこじゅうろっこく》の乱」（三〇四〜四三九）の原因となり、華北は長く北方系の征服王朝に支配されることとなる。

『切韻《せついん》』と科挙、進行する文字と言語の乖離《かいり》

隋《ずい》・唐《とう》が興ることでシナ史の第二期が始まるが、この時代に重要な事件が二つある。一つは、漢字の発音の標準を定めようと、六〇一年に陸法言《りくほうげん》が『切韻』五巻をつくったこと、もう一つは、科挙の制度が始まったことである。

何度も言うとおり、シナにおける唯一の情報伝達の手段は表意文字である漢字で、その使用に熟練することが、政治家・官僚の資格の最初にして最後である。科挙においてこの能力をテストするため、作詩・作文が課せられたのは当然であった。それぞれ言語を異にする各地方の出身者

が競争する試験だから、どこの方言でもない漢字の読み方の基準が必要である。この必要を満たしたのが、古来伝承の字音を整理した『切韻』だったわけである。

その結果、『切韻』系の音韻が隋・唐帝国の領土に普及して、文字を持つ階層の言語に影響を及ぼし始めた。しかも科挙はこれから約千三百年、清《しん》末に至るまで、官吏になるためのほとんど唯一の途だったから、『切韻』音の影響も時代とともにますます強くなり、ついにはシナのあらゆる言語が、本来は同系でないものも多いにもかかわらず、同系の方言であるかのごとく見えるに至ったのである。

しかし、ここで注意しなければならない点がある。それは、漢字が表音文字でなく表意文字である以上、その漢字を使って構成される「反切」の体系である「韻書」も、一定不変の音価を表わすことはできない、という明白な事実である。「韻書」や「反切」が表現するのは、漢字それぞれの読み方のあいだの相対的な関係だけである。もし一つの字の読み方が何かの理由で変われば、それと「韻」や「反切」で結び付いている他の字も、連動して読み方が変わってしまう。

しかも、ふつうの言語能力しか持たない人間にとっては、自分の日常語にない音なりトーンなりを聴き取ることは不可能に近い。違いが聞こえないのである。だから漢人が『切韻』系の字音を習得した結果は、自分の方言よりも音韻の区別はずっと貧弱になり、「反切」や「韻」の違いにもかかわらず、実際上は同音の字がうんと増えてくることになる。

そのために、文字で書かれたテキストを、『切韻』系の字音を当てながら読み上げても、耳だけではその意味を捕捉できない。文字と言語のあいだの乖離現象がどんどん進行し、悪化してゆくことになった。言い換えれば、教育程度が高ければ高いほど、文字によるコミュニケーションの領域が拡大して、音声による生きたコミュニケーションの能力が低下する結果にならざるをえない。これがシナの漢字文化の恐るべき真相なのである。

今日の香港で大量に生産されるショウ・ブラザーズの映画を見るがよい。画中の役者たちがしゃべっている言語は北京語か広東語《カントン》がふつうだが、サウンドトラックだけでは事は済まない。かならず漢字と、そして英語の字幕が画面の下の端に焼き込んである。つまり、北京語も広東語も話せず理解しない中国人の観客には、漢字が必要であり、漢字を読めない人には、英語が必要なのである。

一九七二年の五月、蔣介石《しょうかいせき》が中華民国の第五期総統の就任式を挙げたとき、台北の陽明山中の中山堂の会場には、参列者の入場に先立って、座席の一つひとつの上に印刷した蔣介石の就任演説のテキストが置かれていた。式が始まって、正面のステージの右手奥から八十五歳の蔣介石が、宋美齢《そうびれい》に左腕を支えられつつ、おぼつかない足どりで登場、ステージの突き当たりの壁いっぱいに飾られた、巨大な孫文《そんぶん》の肖像に向かって立つと、右腕を差し伸べて、かん高い震え声で宣誓の辞を述べた。それから蔣介石が会衆に向き直って演壇に立つと、会衆はいっせいに印刷したテキストを取り上げ、蔣介石の就任演説を聴きながら、眼で漢字を追うのだった。そしてテキストで行が変わるたびに、会衆のあいだから万雷の拍手が起こった。

蔣介石は浙江《せっこう》省奉化県の人で、まったくの寧波《ニンポー》方言を話し、他の地方の出身の中国人には話がわかりにくかったという。しかし、就任演説をあらかじめ印刷して配っておいたのは、どうもそのためばかりではなさそうである。というのは、この演説は、きわめて格調の高い、古典的な文章で綴られていたからであって、たとえ蔣介石が流麗な北京語を話し、出席者がことごとく北京生まれの北京育ちだったと仮定しても、漢字の助けなしに耳で発音を聴いただけでは、まず意味が半分もわかるはずはなかったからである。まして当日の中山堂の広い会場を埋め尽くした数千人の出席者の大部分は、北京語を日常語とする人々でなかったことは確かだから、なおさらである。つまり蔣介石は、日常語から遊離した語彙《ごい》と文法を用いて綴られた文章に、『切韻』系の人工的な字音を一字一字当てはめて読み上げていたのであって、ここで成立していたコミュニケーションは、口から耳への言葉によるものではなく、純粋に眼に訴えるだけのものだったわけであり、しかもそれが、もっとも効率のいいコミュニケーションの手段だったのである。

蔣介石ばかりではない。毛沢東も、小グループの前で講話をしたことはあっても、大聴衆に向かって弁舌をふるったことは一度もなく、その声が北京放送の電波にのったことすらない。講話とは言っても、そのテキストは漢字に綴られ印刷されて全党、全国に伝達されるのだから、毛沢東の肉声を去ること遠く、結局は表意文字による伝達に適した伝統的な文体に引きずられないわけにはゆかず、ただ多少の助字の使い方で「白話」らしさを出す以上には出られない。これはたんに、毛沢東の方言がひどい湖南弁だ、というだけの理由ではないのである。

もう一つ例を挙げよう。福建系の台湾語の数詞は「一《チツ》、二《ジイ》、三《サム》、四《シイ》、五《ゴオ》、六《ラク》、七《チツ》、八《ポエ》、九《カウ》、十《チャプ》」である。そこへ一九四九年、中華民国政府が大陸から移転してきて、それに伴って各省出身の雑多な言語を話す人々が台湾に流れ込んだ。自然、必要に迫られて、政府の公用語である北京系の国語《グオユイ》が使われることになった。国語の数詞は「一《イー》、二《アル》、三《サン》、四《スー》、五《ウー》、六《リウ》、七《チー》、八《パー》、九《チウ》、十《シー》」である。ところが台湾語にも、また華中・華南の各地の中国語にも、「十《シー》」の頭子音（sh）は存在しない。だから「十」の shih と「四」の ssu との区別がつきにくくなるので、人々は「十《スー》」と言いながら、両手の人差し指を直角に交叉させて、「四《スー》」でないことを示すようになった。これが台湾語なら、「四」は si、「十」は chap だから、まぎれる心配はないのに。ここでも表意文字が、口頭のコミュニケーションに介入してくることに注意せられたい。

漢字が生んだ漢人の精神世界

貧弱な漢字が漢人の精神を支配する

文字と言語のあいだのギャップが大きく、しかも文字のほうが、今でもより効果的な伝達手段であり、言語が文字に圧迫され、侵蝕され、発達を阻害されているために、文字の知識が充分でない漢人ほど、自分の感情や思考の表現力が劣り、結局は精神的発達が遅れることになる。だから、古くから仮名文学を発達させ、おかげで国語による表現力にそれほど大きな個人差のない日本人と違って、漢人のあいだには一見、知能の極端な個人差が存在するらしく見える。これはじつは漢字の世界へのアクセスの差なのである。

それでは、漢字の使用方法を完全にマスターしたエリート、すなわち「読書人」にとって問題はないかと言うと、これがまたそうでない。

漢字の数は限られている。字書のなかでもっとも完備したものと言われる諸橋轍次《もろはしてつじ》の『大漢和辞典』には、四万八千九百二字が登録されている。これは同じ字の異体を含めた数だが、いずれにせよこの数は、漢字という体系には、五万個足らずの概念を表わす記号しかない、それだけのスロットしかない、ということを意味する。

もちろん、二つ以上の漢字を結合して熟字をつくることは可能だし、また盛んに行なわれている。しかしまず第一に、すべての漢字が実用に供されるわけではなく、よほど学問のある漢人でも、使いこなせるのはせいぜい一万字までである。その上、単字にしても熟字にしても、あらゆるコンテクスト(文脈)で自由に使うわけにゆかない。それでは非常に難解な文章になってしまう。もともと困難な表意文字による伝達をより容易に、より確実にし、誤解の余地をなるべく少なくするためには、それぞれの単字・熟字が出現しうる文脈を制限し、プレディクタブル(予測可能)にしておかなければならない。つまり、文体を一定にするわけである。

文体は何によって規定されるかと言うと、そのときの正統の経典、すなわち「四書五経」や『毛沢東《もうたくとう》選集』によって規定されるのである。これらのテキストを繰り返し繰り返し学習して、一字残らず記憶に叩き込み、いかなる漢字を書くにも読むにも、必要に応じて立ちどころにあらゆる用例を思い出せるのでなければならない。これができて初めて、漢字によるコミュニケーションが成立するのであって、シナにおける経典のもっとも重要な社会的機能は、その内容の思想ではなく、その文体なのである。

しかし、文体は人間の認識様式、行動様式を支配する力を持っている。儒教の経典を、物心つくかつかぬかの幼児の時代から、厳しい恐ろしい父親や家庭教師に鞭で打たれながら、文字どおり叩き込まれて暗誦させられ、毎日毎晩、作文や作詩に若い生命をすり減らし、県学の入学試験、省城での郷試《きょうし》、首都での会試《かいし》、宮中での殿試《でんし》という、重なる難関を一つひとつ突破しなければならないその心理的重圧に耐えて、首尾よく階段を登りつめるのは並大抵の負担ではないが、それでも成功して役人になる少数の恵まれた者以外は、途中で挫折して家庭教師や役人の私設秘書に雇われたり、あるいは試験々々に明け暮れて、学生のまま老い朽ちたり、空費した青春を悔いながら一生を終える者が大多数であった。

こういう人々が集まって構成する「読書人」階級なのだから、彼らがなにごとかを文字によって表現しようとすれば、儒教の経典や古人の詩文の文体に沿った表現しかできないわけである。もし何か創造的な思考を発表しようとしても、その手段としてはスタンダード・テキストの文体しかないのだから、その筋道なり気分から大幅に外れる記述をすることは、実際上は非常に困難だし、もしそれに成功しても、読む側は既成の文体に合わせて解釈するのだから、合わない部分は読者の心にレジスターしない（登録されない）、つまり理解されない結果になる。

これが儒教の経典でなくて、『毛沢東選集』であっても、効果は同じことである。一九六五年末に始まるプロレタリア文化大革命に先立って、林彪《りんぴょう》の人民解放軍が鳴り物入りで持ち上げた、毛沢東思想学習の模範である雷鋒《らいほう》、王杰《おうけつ》（傑）のように、「毛主席の本を読み、毛主席の話を聞き、毛主席に従ってことをなす」という人間は、要するに、軍隊に入って初めて漢字を覚え、それも『毛沢東選集』四巻だけを拠りどころとして、その文体にならって日記をつけられるようになった者である。雷鋒にしても王杰にしても、生身の人間であって、けっして毛沢東思想が受肉してこの世に出現したわけではない。しかし、彼らの日記が熱狂的な毛沢東思想学習運動の教材になりえたのは、彼らのなかに渦巻いているいろいろな感情が、中国語の貧困のために他のはけ口がなく、漢字を綴り合わせ『毛沢東選集』の文体にのせることによって解消するしか方法がなかったからである。ここでも思想よりは文体が、人間の行動を束縛している。

外国語でしか感情を表現できない

これと関連した現象だが、日本語や英語のうまい中国人と交際していて気がつくことがある。それは日本語なり英語なりで話しているあいだは、物腰もおだやかなら、話の内容にも屈折や陰影があり、論理も通っていれば、感情も豊富なのに、いったん中国語に切り換わると、とたんに表情はおおげさに、動作は派手になり、声も大きく、芝居がかってくる一方、話の内容は断定的に教条主義的になり、微妙なニュアンスはあらかた吹っ飛んでしまう。つまり中国語のときとそうでないときとでは、ほとんど別の人格に変わってしまうのである。

もちろん、二重言語使用（bilingualism）や多言語使用（multilingualism）の場合、言語によってそれに結び付いた文化におけるアクセプタブル（受容可能）な行動様式に影響されることは、ある程度は避けがたいが、中国人のそれはかなり極端なように思われる。

日本人が外国語を学ぶ場合、日本語が仮名文学の伝統のおかげで十二分に発達を遂げているために、自分の精神生活のある部分が、その外国語のおかげで初めて表現できた、ということはまずまれである。ところが前にも言ったとおり、中国人の場合は、文字と言語のあいだに越えがたいギャップがあり、しかも、言語から遊離した文字の使用の異常な、ほとんど病的な発達のせいで、言語の自然な、充分な発達がさまたげられ、あまつさえ文字の世界から、『切韻《せついん》』系の人工的な音韻に乗って侵入してくる、経典の用語と文体に圧迫されている。こうした事態のもとでは、自分の精神生活の隅々まで充分に表現することは、中国語によっては不可能に近い。こうした不幸な状況にある中国人が、日本語や英語のように、よく発達した表音文字による文学の伝統を持ち、文字と言語のあいだのギャップが小さく、だれでも自由に自己を表現できる外国語を学んだとき、初めて中国語の欲求不満から解放されることになりうるわけである。

さらに付言すれば、中国語そのものが、大多数の中国人にとっては外国語に等しい、という、さらにややこしい問題がある。中華人民共和国が「普通話《プートンホワ》」と呼び、中華民国が「国語《グオユイ》」と呼んで、ともに普及に努めている北京語系の言語がいかに広く通用するようになったところで、それが各省の地方語に完全に取って代わることは、まず期待できない。せいぜい北京語系の借用語が増える程度であろう。北京語とまったく違う音韻組織を持つ地方語の話し手にとって、北京語をマスターすることは、日本人が英語を学ぶことに相当する。北京語によって自己を表現することは、自分の地方語によるよりむずかしい。しかも北京語学習の重要な教材は、もちろん表意文字である漢字をもって綴られている。拉丁《ラテン》化新文字があることはあるが、それだけで綴られたテキストがあるわけではなく、あくまでも漢字の補助にすぎない。それゆえに、北京語を学習すればするほど、一般の中国人は、文字の世界に引きずり込まれてゆく結果となる。それに北京語は、北京の政治的重要性の歴史のゆえに、文字の影響がもっとも強い言語であり、さらに、それから普通話・国語をつくり上げる際、なるべく文字の表現に近いものが選び出されたのだから、なおさらである。

真実と言葉の乖離《かいり》

こういういろいろな事情が複雑に重なり合った結果は、真実と言葉の乖離という、恐るべき現象である。

『荘子《そうじ》』の「逍遥遊《しょうようゆう》」篇の話で、堯《ぎょう》が許由《きょゆう》に天下を譲ろうとするくだりに、「名は実《じつ》の賓《ひん》なり」という有名な文句がある。これをわれわれ日本人は「実際の徳が主で名誉は従であること。実際の徳があってはじめて名誉がこれに伴う」意と解釈する（新村出編『広辞苑』第三版）。しかし、これはまったくの誤解である。本当の意味は、「名」すなわち言葉は「実」すなわち真実にとってはお客さんにすぎず、主人ではない——言葉は真実に対して所有権を持たず、真実をカヴァーしコントロールしえないということである。

『荘子』が書かれたシナの戦国時代には、申不害《しんふがい》、商鞅《しょうおう》、韓非《かんぴ》ら法家の学者が輩出して、刑・名の一致の重要性を力説したため、また刑名家《けいめいか》とも呼ばれた。「刑」は「形」で、感覚に触れる真実を意味し、「名」は言葉による表現である。紀元前四〜前三世紀にシナの統一の具体的な方策を議論した政治哲学者たちが、すでに真実と言葉のあいだのギャップについて警告していたわけだが、前漢末の紀元前一世紀に儒家《じゅか》が法家に代わってシナの正統思想の地位を占めるようになると、この乖離は決定的になり、言葉、というよりは文字は文字で、それ自体の論理、つまり文体に従って一貫性、整合性を求める。すなわち、書かれることと現実に起こっていることが遊離してしまうことになった。

しかも「読書人」である限りは、シナの政治になんらかの形で関与せずにいられるわけがない。そこへもってきてシナの社会が、少なくとも紀元前二二一年の秦《しん》の始皇帝《しこうてい》の統一以来、個人主義の傾向が強く、政治の場ではそのときそのときの利害によって目まぐるしく離合集散が繰り返される。自分以外のだれをも頼りにはできない。そうした環境で身を守って生き延びる術は、つねに口先では言葉のつじつまを合わせながら、言葉と関係のない行動をとるほかにはない。

結果論にすぎない歴史記述

この乖離現象がもっとも明らかに出るのが、シナの歴史記述である。孔子が『春秋』を書いて以来、歴代の王朝の「正史」、中国共産党の歴史に至るまで、君臣の善悪・是非・正邪・順逆の判決が歴史の最終目的とされているが、その判断の基準はまったくの結果論で、成功したから正義、失敗したから不義、というだけのものである。

一九六九年の『中国共産党規約』で「林彪同志は、一貫して、毛沢東思想の偉大な赤旗を高くかかげ、もっとも大きな忠誠心を抱き、もっとも確固として、毛沢東同志のプロレタリア革命路線を実行し、守ってきた。林彪同志は、毛沢東同志の親密な戦友であり、継承者である」と持ち上げられた林彪が、その二年後に非業の最期を遂げて、その一派がことごとく失脚すると、林彪の評価は一転して、彼は大地主兼大資本家の家庭に生まれ、入党後もブルジョア世界観は改造されず、瑞金《ずいきん》で国民党軍に包囲されたときは、王明《おうめい》に同調して短期決戦を主張し、長征のときは彭《ほう》徳懐《とくかい》とぐるになって毛沢東の権力を奪おうとし、陝西《せんせい》省北部では独自の遊撃戦を主張し、抗日戦のときには蔣介石《しょうかいせき》を賞賛し、戦後の国共内戦では毛沢東の戦略に従わず、朝鮮戦争では劉少奇《りゅうしょうき》とともに参戦に反対し、粛清された高崗《こうこう》、饒漱石《じょうそうせき》の黒幕であり、大躍進の失敗後は「包産到戸」政策を支持し、中ソ論争ではソ連修正主義と妥協しようとし、中央軍事委員会では子分に目をかけ、文革では軍隊の指揮権を毛沢東に譲ることを拒否するなど、「林彪が党に叛《そむ》き国に叛いたのには歴史的根源がある」（中共中央専案組『林彪反党集団の反革命的罪状についての審査報告』一九七三年七月十日）ということになってしまう。そしてこのあとのほうの記述が残って、歴史になってゆくのである。

毛沢東の歴史歪曲

このへんの実状をもっとも率直に告白した人は毛沢東である。一九四四年四月一日、延安で整風運動を推し進めていた毛沢東は、王明（中国共産党中央委員会総書記、本名は陳紹禹）を訪問して、「整風運動の第一の目的は、中国共産党の歴史を、ぼく個人の歴史として出来得るかぎり書くことにある……。われわれがいいたいのは、思想的関係で中国共産党はつねに毛沢東によって指導されて来たのだということ、この二十四年間に中国共産党および中国革命が達成したものはすべて毛沢東の指導の結果であるということ、そしてこれまでの各時期に党のさまざまな指導者たちが犯してきた数多い誤謬《ごびゅう》のすべては毛沢東によって正されたということなのだ」と言い、ついては王明が李立三《りりっさん》の左翼冒険主義路線に反対し、抗日民族統一戦線政策を成立させた歴史的事実がじゃまになる。「で、ぼくは一つの案を考えついた。つまり、きみの功績をぼくに譲ってほしいのだ。同意してもらえるかね？」と申し入れている（高田爾郎・浅野雄三訳『王明回想録』経済往来社、一九七六年、七九〜八二頁）。これを拒んだ王明はモスクワで客死し、中国共産党史は毛沢東の筋書どおりに書き直された。

「中国は文字の国だ」とよく言われる。まことに漢字なしにはシナはありえなかった。しかし「文字の国」は、文字だけで言語のない国、建前だけで本音のない国をも意味する。むかし魏《ぎ》の文帝は「文章は経国の大業、不朽の盛事なり」と書いた。現代日本のある作家は「文学は男子一生の事業にあらず」と言って政治家に転業した。幸福な日本人よ。漢字は中国の呪われた宿命である。

漢詩は理念であって情感ではない

さて、漢人が二千年ものあいだ、漢文という表現手段しか持ちえなかったという事実は、当然のことながら、漢人の心理にも大きな影響を与えた。ことに感情、情緒といった面における影響は甚大である。

日本人は自前の日本語を持っているため、あまり気づかないが、細やかな情緒や感情というものは、自然に成長してくるものではない。世代を超えた文化的蓄積が行なわれて、初めて感情生活は豊かになってくる。

日本の場合で言えば、『万葉集』から始まって『源氏物語』『古今和歌集』『平家物語』があり、江戸時代の芭蕉、近松、西鶴ら、さらに明治期の漱石、鷗外らによる文学の歴史が、日本人の感情を豊かにしていった。これらの文学作品抜きに日本人の精神は考えられない。

ところが、シナの漢文というのは、感情を細やかに表現するのに不適な手段である。なにしろ、漢文は行政システムのなかにおけるコミュニケーション手段として発達したもので、人間の内面や情緒を表現するものではない。むしろ、行政上の情報を正確に伝えるためには、情緒などは入り込まないほうがいいのである。

情緒の表現に向かない文学

そのことは、シナの漢詩に如実に現われている。どんな漢詩でもいいから、ためしに一つ思い出されるがいい。そこには、日本人の和歌や俳句のように、内面の心象風景が描かれてはいない。漢詩で表現されているのは、あくまでも即物的な風景だけである。

一例として、杜甫《とほ》の「春望」の前半部を挙げてみよう。

国破山河在　　国破れて山河在り
城春草木深　　城春にして草木深し
感時花濺涙　　時に感じては花にも涙を濺《そそ》ぎ
恨別鳥驚心　　別れを恨みては鳥にも心を驚かす

さて、この詩は日本人から見れば、まことに情緒たっぷりに描かれているように思えるが、それは漢詩を「日本語化」しているからにほかならない。つまり、日本語のなかにある情緒が、漢詩の読み下し文をも情緒的にしているだけのことである。

日本人は、故国を失った杜甫の心境を「想像」し、彼に同情するが、杜甫自身は、この詩のなかで、彼自身の内面を長々と書いているわけではない。いや、漢文という表現形式上、それは書けない。

たしかに、この詩には「感」「恨」あるいは「驚」という、感情に関係した文字が使われている。しかし、これらはまことに平凡な文字であって、なにも詩人ならではの創意があるわけではない。日本人が日本語で、これと同じように平凡な表現をすれば、「月並み」と評されるはずだ。だが、漢詩の場合には、それ以上のレベルの情緒を表現することは技術的に不可能なのである。

そもそも漢詩は古来、「志」、つまり理念を表現するためのものとされてきた。この場合、理念というのは、現実の描写のことであり、そうあるべき現実の表現のことである。表意文字である漢字には、情緒の表現に必要なニュアンスは具わっていない。だから漢文・漢詩は情緒の表現には向かない文学なのである。

そのため、漢人が漢詩を一語一語切れ切れに読んでも、基本的にはなんのイメージも浮かばない。

そもそも唐代の詩というものは、ただ目で読まれるだけで、歌われるものではなかった。詩が音楽と関係がないというのは、非常に不思議な現象だが、それは、もともと漢文が話し言葉とは乖離した存在だからなのだろう。

ただ一つの例外は、王維《おうい》の「元二の安西に使いするを送る」という詩である。これだけは曲が付いていて歌われた。しかし、それはなにも、漢人がこの詩の描く別離の情景に感銘を受けたからではない。

これは、「渭城《いじょう》の朝雨軽塵《けいじん》を裛《うるお》す、客舎《かくしゃ》青青柳色新たなり、君に勧む更に尽くせよ一杯の酒、西のかた陽関を出ずれば故人なからん」という詩だが、要するに「もう一杯呑め」という内容である。

つまり、酒の席で相手に酒を勧めるのに都合がよかったから、吟じられたにすぎない。

なぜ、シナに「恋愛」が存在しなかったのか

漢文が情緒表現に向かないということは、当然のことながら、恋愛感情の発達にも大きな影響を与えた。結論から先に言ってしまえば、漢文が発達したことによって、漢人は洗練された形での恋愛というものを知らないままに二十世紀を迎えてしまった。まさに「初めに言葉ありき」で

ある。言葉なきところに、思想も感情も育たない。

私がこのように述べると、シナ文学に詳しい人は、たいてい「そんなことはあるまい。『紅楼夢《こうろうむ》』があるではないか」と反論する。

シナ小説の最高傑作と定評の高い『紅楼夢』は、清朝時代に書かれた恋愛小説とされる。満洲貴族の家庭に生まれた賈宝玉《かほうぎょく》という主人公を中心に据えたこの物語は、しばしば日本の『源氏物語』と比較される。たしかに、主人公の設定が貴族の少年であること、そして、彼の周囲にたくさんの女性が配置されていることを見れば、『源氏物語』と『紅楼夢』はよく似ている。

しかし、その中身はと言えば、この二つはまったく似ても似つかぬ小説なのである。

というのも、『源氏物語』の主人公・光源氏はたくさんの女性と契りを交わしてゆくわけだが、かたや『紅楼夢』の賈宝玉が現実に肉体関係を持つのは、祖母から与えられた腰元の花襲《かしゅうじん》人ただ一人である。果たして、下女に手を付けるのが恋愛と呼べるのであろうか。

賈宝玉には、女性と接する機会がなかったわけではない。彼は祖母に甘やかされていたおかげで、従姉妹たちの私室に自由に出入りすることができたのだが、彼女たちとのあいだには、一度も恋愛が起こらなかった。辛うじて恋愛と呼べるのは、賈宝玉と従姉妹・林黛玉《りんたいぎょく》とのあいだにある、淡い思慕の情くらいのものだが、それは『紅楼夢』のなかではきわめて軽い扱いになっているし、実際、この二人のあいだには何も具体的な事件は起こらない。

このような物語を、果たして恋愛小説と呼ぶべきだろうか、というのが私の感想である。贔屓《ひいき》の引き倒しという言葉があるが、『紅楼夢』はあまりにも持ち上げられ過ぎている。

シナ恋愛小説の最高峰と呼ばれる『紅楼夢』がこれなのだから、あとは推して知るべしである。『金瓶梅《きんぺいばい》』に至っては完全な好色小説であり、行為のみが書かれているわけで、男女間の情のやりとりとか駆け引きなど、恋愛に不可欠な心理描写が登場する余地はない。

どうして、シナの古典の世界には恋愛が現われないのか――その理由はいくつもあるが、結局は漢文の問題に行き着く。

まず第一に恋愛というのは、男と女が対等な立場に立って行なう、一種の知的ゲームである。たんに肉体関係を結ぶだけでは、恋愛とは呼べない。

ところが、シナにおいては「男女が対等に」ということすらありえない。儒教の礼法によって、男女が席を同じくすることすら許されなかったことが最大の原因ではあるが、仮に儒教の礼法がなくても結果は同じである。

なぜなら、恋愛においては「言葉による駆け引き」が不可欠である。『源氏物語』においては、それは和歌のやりとりという形で行なわれたし、また、時代が下れば、それは恋文となった。

ところが、シナの場合、文字はすなわち「漢文」であって、漢文を書いたり読んだりできるのは、一部の男だけである。したがって、男女のあいだで漢詩を交わしたり、あるいはラブ・レターを書くということもありえない。しかも、悪いことに、漢詩の世界で漢字の使用法が限定され過ぎたために、かえって話し言葉の世界では、感情を表現する語彙《ごい》の発達が阻害され、この方面の漢人の精神生活が貧弱になってしまった。適切な語彙がなければ、自分自身の情緒さえ摑まえたり確認したりできず、まして他人に対して豊かな感情を表現することもできない道理である。

言葉の進化、言葉の洗練なくして、人間の情感の高度化、繊細さというものは誕生しない。精緻な言語表現手段なくして、微妙な心理は生まれてこないのである。だから、いかに文才のある人であろうと、漢人に恋愛小説を書くのは不可能なことであった。

さらに、問題はそれだけではない。漢詩が書けて、本が読める女性などシナにおいては現実味がなさ過ぎて、読者は白けてしまうだけである。だから、そのような物語にだれも感情移入などできない。

しかし、ここにも例外は存在する。それは相手の女性が、人間でない場合である。たとえば、女神の生まれ変わりであったり、あるいは化け物であったりする女性に男が惚れるという物語なら、シナには無数にある。古典の教養を持った生身の女はいるはずもないが、それが神や化け物であれば読者も納得するわけである。

なぜ、シナに「心中」がなかったのか

先ほども記したように、人間の感情生活を豊かにするための最高の栄養は文学である。それは恋愛においても、例外ではない。ところがシナの場合、そもそも恋愛小説すら存在しないのだから、したがって恋愛や夫婦間の情などというものも成長しなかったし、洗練もされなかった。

漢人にとっては、夫婦のあいだすら利害関係によって結ばれているというのも、じつは恋愛という情の未発達が生み出した事態でもある。感情移入なき世界に、真の愛情は育たないのである。

そういえば、前項に登場した戴伝賢《たいでんけん》（戴天仇《てんきゅう》）の著作に『日本論』があるが、そこには、日本人が情死、つまり心中をするということが特筆大書されている。

日本に留学した戴伝賢が非常に衝撃を覚えたのは、日本人の男女間では情が極まった結果、死を選ぶという事実であったようである。

彼は、「およそ中国数千年の歴史を振り返っても、心中はただの一例もない」と記している。

もちろん、一口にシナといっても北と南では風習も違うわけだが、北でも南でも、心中話は聞いたことがないとも記している。この『日本論』は漢人のために書かれたものであるが、心中とはどういうものであるかをシナの読者にわからせようと、相当、骨を折って説明している。

余談ついでに記しておけば、近代に入って、たくさんのシナの知識人が日本に留学したわけだが、彼らにとって日本人女性の情のきめ細やかさは、非常に魅力的だったようである。魯迅《ろじん》の弟の周作人《しゅうさくじん》は、日本人女性を妻にしているし、魯迅自身も日本人女性の恋人がいたようである。また、小説家で中国共産党の幹部になった郭沫若《かくまつじゃく》も、日本人を妻に迎えている。

彼らはいずれも愛国者であり、また高い階層の出身であったわけだが、その彼らが日本人女性を妻にしているのは、注目すべき事実である。それはたんに日本贔屓《びいき》ということでは解釈できない話である。

漢字が苦手な中国人

日本と中国

一九七七年一月、日本の国語審議会から「新漢字表試案」が出た。これは三十年前の「当用漢字表」から三十三字が減って八十三字が加わり、千九百字に増えているが、どうやらその本当の意義は、これが漢字使用の「目安」であって、新漢字表にない字でもどんどん使って構わない、というところにあるようだ。まことに結構なことで、文章を書くのを商売にする者として、言葉の選択の自由の幅がぐっと広がったわけだから、祝着《しゅうちゃく》の至りと言うべきだろう。

それにつけて思ったのだが、現在の世界では、漢字を使っているのは、われわれ日本人と中国人だけになってしまった。この事実は、あながち漢字を廃止してローマ字やハングルに置き換えたベトナム、北朝鮮、韓国に比べて、日本や中国が遅れていることを意味しはしない。漢字を廃止した国々には、それぞれ政治的なお家の事情があったので、たとえばベトナムでは、国語そのものが中国語に非常に近い性質を持っているので、漢字の使用を続けたのでは、中国の政治・文化の影響が止めどなく流れ込んで、民族の独立さえ保てないからである。韓半島ともなると、もっと事情は複雑で、漢字は中国の影響ばかりでなく、日本からの影響をも助長する傾向を持つ。といってローマ字ではアメリカ文化に従属することになるし、ロシア字ではソ連の脅威がなお恐ろしい。だから民族の独立のためには、三十八度線の北でも南でも、そのどれでもないハングル一本槍に変わったわけである。

しかし、結果としては世界の大勢に取り残されたように見えるけれども、日本と中国とでは、漢字の使われ方が全然違う。これは日本では仮名を混ぜるが、中国では漢字だけだ、などという当たり前の話ではない。どうも私の感じでは、日本人は漢字をわりあいに楽々と、要領よく使いこなすのに、本家本元の中国人は、意外に漢字の使用は苦手なのではないか。

私がこう思う理由の一つは、中国人が伝統的に示す、文章家に対する異常に深い尊敬の念である。むかし魏《ぎ》の文帝《ぶんてい》は「文章は経国の大業にして、不朽の盛事なり」と言った。それに引きかえ現代日本のある作家は「文学は男子一生の事業にあらず」と言って政治家に転向した。あえて魏の文帝を引き合いに出すまでもない。故毛沢東《もうたくとう》主席のカリスマの最大の源泉は、彼が延安の洞窟のなかで書き綴ったあまたの論文であったことはまぎれもない。

毛沢東の中国語はひどい湖南弁でわかりにくかったそうである。それに比べれば、流暢な北京《ペキン》語を自由自在に使いこなし、容姿も端麗なら行政手腕も毛沢東よりはずっと上だった周恩来《しゅうおんらい》が、生前ついに毛沢東に取って代われなかった理由は、一つには毛沢東ほどの文才がなかった点にあるのではないか。シナ文化に潜在する、こうした異常なほどの文字コンプレックスの実態を鮮明に見せてくれるのは、周恩来・毛沢東と同じく昨年（一九七六）に死んだ人民解放軍の長老、朱徳《しゅとく》の少年時代の回想である。

税吏も一目おく文章家

一八九二年というから、日本では明治二十五年、品川弥二郎内相がみずから総指揮をとった猛烈な選挙干渉で、第二回総選挙が死者二十五名、負傷者三百八十八名を出し、第一次松方正義内閣が倒れて、第二次伊藤博文内閣が成立、また森鷗外がハンス・クリスチャン・アンデルセンの「即興詩人」を訳した頃である。

シナでは、五十八歳の西太后《せいたいこう》が二十二歳の光緒帝《こうしょてい》を背後から操っている北京を遠く離れて、はるか奥地の四川省の北部、儀隴《ぎろう》県の町から四十数キロメートルの谷間の小さな部落に、朱徳という七歳の少年がいた。

朱徳の家は大家族で、そしてひどく貧しかった。朱徳の祖父母とその四人の息子、四人の嫁、その子供たちが一軒の家にいっしょに住み、丁閻王《ていえんおう》とあだ名された地主から借りた三エーカー（一・二ヘクタール）の土地を耕して、収穫の半ばを超える年貢を払うために必死で働き、切りつめられるだけ切りつめて、浮かした金は壺に入れて床下に埋め、むかし借金の抵当に入れた先祖の土地を取り返そうと努力するのだった。

朱徳の兄弟姉妹は十三人生まれたが、養いきれないので、末の五人は生まれるとすぐ水に入れて殺さねばならなかった。朱徳は四番目で、母は出産の間際まで一家のための炊事に働き、産み終わるとすぐ起きて炊事を続けた。一家の常食はコーリャン飯で、味もつけずに煮ただけの野菜に塩水をちょっとつけておかずにした。

朱徳のいちばん上の伯父夫婦には子供がなかったので、朱徳を養子ということにしていた。ところで、朱徳の一家のような貧乏な小作農にとって悩みの種は、地主に払う年貢や勤労奉仕の負担ばかりではない。治安の維持のためと称してときどき巡回してきて乱暴を働く清《しん》軍の兵隊たちや、ほとんど毎月のように群らがってきて、農民から際限のない税や賄賂を強要する税吏たちも恐ろしかった。

税吏や兵隊も、文字を知っている人間には一目おいたから、朱徳の一家はなけなしの貯金の一部をさいて、朱徳と二人の兄を、ある老先生の私塾にやり、税吏や兵隊を言い負かしたり、会計をしたりできるようにしよう、と決めた。授業料は三人で年千二百文だった。

めでたい入学の日が近づくにつれて、一家にはおごそかな気分がただよった。三人は頭のてっぺんを剃り、残りの髪を辨髪《べんぱつ》に編んで、それぞれ書生の身分にふさわしい名前をつけた。しかし隣近所の人は、尊敬を込めて三人を老大《ラオダー》、老二《ラオアル》、老三《ラオサン》（朱徳）と呼んだ。当日は夜明けのずっと前から家中の者が起きて、少年たちが顔を洗ったり服を着たりするのを見とどけ、先生に服従するよう教訓したりした。朝食が終わると、三人は朱徳の養父に連れられて、神聖な使命を帯びたような深い厳粛な気分に包まれて門出した。一家中が彼らの姿が朝霧のなかに消えるまで見送った。

塾の教育は『三字経《サンズジン》』から始まって、漢字の発音を機械的に暗誦する練習がすべてであって、意味は教えてもらえなかった。一年が経ったとき、朱家ではどうせ高い授業料を払わされるなら、もっとえらい先生に習わせようと相談し、朱徳の養父は地主の丁閻王の執事に頼み込んで、丁家の家庭教師に朱徳とその兄を弟子入りさせることに成功した。しかし、二年続きの水不足と飢饉が襲って、朱家は無一物になり、その上、地主が小作料を上げると言い出した。朱徳の養父は祖先の土地のある大湾の町はずれに移り、一万文の借金をして小作をしながら、朱徳を三つ目の塾にやることにした。

この塾で朱徳は良い先生に恵まれ、「四書」「五経」『資治通鑑綱目《しじつがん》』「二十四史」をすべて修了して、役人になるために及第しなければならない「科挙」という、作文・作詩の筆記試験の準備をした。ところが、このときはもう日露戦争の時代で、一九〇五年九月には清朝政府も日本式の立憲政治への移行を決意し、その第一歩として科挙を廃止した。

爪が長いのは高貴な人

朱徳は近くの順徳にできた官立の新学校に変わりたいと思ったが、家の者が許してくれない。塾の先生の口ききで、翌年にある予定の、儀隴県の旧制の県学の入学試験を受けることを条件にやっと許された。これは廃止されたはずの科挙のシステムの一部だったが、北京を遠く離れた四川省では、新制度がまだ徹底していなかったのである。

一九〇六年、朱徳は儀隴県の孔子廟での試験を受けて合格し、「秀才」と呼ばれる身分になった。しかしその上級の、省都の成都で行なわれるべき「郷試《きょうし》」はもう存在しなかった。朱徳は成都の高等師範学校に入って新しい西洋式の教育を受けたいと思い、家に手紙を書いて、成都に行って郷試の受験準備をすると嘘をつき、必要な学費を借金して送ってもらった。

一年が過ぎて、朱徳は体育科を卒業した。儀隴県出身の親友四人が、故郷に近代的な学校を開こうと計画し、朱徳を体育の教師として、年俸一万二千文で招いた。朱徳は承諾し、開校前に二年ぶりで大湾の家に帰ることにした。

家では大騒ぎだった。朱徳が家に着くと、戸外には全家族が二列に並んでいて、朱徳に向かって全員がうやうやしく頭を下げた。養父は朱徳を息子としては扱わず、礼をしながら家にみちびき入れ、広間のいちばん上席に坐らせた。取り巻く家族の眼はみな誇りにかがやき、貧乏人が高貴の方に話すときの、かしこまった敬語で話しかけた。

家中はきれいに掃除してあり、朱徳のために特別の御馳走がつくられた。家族のだれも個室など持ったことがないのに、朱徳にはとくに一室があてがわれ、家中で最上のベッドとテーブルと椅子が入れてあり、ベッドにはたった一枚の最上の蒲団を敷き、菜種油のランプという贅沢品《ぜいたくひん》まであった。

朱徳は仕事を手伝おうとしたが、みんなに押し止められ、一人だけ何もせずに坐って御馳走を食べるほかはなかった。口には出さなかったが、朱徳が爪を短く切っているのを、みんなは怪しんでいるようだった。身分の高い人は爪を長く伸ばすものなのである。もう大官になったか、じきになるのだとみんなに思われていることを知って、朱徳はなかなか本当のことを言う勇気が出なかった。

とうとうある日、朱徳は実の父母に、じつはこれから大官になるのではなく、儀隴県で体育の先生になるのだ、と告白した。恐ろしい沈黙があった。やっと父が、体育とは何か、とたずねた。朱徳が説明すると、父は叫んだ。

「家中のものが、ひとりの息子に、餓死から救ってもらおうと、十二年間も骨折りはたらいたあげく、わたしは子供らに腕や足をふりまわすことを教えるんだ、と聞かされるのか、苦力《クーリー》でもそんなこたあできる」、そう叫んで父は外に飛び出していった。その夜、朱徳の母は一晩中泣き続けた。

養父にとっても、朱徳の話は大打撃だったが、優しい人なので、なんとか理解しようと努めた。それがかえって苦しくて、朱徳は悩んだ。そして思った。「自分は農民の子ではあるが、もはや、片足は野良に片足は塾に、という農民ではなく、他の階級に属するものになっている。もはや後には戻れない。戻る心もない。自分の道を選んでしまったのだ」(アグネス・スメドレー『偉大なる道』阿部知二訳、岩波書店、一九五五)。

漢字がつくったシナの体質

シナは文字の国と言うとおり、漢字使用の歴史は長い。亀の甲や獣の骨に刻んだ占いの文句が出土する殷墟《いんきょ》は、紀元前十四世紀のものと言われ、三千年以上の伝統があるし、漢字で綴られた文献の量に至っては、およそ見当もつかない。

宋代に学校教育と印刷術が普及してからでも千年近く経っているのに、どうして文字の知識がなかなか普及しなかったのか。今世紀の初めになってさえ、朱徳の回想からわかるように、読み書きのできる人間はシナでは例外で、文字を知る人と知らない人の社会的地位が天と地ほどもかけ離れていたのはなぜか。

これはシナの社会の体質というよりは、むしろ漢字それ自体の性質に根本の原因があるので、われわれ日本人の眼には異常と映るようなシナの政治・社会・文化の特殊性は、ほとんどが漢字が表意文字であるところから来ているのである。そこで漢字がいかに恐ろしい文字であるか、話をしたいのだが、わかりやすくするために、日本での漢字の使われ方から始めよう。

われわれ日本人にとって、漢字はじつは表音文字の一種であって、表意文字ではない。われわれがある漢字で綴られた字面《じづら》を見るとき、いちばん先に考えることは、その意味ではなくて、それがどういう仮名に対応するか、である。たとえば「岡田英弘」という字面があるとする。これを見て真っ先に心に浮かぶのは、「オカ・ダ・ヒデ・ヒロ」か「コウ・デン・エイ・コウ」かであって、けっして「高台・耕地・雄花・拡大」ではないに違いない。そしてもし一つひとつの漢字の意味を問われれば、えーと、「岡」は「オカ」だから高地の意味だろう、「田」は「タ」だから水田かな、「英」は「ヒデ」だから「秀《ひい》でる」ことで、「弘」は「ヒロ」だから「広い」と同じだろう、というふうに、われわれの心理は働くのである。

言い換えれば、われわれがある漢字に接して、それから読み取るのは、意味というよりはむしろそれと連想で結び付いている仮名の字面である。つまりルビを読み取るのである。これは漢字を表音文字の一種として読んでいることを意味する。

漢字を書く場合でも同じことである。「不断」を、「普通」と同じような意味だからとて「普段」と書いたりするが、これは頭のなかにあるのが仮名書きの「ふだん」であることを示している。だから日本人が文章を書くのは、基本的には「言葉」の音を表音文字に移し替えるだけのことであって、漢字を混ぜるのはたんに語の切れ目を見分けやすくし、読みやすくするための工夫にすぎない。

ところが漢人にとっては、漢字はそう簡単に使えるような道具ではない。日本人が仮名四十八字という単純な体系を使って、日本語の音ならほぼどれでも苦労なしに書き出せるのと違って、漢人は漢字しか持っていない。そして漢字は漢人にとっては、まったくの表意文字で、もともと「言葉」の音を表わすようにはできていないのである。

この漢字が表意文字だということは、多少の説明を要する。ふつうにこれを象形文字だと言うが、じつは象形は漢字のごく一部分である。「上・下」や「一・二・三」などは抽象的な概念を表わす記号だから、象形ではなく指事《しじ》と呼ばれる。さらに象形字や指事字を二つ以上合わせて、総合的な意味を示すのを会意《かいい》と言うが、「日」と「月」を合わせた「明」や、「隹《とり》」が「木」の上に止まった「集」などが会意字である。しかし、漢字の圧倒的な大多数、八〇パーセント以上を占めるのは形声《けいせい》字という種類である。これは同音の言葉と同じ意味を表わす別の字を借りてきて、それに新しい意味を表わす字をくっつけてつくるので、たとえば定規を表わす「工」や口から息が楽に出ることを表わす「可」を借りて、それに水を表わすサンズイをつけ、「江」(長江)や「河」(黄河)という河川の固有名詞を表わす字をつくるようなものである。

この場合、「工」「可」は「江」「河」の発音符号だと解釈されやすいが、じつはそうではない。「工」「可」が表意文字であることには変わりはないのだから、「江」「河」の一部になったところで、急に表音文字になるわけのものでもない。だから形声字といっても、やはり表意文字なのである。

建前だけの社会

ところで、表意文字ばかりで文章を書く場合を想像してみよう。漢人にとって、これはひどくむずかしいことになる。日本人なら自分の日常語で考えて、「言葉」の音を一音節ずつ字に置き換えてゆくだけでいいが、漢字は表意文字なのだから、漢人の日常語の音をそのまま写すことは不可能である。その上、悪いことに、漢字の意味に対応する「言葉」はそれぞれ一音節だけから成ることになっている。

だから、もし漢人が話し言葉に従って書こうとすれば、言葉の一音節ごとの正確な意味を考えて、六万種に近い漢字のなかから適当なものを選び出しては並べてゆくことになる。これが完全にできるとは思えないが、かりにできたとしても、その結果はひどく読みにくい、ほとんど理解不可能な暗号の羅列のようなものになってしまうだろう。まして六万字足らずで、ありとあらゆる必要な情報をカバーできるわけもなければ、漢語の一音節、一音節がそれぞれはっきりした意味を持っているわけでもないのだから、なおさらである。

だから漢字のもっとも有効な使い方は、言葉の音や語順にこだわらず、伝えたい情報の核心になるべく近い意味を表わす漢字をいくつか選び、それらをなにか簡明な原則に従って並べ直すことになる。そうすれば木目《きめ》はいくらか荒っぽくなるが、まず必要最低限度の情報は表現できるはずである。

こうしてできたのが、漢字を使って綴った漢文という特異な通信手段であって、それは最初から漢人の話す日常語とのあいだに大きな、本質的なギャップがあった。つまり、言葉と文字のあいだにすきまがあり、言葉がそのまま文字になり、文字がそのまま言葉になるのではない。だから、言葉が文字に翻訳されるときに、言葉の重要な一部である気分とか感情とかの微妙なかげりが手荒に切り落とされ、整理されてしまって、文字を読むほうには伝わらない。

伝わるのは極端に単純化された情報だが、その整理の基準になる分類表のようなものが必要になる。つまり、周囲を削り落とした情報をはめこむ穴のようなものである。そこで、言葉の文字への翻訳と文字の解読のための分類表として、ある標準テキストを指定して、そのなかの漢字の組み合わせ、排列を丸暗記し、それをなぞって並べる。つまり、文体をそっくり利用することになる。この標準テキストが「典」、すなわち古典、経典である。

ところが、この方式は実用的ではあるけれども、他面では古典、経典にない、新しい思想や事物を叙述するにはきわめて不適当である。なにしろそうした情報をそのままはめ込む穴がないのだから、古典、経典の建前に合わない情報は整理のしようがない。だから、その大部分を切り捨てて、ごく一部分だけをどれかの穴に強引に押し込む、つまり歪曲するか、またはその情報を完全に無視するしか方法がない。

つまり表意文字のおかげで、日本式に言えば建前と本音が乖離《かいり》してくるわけである。ところで、建前は文字の世界、本音は言葉の世界と、最初からかっきり分かれているのだから、漢字で綴られた情報には、本音が現われる余地はないわけで、すべてが建前だけでつじつまを合わせる、といった恐ろしいことになっている。

しかも、もっと恐ろしいことは、この現実から遊離した文字の世界が発展し膨脹すればするほど、表現力が、ある限られた方向に伸びれば伸びるほど、言葉の世界が圧迫され萎縮して、本音でさえ表現する能力が貧しくなってゆくことである。つまり文字の国であればあるほど、建前だけで本音のない社会になってゆくのである。まるで悪夢のようだが、じつはこれがシナの歴史を通じて起こったことなのである。

虎の巻はベストセラー

表意文字をただ並べただけのテキストは暗号電報のようなもので、解説がなければ読みようがない。そのためシナの戦国時代（前四〇三〜前二二一）に活躍した諸子百家は、それぞれ学派ごとに独自の標準テキストを伝えて、その解読法を師から弟子へと口伝《くでん》したのだったが、秦《しん》・漢の時代ともなると教育にも公開性が出てきて、学派を渡り歩いていろいろな師から伝授を受ける傾向が強くなった。こうして紀元一世紀の後漢《ごかん》時代には、標準テキストは儒教の経典と決まり、そのなかの文字の読み方もほぼ統一された。

ところが一八四年の黄巾《こうきん》の乱で、シナの社会は大打撃を受けて、華北の人口は十分の一以下に減少し、そのあとに北方の異種族が大量に移住して、片言の漢語を話すようになる。学者が四散したので、漢字音の伝統の維持も怪しくなった。そこで三世紀頃から「韻書《いんしょ》」という種類の書物がつくられ始める。

「韻書」というのは、経典の伝統的な読み方に従って、字を音によって分類したもので、分類の流儀はいろいろだったが、隋《ずい》の文帝《ぶんてい》がシナを統一して南北朝の分裂が終わると、六〇一年に陸《りく》法言《ほうげん》という人がそれまでの分類を総合して、『切韻《せついん》』という韻書をつくった。ちょうどこれが科挙の制度が始まって、出身に関係なくだれでも文章の筆記試験に及第しさえすれば、役人になって帝国最高の官位にでも昇れるようになった頃だったから、『切韻』は漢字の読み方の便利な虎の巻としてベストセラーになった。

標準語のない漢語

ここで『切韻』の仕組みを説明しておこう。いくら韻書とは言っても、表音文字も発音符号もなく、やはり漢字で漢字の音を表わすのだから、やりにくいことこの上もない。どうするかというと、まずアクセントで大きく四つに分けた上で（四声）、さらに音節の真ん中の母音と終わりの子音が同じものをひとまとめにして、二百六韻とする。それぞれの韻のなかは、さらに頭の子音ごとにひとまとめにし、「反切《はんせつ》」というものを付ける。

「反切」とは、たとえば「東」の字ならば「徳紅切」として、「東」と「徳」とは頭の子音が同じ、「東」と「紅」とは真ん中の母音と終わりの子音が同じ、ということを表わすのである。

だからもし「徳」をte、「紅」をhungと読む人がこれを見れば、「東」はtungということになる。これはちょっと見ると良さそうな方法だが、じつは「徳」も「紅」も読めない人には意味がないし、またもし違った読み方をすれば、「東」の読み方も変わってしまうわけである。

じつは『切韻』の最大の弱点はそこにあった。さっき言ったとおり、もともと『切韻』の基礎になった、経典の読誦《とくしょう》のための伝統的な音自体が、漢人が日常に話していた言葉とは距離のある人工的なものだったところへ、二世紀以後、華北では種族が入れ代わり、華南でも、避難した漢人の移民と、片言の漢語しか話せない原住民が混じり合ったので、漢語は地方ごとに偏差がひどくなっていた。

だから隋・唐時代以後の漢人が『切韻』を使うと、方言のくせが出て読み方がどんどん崩れてゆき、同音の字が増えて区別がつきにくくなる。これでなおさら実際の漢語と漢字の読み方とのあいだの距離が遠くなるわけである。

なお悪いことに、漢字は表意文字だから、意味さえ同じならどう発音してもよい。だから、漢字を使ってコミュニケーションをとっている限り、漢語自体の統一の必要はないわけで、また逆に漢語に統一がなく、標準語というものがないのだから、漢字を使った、視覚だけに訴えるコミュニケーションがますます有効になってくるわけだ。

古典としての『毛沢東選集』

こうした悪循環の結果、漢字は一方では、ますます地理的にも拡大し人口も多くなってゆくシナの政治的統一を保つと同時に、他方では文化的統一をさまたげる要素になった。とりわけ漢字がシナの文化に害毒を流したのは、漢語の自然な発達を阻害したことである。

まず第一に、漢字は数が多過ぎて、ただでさえ覚えるのがたいへんなのに、その一つひとつの意味や用法は、古典のなかの使い方で決まっているのだから、むずかしい古典の原文を、それが何十巻、何百巻あろうと、一字残らず暗記して、場合に応じて立ちどころに適当な個所を思い出すだけの超人的な記憶力がなければ、とても漢字を使いこなして文章を書くことはおろか、読んで理解することさえおぼつかない。

そこへ持ってきて、どの時代にも天才的な文人や詩人が現われて、漢字の新しい用例を絶えず開拓するものだから、読まなければならないテキストの量は、無限に膨脹を続けることになる。

こうした殺人的な勉強に十年、二十年、三十年の精力を傾けることを強いる漢字というものが、シナではかけがえのない、唯一のコミュニケーションの手段なのだから、科挙という権力への階段が文章の筆記試験なのはしごく当然で、一流の文学者でない者が一流の政治家にはなれなかったのはこのためであった。これが、シナでは文章が「経国の大業、不朽の盛事」だった理由である。

しかしこういう性質の学問は、いくら漢人でも、ふつうの能力を具えただけの人間には、とてもではないが習得不可能である。文字の世界に一歩足を踏み入れた幼い日の朱徳が、家族や村人たちから尊敬のまなざしをもって見られたのは、まったくこのためであった。

しかし文字の魔法の世界に遊ぶ者は、代償として言葉を失わなければならない。古典を基礎として絶えずつくり出される新しい文字の組み合わせは、『切韻』系の読み方を通じて、どんどん漢語に流れ込んでくる。学問のある漢人ほど、こうした人工的な借用語を多量に使うことになるが、『切韻』系の読み方では同音の字が多くなり過ぎて、耳で聞いただけでは意味がわからないことがよくある。漢人同士の会話でも、ときどき筆談が必要になるのである。

こうした字面を離れては一人歩きできないような語彙《ごい》が増えてゆくために、口頭による表現の技術の発達が不完全になるわけで、演説をするよりは文章を書くほうが、よっぽど確実で効果がある。むかしのシナの宮廷では、皇帝と臣下のあいだのやり取りは、かならず臣下の報告書や意見書に、皇帝が自筆で答えを書き込む形式を取った。人民と接触する地方官でさえ、自分の出身地以外の、言葉の通じない地方に赴任するのが原則だったから、なおさら文字に頼る度が強かった。毛沢東も演説はほとんどしたことがなく、「講話」と称するものも、実際は文章にして印刷して流布させたのである。

中華人民共和国ができてから、漢字の大規模な簡略化が進められ、文盲一掃を目指す識字運動が盛んになった。しかし、漢字が表意文字だという根本の性質は変わっていないから、伝統的な漢字の弊害、つまり個人の文章能力の差が、そのまま社会のなかでの地位の差になってしまうこと、耳で聞いてわからない言葉を際限なくつくり出すこととは、ちっとも変わってはいない。ただ変わったことは、いまや漢字の意味と用法は『毛沢東選集』によって決定される、ということだけである。そして毛沢東の文体をそっくり模倣し、毛沢東思想の用語を綴り合わせながら、自分の言いたいことを表現する能力のある連中だけが、今の中国では人の上に立つことができるのである。

「言霊《ことだま》の幸《さち》はふ国」

それでは漢字を廃止して、何か表音文字にでも切り替えたらどうか。ところが、それは中国にとって自殺行為だ。中国共産党は一九三〇年代、すでに陝西《せんせい》省の北部でラテン化新文字による児童教育の実験をしていたが、今に至るまで本格的に採用していない。理由は明らかである。つまり、これが中国語だ、と言えるような言語がないからである。

この点で日本では誤解があるようで、ふつうに「中国語」と言った場合、北京語がすなわち中国語だ、と思い込んでいる人が多い。しかし、これは間違いである。第一に、北京語には他の地方の出身の中国人には発音できない音がある。湖南省人の毛沢東には、北京語のシュやチュが発音できず、ス、ツとなったことは、エドガー・スノウが『中国の赤い星』(宇佐美誠次郎訳、筑摩書房、一九六四)で伝えている。もし漢字を廃止して、ラテン化新文字に切り替えたとしたら、毛沢東からして綴りがわからなくなっただろうことは想像できる。

といって、それぞれ自分の方言に従って、ラテン化新文字で書いてよいことにすれば、ほとんど人間の数だけの種類の中国語が一瞬にして出現して、およそコミュニケーションの用をなさないだろうことも、また容易に想像がつく。

この漢字の表皮を中国からはがしたあとに、国語らしい国語が見つからないことこそ、漢字が便利であり過ぎたことの弊害であり、漢字抜きでは中国はフィクション同様の存在になってしまうのである。

まことにシナは文字の国である。文字だけで言葉のない国、建前だけで本音のない国である。それに比べれば、わが日本はなんと幸福な国であるか。カタカナ、ひらがなそれぞれ四十八文字という優秀な表音文字の体系を持ち、しかもその使用法を千年もかけてじっくり開発してきたのだから、日本人にとっては、言葉と文字のあいだにすきまはほとんどない。

言葉はそのまま文字になり、文字はそのまま言葉になる。文字の世界が発達するにつれて、言葉の世界も発達する。こうした日本の文化の風土では、本家のシナの文化をそれほどひずませた漢字でさえ、表音文字として受け入れられ、日本語の語彙《ごい》を豊富にして、言葉の世界を広げる作用をするのである。

中国のように、文学と政治が一心同体なのは、けっして幸福なことではない。文学にとっても、政治にとっても不幸である。文章が「経国の大業、不朽の盛事」なのは良いことではなく、文学が男子一生の事業でないのは悪いことではない。

「新漢字表試案」の千九百字をながめつつ思う。日本はやはり「言霊の幸はふ国」だと。

文字の国の悲哀——漢字は中国語ではない

中国人に漢字は読めない——新聞の発行部数から

みなさん、『人民日報』の発行部数がどれくらいか、当ててごらんなさい。

『人民日報』はもちろん、中国（中華人民共和国）で最大の日刊新聞である。くわしく言うと、中国共産党中央委員会の機関紙で、中国の全国紙といえばこの『人民日報』のほかには、民主同盟の機関紙の『光明日報』と、人民解放軍総政治部（軍隊のなかの党組織の最高機関）の『解放軍報』ぐらいのものである。

ヒントをあげよう。（一九七七年時点）日本の人口は一億一千三百万人。中国の人口は正確にはわからないが、八億とも九億とも言われる。だいたい八倍としておこう。少し前の統計だが、一九七五年下半期の日本では、主要な中央紙と地方紙の朝刊の販売部数の総計は、三二二二万五四六三部だった。そのうち朝日新聞と読売新聞の部数はほぼ同じで、それぞれ六六四万八五〇二部と、六四八万九九〇三部だった。毎日新聞はやや落ちて、四五三万七〇五三部となっている。

日本の代表的な全国紙の部数が六百万部を超えているとすると、中国でももっとも部数が多いはずの『人民日報』は、人口の割合からすると、四千万部から五千万部なければならない。ことに中華人民共和国は、一九四九年の建国以来、三十年近くも識字運動に非常な力を入れてきている。漢字の書体を簡略化して、書き方をおぼえやすくし、漢字の発音をローマ字で注記する拼音《ピンイン》のシステムをつくったりして、現在では文盲はほとんど一掃された――ことになっている。あれだけ明けても暮れても学習、学習のお国柄で、『人民日報』の論文や記事は、もっとも大事な学習の教材なのだから、五千万部はおろか各家庭に一部、一億部や二億部は出ていても不思議はあるまい。――とまあ考えられないこともない。

ところが、実際は全然違うらしい。一九七二年に明らかにされたところによると、当時の『人民日報』の発行部数はたった三百五十万部で、日本の朝日や読売の半分ちょっとしかない。しかも、そのうち百四十万部は北京《ペキン》で印刷されるが、残りの二百十万部は北京で製作した原版を地方の十の都市に送って、そこで印刷されるという。

十の地方都市がどこどこかはわからない。しかし、中国には二十三の一級行政区（省・特別市・自治区）がある。そのうち北京で印刷した『人民日報』が配布される範囲は、たぶん北京市・天津市・河北省・山西省・内モンゴル自治区よりは遠くまで行かないだろう。そうすると、地方で印刷される分は、一つの省や自治区あたりで、平均わずか十万部そこそこという、情けないことになってしまう。これでは農村部では、生産隊（集落）に一部『人民日報』が行きわたるかどうかも怪しい。もちろん各省・各特別市・各自治区の党委員会は、それぞれ機関紙を出していて、これがローカル紙に相当するわけだけれども、それにしても新聞の普及率が低過ぎることには変わりはない。これはいったいどうしたことだろうか。

答えは簡単、中国人には漢字は読めないからである。

そんな馬鹿な、と言う前に、まあ聞いてください。漢字は中国人が育ててきたものには違いない。しかし、漢字は中国語を写すようにはできていない。それどころか、世界中のいかなる特定の言語をも写すことはできない、世にも不思議な文字である。だから、いくら中国に生まれて中国に育ち、中国語を話す中国人でも、それだけでは漢字を使ってコミュニケーションをとることは不可能である。そのためには、人並以上の優れた知能と、猛烈なトレーニングが必要で、それで中国人の大多数は、最初から漢字の世界に入ることができないまま終わってしまう。中国ではむかしからそうだったし、現在でもそうなのである。これは漢字ぐらいだれだって使いこなせる日本人には信じられないようなことだけれども、本当だから仕方がない。どうして漢字の本家本元のはずの中国で、そんな変なことが起こったのかこれから説明しよう。

漢字の構造

すべての問題の根は、漢字が表意文字である——意味を表わす文字である——その一点にある。ふつう漢字の起源を説明するときに、「馬」だとか、「牛」だとか、「羊」だとかを引き合いに出して、これは絵文字から来た象形《しようけい》文字だ、などと心安く言うようである。しかしこれは不正確で、象形文字は漢字のごく一部にしか当たらない。

紀元一〇〇年にできた『説文解字《せつもんかいじ》』という本がある。これは今でもよくハンコに彫るのに使う、あの篆字《てんじ》というごつごつした古めかしい字体の漢字を集めて解説したもので、字書としてはもっとも古いものだが、この本の序文で、著者の許慎《きよしん》という人は、漢字をその構造によって次の六種に分類している。前述したとおり、これを「六書《りくしよ》」という。

（1）象形　（2）指事《しじ》　（3）会意《かいい》　（4）形声《けいせい》　（5）転注《てんちゆう》　（6）仮借《かしや》

ところで、漢字の圧倒的多数は「形声」だと言った。これはひょいと見ると、意味を表わす部分と発音を表わす部分からできているような気がする。そこでついうっかりして、「江」・「河」

は意味を表わすサンズイと、コウ・カという音を表わす「工」・「可」からでき上がっている、などと説明したくなるが、これはとんでもない間違いである。「工」はあくまでも定規のことであり、「可」はあくまでも口から出る息のことであって、純然たる象形文字であり、表意文字である。「工」をコウ、「可」をカと読まなければならない理由はちっともない。意味さえ同じなら、「工」をモノサシと読もうがルーラーと読もうが勝手である。形声文字の一部に取り込まれたからといって、表意文字が急に表音文字に変わるわけのものでもない。だから形声文字だって、やはり表意文字であって、言葉の音を表わしてはいない。とどのつまり、漢字は意味は表わせるが、特定のどの国語の音も表わすことはできない文字なのである。もちろん中国語を表わしてはいないのである。

共通の漢字用例集

ここで少々、想像力を働かせていただこう。カナもなければローマ字もない、口から出て耳に入る言葉の音をそのまま書き表わす方法のまったくない、むかしのシナに身を置いたとする。通信の手段として、記録の手段として、あるのは漢字だけだ。その漢字は、今言ったように、純然たる表意文字で、自分が日常の生活で話したり聞いたりしている言葉とは、直接にはなんの関係もない。言葉の音に頼って漢字を綴り合わせて文章を書くということは、最初からできない相談なのである。

だから漢人にとって、ある考えを文字によって表現するということは、とほうもないむずかしいしごとになってしまう。何かを書く前には、まず自分の考えを頭のなかでいくつかの部分に分解して整理し、それぞれの部分の意味を適確に表現する漢字を探し出してこなければならない。漢字の字引きとしてはいちばん完備した諸橋轍次《もろはしてつじ》の『大漢和辞典』には四万八千九百二種類の漢字が載っている。つまりこれだけ違った意味やニュアンスを持つ記号があるわけで、そのなかから適当なものを見つけ出すなんて、考えただけでも気が遠くなりそうである。

しかし問題はそれだけではない。表意文字というものの宿命で、何万字あろうが、絶えずそれでは表現のできない、新しい事物や思想が出てくる。そうすれば、また新しい字をつくるか、今まである字を転用するか、または二字を組み合わせて熟字をつくるかして、しのがなければならないが、そうした新しい記号は、つくった側には意味がわかっても、受け取る側にはわかるはずがない。つまり漢字は、新奇なメッセージを送るのには向いていない。決まり切ったこと、わかり切ったことしか伝えられない。ということは、他方から言うと、頭のなかで考えたことを百パーセント書き表わすことができず、大事な部分でも既製の枠にはまらないことはみんな切り捨てられてしまい、他人に伝わらない、ということになる。これが漢字の恐るべき性質なのである。

また読むほうから言えば、漢字で綴られた文章は暗号の解読よりもっと悪い。なにしろどの字もある意味の中核だけを表わしているので、名詞でも動詞でもないから、テニヲハもなければ変化語尾もない。この字の表わす意味とあの字の表わす意味とが、どんな関係で繋がっているのか、読み取るにはよほど頭を使って推理力を働かせなければならない。

こうした作文の困難、解読の困難を解決するには、送信側（書き手）と受信側（読み手）が共通の漢字用例集を持っていて、それに従って文章を組み立てそれに従って文章を分解するしかないわけである。それが「古典」というものである。

漢字の書物を読むには超人的な能力がいる

シナで文字の知識が宮廷の書記たちの独占を離れて、一般人――といってもまだまだ狭い範囲だが――にも伝えられるようになったのは紀元前六世紀末の頃からで、文字の技術を教える学者のまわりに弟子たちが集まって教団組織をつくり、独得のテキストブックを使って、その読み方を暗誦させ、これを漢字用例集にする。そのなかに出てくる字の並べ方を覚えて、そのとおりに並べれば、同じ教団でトレーニングを受けた仲間には、すぐ解読ができるというわけである。この方式を編み出した最初の教祖が孔子で、彼が創立した儒教の教団は、山東省の曲阜《きょくふ》の町に教団本部を置き、ここで訓練を受けて諸国に就職した信徒からの送金でおおいに繁昌した。これをまねて我も我もと教団ができ、それぞれ違った経典をつくって、独自の文字の使い方と読み方を発展させ、それぞれの流儀を広めようとしてにぎやかに競争した。これが「諸子百家」である。

要するに古代のシナでは、書物はたんに木片や竹片を綴り合わせたり絹の切れに字を書いたりしたものではない。一つの書物にはそれぞれ一つの教団があり、それぞれシナの社会の至るところに食い込んでいる信徒の組織があった。なにしろ漢字以外にシナにはコミュニケーションの手段がなく、漢字の技術をマスターしなければ、シナの政治の世界に参加することはできないのだから、書物とはこの上なく政治的な性質のものだったのである。

秦《しん》の始皇帝《しこうてい》による漢字の統一

だから、紀元前二二一年にシナを統一した秦の始皇帝がまずやったことは、漢字の字体の統一であった。これなしには帝国の統治は不可能だからである。さらに前二一二年に始皇帝がやった「焚書《ふんしょ》」の意味も同じで、このときには民間から実用以外の書物はすべて引き上げて焼却し、今後は文字を学びたい者は、官吏を師として学ばなければならないと定めた。これは思想統制なんかではない。コミュニケーションの手段の国有化である。

しかし、秦帝国はその直後に崩壊してしまったから、「焚書」の実際の影響はほとんどなかった。

やがて漢の武帝《ぶてい》が出て、五十四年の長い治世（前一四一〜前八七）を内外ともに積極政策で押し通したので、財政は赤字続きでがたがたになったが、その代わり都市に人口が集中して政府の機構がふくれ上がり、官吏の層が厚くなって、漢字の使用が普及した。

こうなってくると、これまでのように、一つの教団にばかり忠義だてをして、よその経典を学ばないというのでは済まなくなる。あちらこちらと先生を渡り歩いて、あの書物この書物と読みあさる風潮が出てくる。また先生のほうも開放的になって、授業料さえ払えば何でも教えるというぐあいである。それで前一世紀末には、同じ書物のはずのものが、学派により教団によって、書いてある字も違えば読み方も違い、解釈まで違うことに世間一般が気がついて、これではコミュニケーションに不便だし、第一、人と話が合わなくなるからなんとかしろということになる。そこで天禄閣《てんろくかく》という宮廷の図書館が中心になって、五百九十六種、一万三千二百六十九巻の書物を集め、それぞれ専門家が文字を校訂して、初めてスタンダードのテキストを決め、これだけを書物としての正式の資格を持つものとした。まだ印刷術のない時代のことだから、宮廷図書館に登録されて初めて、書物は書物になるわけである。

しかしそれでも、書物が読めるということは、なにしろ文字が表意文字で暗号の羅列のようなものだから、やはり超人的な能力を必要とした。馮衍《ふうえん》という有名な文人で詩人で学者で政治家が紀元一世紀にいたが、『後漢書《ごかんじょ》』のその伝記には、馮衍は幼くして奇才があり、九歳のときには

『詩経《しきょう》』が暗誦できたし、二十歳になったら博《ひろ》く群書に通じた、と、ひどく感歎の調子で書いてある。

『詩経』は儒教の古い経典で、歌をほぼ三百首集めたものである。九歳でこれが暗誦できたところで、現代のわれわれ日本人の感覚ではたいしたこととも思えない。小学校にあがらない子でも百人一首ぐらいすぐ覚える。もっとも、百人一首はひらがなだが、その気になって教え込めば、数えの九歳までには漢字がばりばり読める子は珍らしくもあるまい。まして二十歳にもなって、どんな書物でも読めないほうが異常であろう。それがどうして「奇才」なのか。

日本人にとっての漢字と、シナにおける漢字の違い

言うまでもあるまい。漢字は表意文字だから、漢人だって読めないのが当たり前なのである。いや、漢人だからこそ、漢字が読めないのである。それなのに、どうしてわれわれ日本人はだれでも（?）漢字がすらすら読め、世界最低の文盲率を誇れるのか。

それは日本人にとって漢字は表音文字だからなのである。日本人はカタカナやひらがなという立派な表音文字の体系を持っている。たった四十七種の音節文字（「ん」は子音のみで音節文字ではない）を覚えるだけで、われわれは自分が話す言葉の音に字を当てはめて、どんなことでも書き

表わせ、また書いたものを単独に音に還元できる。文字と、口で話し耳で聞く言葉の音とのあいだにすきまがなく、文字は言葉であり、言葉は文字である。こういう優秀なシステムの基礎があるから、われわれ日本人にかかると、漢字まで表意文字としての性格を失って、表音文字に化けてしまう。たとえば「岡田英弘」という字面《じづら》があるとする。われわれがこれを見て、まず頭に飛び込んでくるのは「オカ・ダ・ヒデ・ヒロ」か「コウ・デン・エイ・コウ」という音であって、一つひとつの文字の意味ではない。意味を訊かれたら、えーと「岡」は「オカ」と読むから、高地のことだろう。「田」は「タ」で水田だろうし、「英」は「ヒデ」だから秀《ひい》でるということだろう。「弘」は「ヒロ」と読むから、広いという意味かな、と、もっぱら読みの音に頼って考えることになる。本当は「田」は水田に限らず耕地のことだし、「英」は実の成らない雄花のことだが、それは日本人にはわからない。私の運転免許証には、「岡田英弘」をコンピューターに入れる便宜上とかいうことで、「オカタ　エイヒロ」と打ち込んであるが、これは少なくとも東京都公安委員会は漢字を表音文字として扱っているいい証拠である。

だから日本語の文章は、基本的には表音文字であるカナでできていて、それに語の句切り目をつけて読みやすくするために、やはり表音文字だが変化に富んで見分けやすい漢字を適当に混ぜてあるという次第である。

ところが漢文は、基本的どころかまったく表意文字ばかりで、漢人が日常に話している言葉の音とは、どこでも直接には繋がってはいない。これ以上、人工的な抽象的な体系はない。言葉に頼らずに読み、言葉に頼らずに書くということが、どれほど無理な苦しいことか、ルビで漢字の読み方をたやすく覚えられる幸福な日本人には想像もつかないことである。馮衍のような「奇才」の持ち主でもなければ、漢字の使用能力が日本人に及ばないのも無理はない。

同国人であっても言葉がわからない

この困難を少しでも軽減しようと、漢人はいろいろ工夫をめぐらした。ちょうど馮衍の時代から、シナでは儒教が国教になった――というよりは、儒教の書物のなかの漢字の使い方が、スタンダードとして採用されたのである。もっとも儒教とはいっても、孔子の時代の儒教とは全然違い、あらゆる教団や学派の用語をどっさり取り入れた、雑然として折衷的な百科全書学だが。

とにかく、この儒教のテキストブックを使って官吏の養成が大量に行なわれた。ことに紀元一〇五～一二一年のあいだ、後漢の実権を握った鄧太后《とうたいこう》という婦人は教育に熱心で、帝都の洛陽の太学《たいがく》には二百四十の建物が並び、千八百五十室に三万人を超える学生が学ぶというすさまじい盛況だった。当時のシナの総人口がたった五千万人だから、これはじつに驚くべきことである。

こうした教育の需要を満たすためには、文字の読み方が一定でなければならない。太学の門前には見上げるような大きな石碑がずらりと並び、教科書用の経典の本文の決定版が彫りつけられた。一字一字に付けてある一音節の名前、つまり読み方も統一された。これが後世の漢語に決定的な影響を及ぼすことになる。

ところが不幸なことに、一八四年、都市に集中した貧民の、繁栄に取り残されるという不満が爆発して、黄巾《こうきん》の乱という全国的な内乱が起こり、これを鎮圧した将軍たちの利権の奪い合いから慢性的な内戦状態になって、食糧の生産が止まったために、シナは恐ろしい飢餓地獄に落ち込み、人口は五千万から一気に五百万以下に激減して、華北の平原地帯は完全に無人の荒野となった。漢族は事実上、ここで絶滅したのである。そのあとの真空地帯に、北方から狩猟民や遊牧民が入り込み、やがて五胡十六国《ごこじゅうろっこく》の乱から南北朝時代まで三百年の分裂状態が続いたあと、五八九年にやっと隋《ずい》の文帝《ぶんてい》がシナを再統一するが、このときにはすでにシナの人口の圧倒的多数は北アジアから移住した騎馬民の子孫だった。彼らが共通語として話した言葉は漢語には違いないが、漢代の本当（?）の漢語と比べれば訛りだらけのブロークン・チャイニーズである。

しかし、後漢の洛陽の太学で教授された古典の漢字の発音も、細々ながら伝わってはいた。しかしもう学問どころではなく、優秀な人間は軍人になれば出世できる世の中で、しかも右を向いても左を向いても変てこな発音の漢語しかしゃべれない騎馬民の天下だから、師から弟子へ口うつしに伝えられた漢字の読みもどんどん怪しくなってゆく。それを防いで正統の発音を保存するために、「韻書《いんしょ》」という種類の書物がつくられ、発音の似た漢字ごとに一個所にまとめて覚えやすくした。ここで頭の子音は違っても、そのあとに続く部分が同じものを一つの「韻」、つまりひびきとするから韻書というのである。

しかし、発音には個人のくせが出るもので、韻書ごとに韻の分け方やそこに入れる字は違っていた。これでは不便なので、隋の統一の直後の六〇一年に陸法言《りくほうげん》という人――漢族ではなく騎馬民の出身――がいろいろな韻書の流儀をすべて取り入れた『切韻《せついん》』という書物をつくって、二百六韻に分けた。これは分け過ぎで、陸法言自身も全部を発音し分けられたとは思えないが、ちょうど科挙の試験の制度が始まって、だれでも漢字を使ったコミュニケーションの技術をマスターしていることを証明すれば、大臣にでも宰相にでもなれるようになったところだったから、『切韻』はいっぺんにベストセラーになり、『切韻』の読み方が現在に至るまで漢語を支配することになった。

とはいっても、漢字では音そのものは表わせないから、韻書でわかるのは、どの字とどの字は音が近いか遠いかという関係だけである。同じ韻のなかで一つの字を tung と読めば、ほかの字も -ung、また tan と読めば、ほかも -an になってしまう（著作集第4巻第Ⅳ部、本書一一八頁参照）。だから『切韻』が普及しても、漢語の方言の実際の発音はちっとも統一されない。むしろ漢字の知識が普及し、科挙を受験する人口が増えれば増えるほど、文字を使い、手で書いて視覚に訴える通信手段が発達するだけで、シナ全体に通じる標準語、共通語の必要性が減少する結果になる。

実際、中国では今でも、共通語のはずの北京《ペキン》語（国語《グオユイ》、普通話《プートンホワ》）の普及はそれほどでもない。中国人は、他人の話している言葉が一言もわからなくても、それだけではその人が外国人だとは思わないのである。

あるとき、私は台北でタクシーに乗っていた。二人の日本人といっしょで、私は助手席に坐り、大声の日本語でしゃべり合っていた。大陸出身のもと兵士らしい運転手だったが、車が重慶南路《チョンチンナンルー》の総統府の赤煉瓦の建物の前を通り、左に折れて西門に向かおうとすると、道の真ん中に憲兵が立って交通整理をしていた。それを見て、今まで黙っていた運転手が私に向かって何か言った。聞き取れなかったので、私が、「不明白《プーミンパイ》」と言うと、運転手はびっくりして大声で「日本人《リーベンレン》嗎《マ》？　我想《ウオシアン》了《ラ》你們《ニーメン》是《シ》中国人《チュングオレン》！」と叫んだ。つまりわれわれが日本語で話していたあいだは、この運転手はどこかの方言を話す中国人だろうと思っていたのだが、私が中国語を話したとたん、訛りで日本人であることに気がついたわけである。同国人であって言葉がわからない――これは中国人にとってはまことに当然で自明なことなのである。

漢文は耳で聞いても理解できない

話を漢字に戻そう。シナでは九世紀に印刷術が発明されて、文字の効用がますます大きくなった。人口もだんだん増えてきて、全国にわたるコミュニケーションの唯一の手段である漢字の知識がないと、シナに生まれ漢語を話して一生をシナで暮らす生粋の漢人でも、シナ文化の世界の外に取り残されて、アウトサイダーの悲哀を味わわなければならない世の中である。それで学校やら私塾やらが発達したが、いかんせん、漢字が表意文字できわめて抽象的な暗号体系だという性質は変わらないから、よほど最初からＩＱの高い漢人でなければ、漢字の意味と発音をマスターし、しかも古来、何千巻、何万巻、何十万巻と蓄積されてきた数限りない文人や詩人の著作を読みこなして、そのモデルに従って自由自在に文章を綴るという芸当ができるはずはない。大多数の漢人は、漢字を学び始めても、たちまち途中で挫折してしまい、多少の字や簡単な文章は読めても、自分の考えや気持ちを充分に表現した文章を書くことなど、とても思いもよらない段階で止まって、シナ文化の本流を、よそながら眺めるだけという情けないことになる。

ところで「十三経」や「二十四史」、唐・宋の詩文や儒教の哲学者たちの著作をテキストにして必死に覚え込んだむかしの科挙の時代から、現在のように『毛沢東選集《もうたくとう》』と『人民日報』や『紅旗』の論文を金科玉条として、そのなかの漢字の使い方の学習、学習に明け暮れる時代に至るまで、変わらないのは文字の技術が優秀な者ほど権力と地位に恵まれるというシナの体質である。多数のなかから勝ち残った、エリート中のエリートの優秀な漢人たちが、全力を傾けて開発してゆくのが新しい熟字であり、新しい文体である。そういう新しい文字の組み合わせは、字面を見ないで、口に出して発音しただけでは、漢人といえども意味がわかるものではない。文字の世界が発達すればするほど、漢人の日常生活の言葉の発達が阻害され、聞いただけではわからない表現が増えてゆく結果になる。

一九七二年五月、私は中華民国行政院新聞局の招待で、蔣介石《しょうかいせき》の第五期総統就任式を取材に台北へ行った。台北市の北にそびえる陽明山の上の、中山堂という数千人を収容できる大ホールが会場だった。二階のプレス・ギャラリーに案内されてみると、席の上に大きな二つ折りのメニューのようなものが置いてある。「第五期総統就任致詞」とあって、開いてみると、蔣介石のあいさつのスピーチの全文があらかじめ印刷してある。サービスのいいことだと感心したのは早合点で、階下の平土間の国民代表たちの席にも同じものがそれぞれ置いてあった。

やがて正面の舞台の奥から、八十五歳の蔣介石が腕を支えられて、よちよちと危い足どりで姿を現わし、巨大な孫文《そんぶん》の肖像画に向かって右腕を差しのべて、就任の宣誓を唱え、それから会衆のほうに向きなおった。ざわざわと音がして、会衆はいっせいに「致詞」を取り上げて開いた。蔣介石は、特徴のある細いかん高い声でスピーチを始めた。会衆は、「致詞」のテキストを一字一字、目で追う。改行してあるところまで来ると、全員が「致詞」を膝に置いていっせいに拍手し、終わるとまた「致詞」を取り上げて目で追う。スピーチが終わって外に出ると、熱帯性のスコールがどしゃ降りだった。車を待ちながら思った。漢字で綴った文章は、しょせん目で読むものであって、耳で聞くようにはできていないのだな、と。

ところが漢字の性質——意味は表わせるが言葉は表わせないという性質は、使いようによってはたいへんに便利なのである。日本の一般人にはブルース・リーの映画で知られるが、香港《ホンコン》はランラン・ショウ（邵仁人《しょうじんじん》）とランメ・ショウ（邵仁枚《しょうじんまい》）のショウ・ブラザーズ（邵氏兄弟社）を代表とする映画王国である。セリフは北京語もあるが、だいたいは広東語《カントン》で、われわれがＮＨＫの中国語講座でおなじみの中国語とは全然違う言葉である。しかしショウ・ブラザーズの映画は、香港だけでなく東南アジア全体に輸出されるのだが、観客の華人は広東系ばかりではない。福建《ふっけん》系もあれば潮州《ちょうしゅう》系もあり、客家《ハツカ》系もあれば海南《かいなん》系もあって、それぞれまたまったく違う言葉を話す。それでどうするかというと、香港映画にはかならず漢字と英語の両方の字幕が付いている。広東語がわからなければ漢字を読め。漢字を知らなければ英語を読め。どちらもだめなら——映画の楽しみをあきらめるほかはあるまい。

台湾では映画の製作は盛んだし、カラーテレビも普及している。ここでも事情は香港と同じで、映画にもテレビ・ドラマにも、漢字の字幕が付いている。言葉は北京語か福建語だが、どちらか一方だけでは聴視者の半分が脱落してしまうわけで、漢字による翻訳を付けて、それを救済するのである。

これが京劇となると、いくら北京語（国語《グオユイ》）が達者な人でも、まずわからなくて当たり前ということになっている。むかしの北京では、台本を持って京劇を聴きにいったものだそうだ。現在の台北にはいくつか京劇団があって、空軍大鵬劇団がいちばんいいとされている。私も聴きにいったが、これは進歩していた。と言うのは、舞台の横手に小さなスクリーンがあって、進行中のセリフや歌の文句が漢字に翻訳されて投影されるのである。観客がいっせいにその小さなスクリーンを見つめながら、京劇を聴いているところはいかにも中国らしい。

要するに、聞くだけでは意味がわからないのが中国語なのだが、そこで気にかかるのは、大陸で京劇の現代化とやらをやって、「紅色娘子軍《こうしょくじょうしぐん》」などという革命劇をつくり出した江青《こうせい》のことである。前もって漢字で綴った台本なり荒筋なりを学習しないで見たとしたら、いくら毛沢東思想に徹した中国人でも、「紅色娘子軍」がわかっただろうか。よそながら心配である。

近頃ある百科事典の編集に関係して、中国の地名・人名を拼音《ピンイン》(ローマ字綴り)で原音表記したいというので驚いた。孫文を北京式にSun Wenとしたところで、孫文自身は広東人だから、スン・ウェンなんて発音していたはずはない。シュン・マンだろう。漢字を北京語に置き換えたって、それでは原音にはならない。中国の現状では、標準は漢字であって、その発音ではない。中国はまことに「文字の国」である。つまり文字があるばかりで、言葉の未発達な国である。

漢字文明についてのエッセイ集

シナで口語で話すとおりに口授したらどうなる？

シナの文語の文章語と、方言の地方語とは、どれくらい違うものだろうか。これがわかる史料は非常に少なく、始皇帝《しこうてい》の統一以後、一千五百年以上も経った明《みん》代（十四〜十七世紀）の作とおぼしい『軒渠録《けんきょろく》』の記録くらいしか見当たらない。陳東原《ちんとうげん》著『中国婦女生活史』からの引用によって、その一部を紹介しよう。

「一族の叔母さんの陳さんが、近頃、厳州《げんしゅう》（浙江《せっこう》省建徳県）に寓居していたが、息子たちはみな仕官のために出かけていた。たまたま一族の甥の大琮《だいそう》が厳州を訪問した。陳叔母さんは、そこで甥に代筆させて息子あての手紙を書かせることにし、口授《くじゅ》して言った。

『孩児要劣、嬭子又閲閲（音吸）霍霍地。且買一把小剪子来、要剪脚上骨。出（上声）児（音胖）胝（音支）児也』

大琮は困って筆を下ろすことができなかった。叔母さんは笑って言った。

『もともとこの子は字を知らないんだよ』」

シナでは、むかしは女は漢字が書けなかった。そこでこの話の女は、男に頼んで手紙を書いてもらうのだが、漢字を知らないから文体も知らない。それで口語で話すとおりに口授したのだが、これを翻訳せよと言われた男は、さぞ難儀だったろう。

口授の文句は、今の言語学者ならば、音声文字であるローマ字で書くところだが、『軒渠録』の著者はローマ字を知るわけがない。それで文章語の発音に似せてなんとか書くのだが、口授の文句の、括弧のなかの（音…）とか（…声）とかいうのは口語の発音で、文章語にはそれに当たる漢字がないのである。

ところで、この内容は日本語ではどういう意味か、といえば、それはわからない、としか言いようがない。シナの読書人にも意味がわからず、翻訳ができないのだから、まして日本人であるわれわれにわかるわけもない。

漢字で書くということ

日本であまり認識されないことの一つとして、シナ文明の起源があれほど古く、かつ文字の国として有名であるにもかかわらず、じつはその文字を本当に使いこなして文章を書ける人間の数が、どの時代にも極端に少なかった、ということを指摘しなければならない。

このシナ文明に特異な現象は、次の二つの条件から出てくるものである。第一に、シナがむかしも今も多種族国家であって、二十世紀になってラジオ放送が始まるまでは、全国になんとか通用する、耳で聞いてわかる共通語というものが、いまだかつて存在したことがなかった、ということである。第二に、漢字は表意文字であって、もともと話し言葉の音を書き表わすようにはできていない、という事実である。

中華人民共和国の国民は、漢族、満洲族、モンゴル族、ウイグル族、チベット族、広西のチワン族などの多くの諸民族に分類されている。この分類はおもに使っている言語によったものだが、なかでももっとも人口が多いのは、言うまでもなく漢族である。しかし同じ漢族といっても、かならずしも同じ言語を話すとは限らない。大ざっぱに言って、長江《ちょうこう》の北、東北三省の地に至るまでの華北一帯で話されている言語がいわゆる「官話《マンダリン》」の系統のものであって、そのなかでも代表的なのが北京《ペキン》語であり、その北京語を基にして人工的につくり上げた標準語が、大陸では「普通話《プートンホワ》」といい、台湾では「国語《グオユイ》」という言葉である。これらがわれわれが「中国語」と呼んでいるものなのである。

しかし同じ華北の「官話」圏の住人でも、出身の省が違えば、話す方言もすっかり変わる。ある湖北《こほく》人の医学者の回想録に、若い頃、日本留学の帰りに北京に寄って、姉のところを訪ねようとしたところが、住所の「大油胡同《ダーヨウホートン》」をどう気をつけて発音しても人力車夫に通じない。字を書いて見せようにも相手は無筆。途方に暮れたという話があった。また、小学校から「国語」一本槍で教育している現代の台湾で、台北の国立台湾大学のある老教授の講義が山西《さんせい》方言のために、学生にはどうしても聞き取れない。とうとう山西方言のわかる学生が一人、教授と並んで教壇に立ち、講義の内容をかたっぱしから黒板に漢字で書き下ろすのを、他の学生がノートに写すことになった、という話も聞いた。そういえば「講義《ジアンイー》」というものが開講前にあらかじめ印刷物になって出るのも中国の大学の特徴で、これは日本の「講義録」などが学年末の試験前にできるのと違う。耳で聞いたってわかりっこないから、あらかじめ漢字で綴ったその内容を頭に入れてから聴講するので、ちょうどプログラムなしにはイタリア・オペラの筋がわからないのと同様である。

だから華北の「官話」と各方言のあいだには、ドイツ語とオランダ語、英語ぐらいの差があるわけで、いくら同じゲルマン系の言語を話すからといって、ドイツ人と英国人が同じ民族だと言えないのならば、華北の漢族だって単一の民族ではありえないことになる。

長江の南岸から南シナ海、ベトナム国境に至る華南地方となると、ここには上海《シャンハイ》語、福建《ふっけん》語、広《カン》東《トン》語など、官話とは系統の違う大言語を話す人々が数多く住んでいる。これらの言語には官話系の借用語が大量に入っているが、もともとみな官話とは別系統の言語で、ちょうどドイツ語とフランス語、ロシア語ぐらいの違いがある。孫文《そんぶん》が同じ演説を北京語と広東語の両方で録音したレコードがあるから、聴いてみればすぐわかるが、同じ内容なのに語彙《ごい》から文章構造、音程の高低や上がり下がりによるアクセントの種類まで全然違う。だからもし華北の官話系の言語を話す人々を漢族と呼ぶなら、華南の住民の大部分は漢族ではないことになるだろう。

それほど違う言葉を話す、種々雑多な諸種族の集まりが、ともかく漢族としてひとまとめに扱えるほどの文化の共通性を保っているのは、ひとえに漢字という表意文字を使ったコミュニケーション・システムのおかげである。漢字がローマ字のような表音文字でなく、表意文字であるからこそ、根本的に異なった言語を話す相手とでさえ、漢字を使って意志を通じ合えるのである。日本の「漢文訓読」でわかるように、漢字を組み合わせた文章を綴ったり読んだりするのに、漢語の話し言葉の知識は全然必要がない。漢文を英語で読み上げるのでさえ、やれば簡単にできるのである。漢字のこの特質のおかげで、シナ文化の統一性が可能になっているのだから、中国政府が一九七五年十月に実施を予定していた、漢字からローマ字表記への切り替えを無期延期にしたのはあまりにも当然であった。

ところで、これほど便利な漢字も、表意文字であるということを裏返せば、言葉をそれが語られるとおりに表記するのに適しない、ということになる。もちろん一音節に一字ずつ漢字を当てはめて、実際に語られたままをほぼ再現することは可能であり、そういう文献もないことはない。古典では『書経《しょきょう》』のなかの周《しゅう》の王たちの言葉を記した諸篇や、孔子の言葉を伝えた『論語』がそれであるが、いずれも無意味な助字を連ねたり、長い句や短い句を不規則に重ねたりして、語気を忠実に伝えようとした苦労のあとがしのばれる。しかし表意文字の宿命として、話し言葉に忠実であればあるほど読みにくくなるものであって、『書経』も『論語』も難解をもって鳴るのはそのためである。

むしろ表意文字の有効な使い方は、実際の話し言葉には関係なく、必要な意味を表わす記号を選び、それを一定の規則に従って組み合わせることである。シナの古典の圧倒的多数が使っている言語はこの種の人工的な記号体系なのであって、その時代の漢人が現実に口で話し、耳で聴いていた言語とはほとんど関係がない。いわばコンピューターの言語であるフォートランのようなものである。

フォートランが英語を基礎にはしていても、独特の語彙と文法を持ち、これを声に出して読み上げても何の意味も伝わらず、また英語を母語とする人だからといって、訓練もなしにただちにフォートランを使ってプログラミングできないのと同じように、シナの古典文語にも独自の語彙と文法があり、それで書かれた文章の漢字一つひとつに音を当てはめて発音してみても、耳で聴いてわかるような言語にはならない。そしていくら漢語を達者に話せる人でも、この目だけに訴える漢字という特異な記号体系を使いこなすには特別の訓練が要る。一つひとつの漢字の意味と発音を覚えただけではだめである。それぞれの字の使い方は、古典のなかの用例によって決まっているのであるから、これをことごとく暗記し、適切な組み合わせをいつでも立ちどころに取り出せなければ、文章を書くことはおろか、読んで理解することすらできない。

シナの知識階級、いわゆる「読書人」は、だからこうしたプログラミングをされた、一種の人間コンピューターなのであり、そのコンピューター同士が高性能を競い合うゲームがシナの「詩」であり「文」なのである。ほとんど無限の煩瑣《はんさ》な約束を乗り越えて、達意《たつい》の名文を綴り、情感に満ちた詩をつくる技術がいかにたいへんなものであるか。この日本という、表音文字の仮名《かな》のほかに多少の漢字さえ覚えれば、だれでも日常の言葉を使って文章が書ける、幸福な国に生まれたわれわれには、どう転んでも本当にわかるものではない。

このまったく人工的な記号体系が、つい最近までシナにおける唯一のコミュニケーションの手段だったのである。だからシナの政治においては、古典文語を使いこなす能力が政治家の資格の最大のものだったのであって、政治家が同時に学者であり、詩人であり、文人であったのは当然なのであり、また並みたいていの知能指数では政治家にも文章家にもなれなかったわけであった。

書物の政治性

そのような特殊な文字言語のおかげで統一を保っているシナの社会で、書物というものがほとんど神秘的な力を持った存在であったことは言うまでもあるまい。第一、書物そのものの形が、現代の紙を綴じたものとは似ても似つかぬものであった。古くは木簡《もっかん》と言って、長さ一尺（周尺で二十二・五センチ）の平らな木片を紐で編んで横に連ねる。華南では竹片を使った竹簡《ちくかん》である。また絹布に書く帛書《はくしょ》もあった。木簡、竹簡はかさばって重く、取り扱いに不便であり、帛書は高価につく。いずれにせよ、だれにでも手が届くようなしろものではない。

その上、それに書いてある文字が、さっき説明したような人工的な記号体系なのだから、そのテキストの専門家の解説を聞かなければ解読できるはずがない。だから一つひとつの書物には、そのテキストの解釈を先生から弟子へと伝授してゆく学派なり教団なりがかならず付いていたのである。その学統が存続する限り、その書物は生きているのだが、いったん学統が絶えると、その書物は意味不明の記号を並べただけの、たんなる物体と化してしまう。つまり一つの書物は、たんなる思想の表現ではなく、現実の社会のある集団を代表していたのである。そしてその集団は、文字言語の学習をおもな目的とするものであり、文字言語はシナの政治の最大の武器なのだから、必要とあれば即座に政治団体に転化しうるものである。だから書物は、一つの政治勢力の中心でさえありうる。

初めてシナを統一した秦《しん》の始皇帝が、紀元前二一三年に有名な「焚書《ふんしょ》」を実施したのはこのためであった。この改革で、医薬、占い、農業技術など実用的で政治に関係のない書物を除き、民間にある書物はすべて没収して焼却された。書物の私有は法律をもって禁止され、文字言語の技術の習得は、すべて政府の役人について行なわれなければならないことになった。つまりコミュニケーションの手段の国有化である。

ただし秦はこののちわずか七年で倒れて前漢《ぜんかん》の時代となったので、学者たちはどこかに隠してあった書物を抱えてふたたび姿を現わした。

最近までのソ連や中国で、作家組合に入って俸給を貰っている人間でなければ、何を書いても出版できなかったのと同じことで、前漢時代でも、政府からその資格を公認されてなんらかの肩書を与えられた者だけが著作の権利を持っていたのであり、作品が皇帝に献上されて受納され、帝室図書館に備え付けられて初めて、その著作は書物として公式に存在することになったのである。これは今の日本の国立国会図書館の機能に似ているが、紀元前二〇年代、大々的な図書の整理が行なわれ、それぞれ専門家を動員して本文の字句の異同を校訂し、おのおのの標準テキストを公定して、あらためて帝室図書館に登録し、その目録を皇帝に提出して裁可を受けるという手続きを取った。

この整理のおかげで、これまで伝わるに従って自由勝手に書き換えられ書き足されて、変転きわまりなかったシナの古典の内容が初めて一定した。これはアレクサンドリアの図書館《ムウセイオン》において、ホメーロス以下のギリシアの古典のテキストが確定したのと同じく、歴史に残る画期的な事業であったが、同時に今後どんなテキストを論じ引用するにも、いちいち帝室図書館所蔵の本文によらなければならないことになった。帝室図書館の蔵書を閲覧する権利を持つのは、ごく限られた少数の人々だから、情報の集中管理はほとんど完全である。

後漢《ごかん》に入ってもこの制度は変わらない。私人が書物を著作するのは、国家に対する反逆と見なされた。班固《はんこ》という人は最初、家で『漢書』を書いていたのを告発されて逮捕、投獄され、生命も危かったが、時の皇帝が原稿を見て感心し、帝室図書館員（校書郎）に採用してくれたので助かったのである。

ところがその後漢時代に、世界のコミュニケーションの歴史を変えた、一つの大事件が起こった。言うまでもなく紙の発明である。後漢の宮中に奉仕する宦官《かんがん》の技術者の蔡倫《さいりん》が、樹皮、麻、ぼろ布、魚網をつき砕いて糊状にし、薄く拡げて乾かす製紙法を完成し、一〇五年に皇帝に奏上して採用された。これ以来、木簡の代わりに、縦の長さが一尺の紙を横に貼りつないだ巻物が、シナの書物の標準スタイルとなり、取扱いは飛躍的に便利になった。

しかし、だからと言って、紙がだれの手にも入るようになったのではない。宦官が発明した製紙法は、宮中の製紙工場の独占生産で、紙を分けてもらうには帝室の許可が要った。これは後漢だけのことではない。魏《ぎ》の時代になり、晋《しん》の時代になっても同じことで、「魏志倭人伝」の時代でさえ紙の供給量がいかに少なかったかは、左思《さし》という詩人の逸話からうかがわれる。

左思は「三都賦《さんとふ》」という、魏、呉《ご》、蜀《しょく》の三国の都の風景を描いた作品を書くために、わざわざ晋の帝室図書館員になって書物を読み、材料を集めた。「賦」というのは、あらゆる漢字を組み合わせた百科全書的な韻文で、人間コンピューター芸術の極致である。これが世に出ると、豪貴《ごうき》の家が競って伝写したので、洛陽《らくよう》ではそのために紙が貴《たか》くなったという。「洛陽の紙価を高める」の出典である。

とにかく書物を書くということは、「魏志倭人伝」の時代には、それほど重大な行為だったのであり、したがって女王・卑弥呼《ひみこ》の使がシナに来たからといって、それだけのことで「魏志倭人伝」が書かれ、後世に伝えられるはずがない。それにはそれだけの、政治的な理由が必要である。

なぜ中国では文盲率が高いか

日本人は中国人よりも、漢字を使うに当たってはるかに有利な立場にある。実際、中国人が漢字を扱う苦労と言ったら、日本人の比ではない。日本人はやすやすと漢字を覚えて使いこなせる。なぜなら、訓読みやルビという方法があるからである。その方法を使えば、同じ漢字を何通りにも読める。そして、見ただけで意味がわかる。

ところが、中国人は気の毒なことに、手掛かりが音だけしかない。字形も手掛かりにならない。象形文字の場合ですら、発生当時からあまりに時代が経っているので、もとの意味となんの関係もないような形をしている。

たとえば、「東」という漢字を考えてみよう。日本人はこれを、音で「とう」と読んだり、訓で「ひがし」と読んだり「あずま」と読んだり「はる」と読んだりする。場合によっては「イースト」と英語のルビを振ったっていい。このようにいろんな読み方ができるので、意味がわかりやすく覚えやすい。一方、北京官話（普通話《プートンホワ》）における読みは「ドン」だが、広い中国では北京官話どおりに話している人はほとんどいない。たとえば広東人は「東」を「ドゥン」と発音し、「ドン」とは言わないから、「ドン」という音は、すぐには「東」という字に結び付かない。しかも、北京官話で「ドン」という音を持つ漢字は、「東」に限らない。さらに言えば、字形から「ひがし」を意味する漢字だ、とわかる人はまずいない。つまり、記憶するのに、あまりにも手掛かりのない文字なのである。

したがって、中国人が漢字を学ぶというのはたいへんなことで、猛烈な暗記力を必要とする。ふつうの人間の能力では、漢字は使いこなせないのである。これが、中国で文盲率が非常に高い原因である。

一方で、日本では文盲率がきわめて低い。それはなぜかと言うと、漢字を使っているからである。同じく漢字が原因なのに、この違いが出るのは、われわれの漢字の使い方が違うからだ。中国語で読まず、日本語で読むから、漢字は使え、覚えやすいのである。

日本語は、漢文の訓読から出発し、言語として成長してきた。少なくとも韻文ではない、歌でない散文は、すべてそうである。日本文明は、漢字を訓読することから始まったと言えるわけで、日本の文盲率の低さは、営々と築き上げた、漢字を咀嚼《そしゃく》する力に由来するのである。

漢人の漢字学習法

漢人がいちばん最初に漢字を習うときのテキストは『上大人《シャンダーレン》』である。これで「上大人、孔乙己、化三千、七十士、爾小生、八九子、佳作仁、可知礼也」という二十五字をひとくぎりずつ、読み方と書き方を教わる。次のレッスンまでに完全に覚えていないと、先生にひっぱたかれる。その次は『三字経《サンズジン》』で、「人之初、性本善、性相近、習相遠、苟不教、性乃遷、教之道、貴以専……」と続くが、このように三字ずつに切ってあるところに意味がある。ただリズムを良くするというのではない。この三つの字をひとまとめにして覚えるというのは、そういう組み合わせで並んで出てくることが多いということなのである。

『三字経』の次は『百家姓《バイジアシン》』である。「趙銭孫李、周呉鄭王、馮陳褚衛、蔣沈韓楊……」と、漢人の姓氏に使われる字が、今度は四字ずつ並んでいる。その次がいよいよ『千字文《チエンズウエン》』で、「天地玄黄、宇宙洪荒、日月盈昃、辰宿列張……」といった調子で、やはり四字ずつ、意味の関連のある字がまとまっている。

こうして覚えた字数がかなりたまると、さらに進んで「四書」の『論語』『孟子』『大学』『中庸』をやる。それから「五経《ごきょう》」の『詩経』『書経』『易経《えききょう》』『儀礼《ぎらい》』『春秋《しゅんじゅう》』に行く。それも本文だけでなく、注も疏（注の注）も、一字残らず暗記しなければならない。また、『資治通鑑綱目《しじつがんこうもく》』も読みあげる。

これはいったい何をしているのかというと、この漢字とこの漢字が結び付く場合、その前後にどういう漢字が出てくる蓋然性が高いかということを、つまり文体を覚えるのである。しかし、ここで肝心なのは、その間、教えられるのは筆画と発音だけだということである。意味はいっさい教えられない。

つまり漢文では、意味は漢字のシークェンス（順序）を離れては存在しない、ということである。記号と記号の関係が概念なのである。文中にはシンボルとなる漢字がいくつかある。そのシンボルが、あるシークェンスをとると、漠然と、ある概念の拡がりの範囲が決まる。ぼんやりとした星雲状だが、どのあたりに核心があって、あとはずっとガスが拡散しているのだな、と見当がつく。その上にさらにシンボルが積み重なると、だんだん星雲が収斂《しゅうれん》し、核心がはっきりしてくる。漢字が五つも六つも並んでくると、もう意味はそれ以外ではありえないということがはっきりしてくる。なぜそうなるかと言うと、『三字経』や『千字文』や「四書五経」といったもので組み合わせを繰り返し叩き込まれているからである。つまり、参照できる古典があるからこそ、コミュニケーションが可能になるのだ。

これを現代に当てはめれば、『毛沢東《もうたくとう》選集』というのは、まさにそういう意味の「古典」なのであって、あれは一つの完結したコーパス corpus（集成）なのである。あのなかには、中国の良き共産党員たるものが知っていなければならない文字の組み合わせが、全部入っている。言わばあれは暗号表なのだ。党員は、この分厚い公定のテキストを貰ってきて、一所懸命覚える。しかも、応用問題は『人民日報』の社説にかならず出ている。これは思想の統制ではなく、レトリックの統制なのである。

漢文はだれの言葉でもない

漢語と漢文は分けて考えなくてはいけない。漢文はけっして漢人が話している言葉を表記しているものではなく、漢人は漢文とは別に、それぞれ話し言葉を持っていた。また、近代に至るまで、それらの話し言葉を統一する必要もなかった。なぜなら、漢文は話し言葉とは関係なく使うことのできる便利なものだったからである。漢人同士が筆談をしていたのだ。

たとえば、一九三〇年代の毛沢東《もうたくとう》の大長征の時代に、紅軍の兵士たちはお互い言葉が通じないので漢文を重宝したし、支那事変当時、蔣介石《しょうかいせき》の司令部では日本語で作戦会議が行なわれていた。漢人同士が話して通じる中国語は、まだできていなかったのだ。

共通の話し言葉がないという事情は、シナだけに見られるものではない。フィリピンでもインドでもそうである。インドでは今でも公用語として認められている言語だけで四十くらいある。部族語まで含めると、言語は何百という数になる。そうすると、インド全体に通じる言葉としたら、英語しかない。

シンガポールも同じである。シンガポールの人口の八〇パーセントは華人と言われているが、そこには福建《ふっけん》系、広東《カントン》系、客家《ハッカ》系、海南《かいなん》系、潮州《ちょうしゅう》系の五つの系統があり、系統が違うと言葉が通じない。華人以外にタミル系インド人やマレー人もいるから、シンガポール全体で通じる言葉は、北京《ペキン》語でも間に合わず、やはり英語になる。

英語が共通語になるのは、要するに、だれの母語でもないからである。同じ理由で漢文は、だれの言葉でもないから、話し言葉の違う漢人同士はもちろん、漢人地帯の外に行っても、そのまま使えたわけである。

拼音《ピンイン》の限界

中国人が漢字を習得するのはたいへん困難だが、その解決策として、漢字を拼音で普通話《プートンホワ》の音に置き換えればいい、と考えている日本人が少なくない。しかし、これは誤解である。

日本人は、中国語の地名や人名でも、それを正確に普通話で読んで拼音で表記すれば、それで一対一に転換できたと思い込む。文字と音とは等価値のもの、音がわかれば文字も決まる、と日本人はつい思いがちなのである。

しかし、中国人は音から文字に転換できない。ここに問題があるのである。しかも、Mao Zedong（マオ・ズードン）と書いてあるのと、「毛沢東」と書いてあるのとでは、じつは伝えられる情報の量が違う。ことに個人の名前の場合、読みと同時に意味を表わしている。ベトナム人ではあるが典型的なので例に出すと、革命家グエン・アイクオック（阮愛国＝ホー・チミン）などもそうした名前だ。兄弟で対句になっていたりもする。

つまり、拼音に切り換えても、簡体化しても、中国人の漢字学習が困難であるという問題は、少しも変わらないわけである。仮に今、漢字を全部廃止して拼音に置き換えたとしたら、どういうことが起こるだろうか。言語の基層は地方によってみな根本的に違うから、個人の言葉と標準語には非常なギャップがある。したがって、たとえ拼音を採用しても、発音通りに書くことはできない。ではどうするかと言うと、むかしの漢字学習と同様、大声を上げて一所懸命、理屈も何もなしにそれを発音させられて覚える以外に、方法はない。日常生活とは遊離した綴りとして、視覚的に覚えるしかない。それは、言わば外国語学習にほかならないのである。

結局、まったく人工的な言語を習得しなければ読んだり書いたりできず、中国文明の主流に加われないということは、少しも変わらないわけである。

中国は結局「読書人国家」？

シナの科挙は、世界でも珍しい高度な平等主義《エガリタリアニズム》の制度である。科挙の試験から排除されたのは、理髪業、肉屋、売淫者の子供など、ごく一部で、広く門戸が開放されていた。しかし、そのシステムがシナの社会に深刻な重層構造をもたらしたともいえる。

科挙がなくなった現在でも、そのしくみは、根本的に変わっていない。現時点でのことはわからないが、ついこのあいだまで、中国には「三六九問題」というのがあった。小学校は義務教育ではないので、入学するのは就学年齢の九割で、そのうち、ドロップアウトせず六年間を務め上げるのは三分の二、つまり六割である。その卒業生のなかで漢字が読めて書けるのは、その半分しかいないから三割。つまり「三六九」というドロップアウト率が示す教育問題となるわけだ。

なぜこのような問題が生じるのかと言うと、中国語が、中国人の日常語に根ざしたものではなく文字言語であるからである。そのために子供たちは、中国語をまったくの外国語として習得しなければならない。極論すれば、ＩＱが百四十以上ある人でないと、中国語は使いこなせないのである。使いこなせる人だけが、本当の中国人になってゆく。したがって、本当の中国人というのは、漢族のなかでも少数民族なのである。

この能力の開きが重層構造を再生産してゆく。ある程度まで知能が開発された人たち、さらに開発された人たち、その上を行って開発された人たちというふうに、何層にも及ぶ重層構造が生まれる。そして、その開発に比例して、権力と富というものが、開発された層に集中するようになる。極端なメリットクラシー（権益階層）というのは、そういう恐るべきものであって、しかもそれが歴代、優生結婚で結びついてゆく。知能指数の高い人たち同士で結婚し、子供がそれを受け継いでゆくわけで、そうした重層構造が社会に定着してしまうのである。

じつを言うと、少数民族というのは、そういう漢族のなかの階層《ストレータム》の外縁にある。外側にあるものではないのだ。

したがって、中国の言語の構造が変わらない限り、この先、中国的な不均衡社会の構造が変わるはずがない。

もちろん、ある面で言えば、持って生まれた才能さえあれば、中国共産党中央委員会総書記にだってなれないとも限らない。どこの出身だろうが、あるいは母親が日本人だろうが、なれる可能性はある。それが中国の平等主義だと言えば言える。

ただし、日本の平等主義と根本的に違う。中国の場合、能力がなければ、どんどん下降する。

日本では、能力次第で上昇できることは同じだが、親兄弟が高位高官を極めたのに、自分は乞食になるというようなことは、まずありえない。これは、相互理解《コミュニケーション》の手段《メディアム》の性質が、根本的《ラディカル》に違うからではなかろうか。

中国には、将来、中国共産党員はみんな大学出にしようという方針がある。これはすなわち、完全な科挙官僚である。読書人クラスによる支配の復活とも言える。その意味では、中国社会のシステムはたいへん強靭である。ただ、そうすると結局、中国は「民族」国家ではないということに戻ってゆくわけで、あえて名づければ「読書人国家」ということにでもなろうか。

第2章　日本の影響を受けた現代中国語と中国人

漢文から中国語へ

日清戦争後の日本語の侵入

日清戦争の敗戦とともに、清朝《しん》はそれまでの伝統的システムを完全に放棄して、日本型の近代化路線に乗り換えた。これまで千三百年間、シナの指導者層を生み出してきた科挙の試験は廃止され、その代わりに、外国留学帰りの人々を登用して官吏とすることになった。その際、留学生がもっとも多かった国は日本である。日清戦争の翌年の一八九六年（明治二十九）の十三名を初めとして、日露戦争翌年の一九〇六年（明治三十九）には八千人から九千人に達した。日本が山東省の旧ドイツ権益を継承することを容認したパリ講和会議をきっかけとして、一九一九年（大正八）に反日の五・四《ごし》運動が起こるが、それまでの四半世紀にわたり、毎年平均五千名が日本に留学した。合わせれば、留学生は十万人を超える。当時のシナの人口は約四億人だから、ある程度の資力のある人たちは、こぞって日本に留学して日本語を学んだことがわかる。

シナにとって日本は近代文明の玄関口だったのである。当時の漢人にとって、日本文化は非常な憧れであった。なにしろ、日常用品から軍隊に至るまで、当時のシナに現われた新式の事物というのはすべて日本からの輸入品で、欧米からの直輸入品ではなかった。その当時の日本は、すでにそのレベルまで近代化を進めていたのである。

日本は一八六八年の明治維新以来、すでに三十年、一世代にわたって、欧米の新しい事物を表現する文体と語彙《ごい》を開発しており、しかもそれらの基礎となったのは、日本で新たにつくられた漢字の組み合わせであった。日本では、江戸時代の蘭学者たちを初めとして、すでに西洋文明の概念や用語をすべて漢字に置き換えていたのである。こうした新しい文体と語彙は、清国留学生によって学ばれ、摂取され、吸収された。こうした新しい漢語は、漢人の言語のなかに大量に侵入し、それまで科挙の試験に伴って普及していた、古典に基礎をおいた文体と語彙を追放し、それに取って代わった。

日本以外の欧米諸国に留学した漢人にとっても、新しい事物を伝えるコミュニケーションの道具としては、やはり日本式の文体と語彙しかなかった。こうした新しい漢語は、シナ全土におびただしく設立された新式教育の学校において、日本人教師と日本留学帰りの人々によって広められた。こうして、まず文法は旧来の古典的文法、語彙は日本製熟語の借用という、中間的な時文《じぶん》が発生して、官庁用語や新聞用語として使用されるようになった。

当時のシナの民法典や刑法典は、日本の法典を丸写ししたようなものである。また、当時流行した科学の本には、漢字で表現した名詞のあとに日本語の読みがついているありさまであった。

科学から行政、軍隊の分野まで日本でつくられた語彙で埋められていった。そのなかには、「取締」といった、本来は訓読みの言葉までそのまま借用されたほどである。その影響は現在の中国語にも残っている。

余談だが、毛沢東《もうたくとう》がアメリカ人ジャーナリストのエドガー・スノウ（『中国の赤い星』の著者）に歌って聞かせたという愛唱歌は、なんと日本の歌であった。それも日清戦争を題材にした「黄海の海戦」だったという。

このような現象はなにも毛沢東だけのことではなく、シナの知識人たちは日本文化に対して大きな憧れを抱き、日本の影響を身近に感じていたのである。ところが現在の中国人は、彼らの使っている中国語が、じつは文体もボキャブラリーも日本語からの借用であるということをすっかり忘れてしまっている。日本人もまた、そのことを知らない。まことに残念なことである。

これは現代中国人の異常に肥大したナショナリズムが、大きな原因なのかもしれない。だが、そのこととは別次元の問題として、両国の人々が心に留めておいていい事実ではないだろうか。

現代中国における「和製漢語」の実態

日本は長くシナ文化圏にあった。ところが、それが逆転して、シナが「日本文化圏」に入るという世界史上の大事件が起こった。日清《にっしん》戦争における清国の敗北である。

なにしろ、わずか三十年前に欧化政策を取り入れ、近代化の道を歩み始めたばかりの日本に、清では最新の西洋式軍備を備えていた李鴻章《りこうしょう》の北洋軍が壊滅させられたのだから、ついに清朝も近代化の必要性を認めざるをえなくなり、海外に留学生を派遣して官吏に登用し、やがてシナで千三百年にわたって続いてきた科挙試験は廃止された。シナはシナ以外の国々の影響を受けざるをえなくなって独立性を失い、世界史の一部、それも日本を中心とする東アジア文化圏に組み込まれた。そして、十万人を超える日本留学経験者が持ち帰ったものが、現在の中国文化の基礎をつくった。なかでももっとも根本的なのは、日本語がシナの言葉に与えた影響だった。

清国留学生は日本の教科書や参考書を読んで大喜びしたはずである。西欧語はチンプンカンプンでも、日本の本には漢字がたくさん使われているので、どれを読んでもなんとなく意味がわかる。もともと漢字は不完全なコミュニケーション・ツールで、異種族同士の符牒にすぎないので、なんとなく意味が通じればそれでいい。日本語がわかろうがわかるまいが、日本語の発音がどうであろうが、そんなことは問題ではない。

もともと、何かをつきつめて百パーセント理解しようという文化は彼らにはない。すべてアバウトな、「馬馬虎虎《マーマーフーフー》」（まあまあ適当に）とか「差不多《チャブド》、一様《イーヤン》」（たいした違いはない）とかいう精神で生きているから、日本人の翻訳した漢字の並びを見て、六、七割わかればそれで充分だった。ヨーロッパの最先端の思想が、日本語の漢字の並びをながめているだけで漠然とわかるのだから、これは便利だとばかり、そうした「和製漢語」を本国に大量に持ち帰った。日本が三十年かけてこれだけの〝漢語〟をすでにつくっているので、これを使えば、われわれは二年くらいで近代化（西洋化）を終えて日本を追い越せると考えたのである。そのメンタリティは現代でも変わっていない。新幹線の技術だけを取り入れれば、自分たちはもっと進んだ高速鉄道をあっと言う間につくれる。そう考えるのが中国人である。安全のためのメンテナンスやモラル、乗客へのサービスなどといったものは頭にない。

そういう事情があり、日本でつくられた和製漢語がこれ以降、中国語のボキャブラリーの大半を占めるようになる。現代のある中国人の研究者は、和製漢語が現代中国語で書かれた文章の延べ七〇パーセントを占めると嘆いていた。

郵便はがき

料金受取人払郵便

牛込局承認

5362

差出有効期間
令和6年12月
4日まで

162-8790

東京都新宿区
早稲田鶴巻町五二三番地

株式会社 藤原書店 行

（受取人）

ご購入ありがとうございました。このカードは小社の今後の刊行計画および新刊等のご案内の資料といたします。ご記入のうえ、ご投函ください。

お名前	年齢
ご住所 〒	
TEL　　E-mail	
ご職業（または学校・学年、できるだけくわしくお書き下さい）	
所属グループ・団体名	連絡先
本書をお買い求めの書店 市区郡町　　書店	■新刊案内のご希望 □ある □ない ■図書目録のご希望 □ある □ない ■小社主催の催し物案内のご希望 □ある □ない

読者カード

のご感想および今後の出版へのご意見・ご希望など、お書きください。
PR誌『機』「読者の声」欄及びホームページに掲載させて戴く場合もございます。)

をお求めの動機。広告・書評には新聞・雑誌名もお書き添えください。
でみて　□広告　□書評・紹介記事　□その他
の案内で　(　)　(　)　(　)

読の新聞・雑誌名

の出版案内を送って欲しい友人・知人のお名前・ご住所

ご住所　〒

申込書(小社刊行物のご注文にご利用ください。その際書店名を必ずご記入ください。)

冊	書名　冊
冊	書名　冊

書店名　住所

都道府県　市区郡町

中国で使われているおもな和製漢語の一覧を本項のうしろ（一九〇～一九三頁）に掲げたので、ご参照いただきたいが、たとえば、「中華人民共和国」の「人民」も「共和国」も、「共産主義」も「社会主義」も、「改革」「解放」も、「同志」「進歩」「思想」「理論」「階級」など中国共産党の大好きな言葉はどれも、日本人が西洋語を翻訳してつくったものである。

ちなみに「革命」はシナに古くからある言葉で、もともとは「それまでの皇帝に与えられていた天命が奪われて別の者に移ること」だったが、この時期から日本語にならって「レボリューション」の意味に使われるようになった。ちなみに英語の「ノベル」に当てた「小説」という翻訳語も、シナでは「民間で語られている、取るに足りない話」くらいの意味だったが、中国人は「へんな言葉を当てたものだ」とブツブツ言いながら採用している。

もっとも、シナでも、自分たちで西洋の翻訳語をつくろうとはしていた。音を漢字で表わした「徳謨克拉西《デモクラシー》」（民主主義）や「賽因斯《サイエンス》」（科学）といった言葉もつくられたが、主として、「計学、資生学」（エコノミクス）、「理学、智学」（フィロソフィー）、「群学」（ソシオロジー）、「格致学」（フィジックス）、「玄学」（メタフィジックス）のように、古文献から援用したものだった。「新造語」である和製漢語に対し、シナでは「借用語」に頼ろうとした。「革命」や「小説」などと〝間違った〟言葉を使う無知な日本人と違って、こちらは漢籍の本場だという意識があったのだろう。しかし、シナの古典からの引用は、そもそも概念が西洋のものとは異なるので、かなり無理があった。

結局、それぞれ日本製の「経済学」（エコノミクス）、「哲学」（フィロソフィー）、「社会学」（ソシオロジー）、「物理学」（フィジックス）、「形而上学」（メタフィジックス）に取って代わられてしまった。学術上の術語、用語においてはほぼ百パーセント日本語の直輸入という説もある。

「新造語」と「借用語」の差について、黄文雄《こうぶんゆう》さんは『近代中国は日本がつくった』（光文社）のなかで、こう書いている（一三〇頁）。

> それはつまり異文化摂取の姿勢における、融通《ゆうずう》無碍《むげ》な日本人と自国文化に固執する中国人との差である。「新造語」とは日本人が西洋文化を自分の血と肉にしようとする意欲の表われである。「借用語」とは「中体西用」（注・中国伝統の文化をもとに、西洋科学の技術のみを取り入れること）という、極めて傲慢にして安易な中国人の姿勢の表われかもしれない。
> その差がそのまま、日中両国の近代化の差になって現われたと言っていいだろう。

そのとおりだと思う。ただ、中国のある研究者は、なぜ中国製の訳語が取り入れられなかったかについて、和製語がたくさん使われた日本の本に価値があったからだと言っている。日本語の本で勉強した以上、その言葉を使わざるをえないから定着した。「玄学」とか「理学」とか「計学」とか、シナ製の語彙はたしかに統一はとれているけれど、使われなければ普及しない。

それに、フランス語やドイツ語や英語を学んだ西洋留学組にしても、自国民に対して中国語でものを書く限りは、みんなが知っている漢字を使って、その組み合わせに置き換えるしかない。つまりは、欧米の本を翻訳するにも和製漢語を使わざるをえなかった。だから和製語が普及したのである。

結局、日本のほうが一歩先んじていただけではなくて、知識人の裾野が広く、層が厚かったのだということができる。

これはまったく余談だが、近代から現代にかけて、西洋語の音に漢字を当てはめた中国製の優秀作としては、「可口可楽」（コカコーラ）や「被頭四」（ビートルズ）がある。ビートルズは長髪がトレードマークだったので、こういう字を当てはめた。おそらく台湾製だろう。なかなか感じが出ている。それから、コンピューターを日本では当初「電子計算機」と呼んでいたが、これも中国製の「電脳」のほうがちょっと過激でいい。

「時文」と「白話文」

シナの近代化が和製漢語を輸入して使うだけですべてオーケーで、文章は「てにをは」もない従来の漢文のまま、というわけにはゆかなかった。語彙《ごい》だけでなく、古い科挙時代の漢文の文体では、新しい思想や概念や事物はもはや表現できない。日本人はすでに欧米語を基礎とした新しい日本語・日本文の開発を完了していた。清国人留学生は漢字を通して日本語の文体も容易に習得できたので、それを下敷きにして考え出されたのが、日本語直訳の時文《じぶん》や白話文である。

時文とは、日本製熟語の語彙を借用し、日本の「てにをは」に当たる語を入れて書かれた文章で、官庁の文書や新聞などで使われた。古典的な文章とは文字の並べ方も違い、それ以前のシナの公用語とは似ても似つかない新しい言語だった。

漢字には品詞もなく、性も数も格も、変化もない。漢字を並べるだけでは微妙なニュアンスはすべて抜け落ちてしまう。しかも、シナの話し言葉には全国共通の文法というものがないので、一つの文のなかで漢字をどう配列するか、その基準もなかった。漢文はいろいろに解釈できるあいまいなものだったのである。

それでは西洋の新しい理論を学ぶのには不向きだ。学術理論だけは、さすがに六、七割わかればいいというわけにはゆかない。そこで、日本語をお手本にすることになった。「てにをは」があれば、文章のつながりもはっきりする。所有を表わす日本語の「～の」に当たる文字として「的」、位置を表わす前置詞的な「～に」は「在」や「里」などの文字を入れるようにもなった。「関于」(～に関して)、「由于」(～によって)、「認為」(～と認める)、「視為」(～と見なす)なども、日本語を翻訳する過程で生まれた言い方である。さらに句読点を入れたり、横書きにしたりするようになったのも、日本文の影響だった。そして、日本語にならい、「西洋化」の「化」や、「中国式」の「式」、「優越感」の「感」、「新型」の「型」、「必要性」の「性」、「文学界」の「界」、「生産力」の「力」、「価値観」の「観」というような文字を使って語彙を増やしていった。こうして中国語の表現はそれまでとは比較にならないほど豊かになり、緻密さと論理性が加わるようになったのである。

台湾では今も時文に近い文章を見受ける。例を引こう。台湾で出版された『四書読本』(一九八七年初版。九九年改訂八版)という本の序文の一部である。これは注釈と現代語訳を付けた「四書」の入門書といったところだろうか。日本語訳を付け加えておく。

自第二次世界大戰結束以來、工業高度發展、人類對物質的追究、固然改善了人們的物質生活、但對德性的培育和修養、卻不見有同步的提昇。其實物質生活與精神生活是應平衡竝重而不可偏癈的。……我國爲儒家思想的發源地、也正値工業高度發展期、更應重視儒家思想、使倫理道德觀念、根植於人心才是。

〈第二次世界大戦が終了して以来、工業の高度の発展や、人類の物質に対する追求は、もとより人々の物質生活を改善したが、徳性の培育と修養とに関しては、同じ歩調で引き上げられたとは思えない。実際、物質生活と精神生活は、平均に重んじて偏るべきものではない。……わが国は儒家の思想の本家本元であり、またまさに工業の高度の発展期に当たっているので、さらに儒家の思想を重視するべきであり、倫理道徳の観念をして人心に根付かせるべきである。〉

原文をながめているだけで、なんとなく意味が伝わってこないだろうか。「第二次世界大戦」はもちろん、「工業」「高度」「発展」「物質」「生活」「精神」「思想」などなど、日本製の漢語がなければそもそも文章が成り立たない。

もう一つ、白話文というのは白話（口語）と言うとおり時文より口語的で、中国語の日本化の極致である。これは、作家の魯迅《ろじん》が日本語で考えた文章を漢文に移した、有名な『狂人日記』によって生み出された。その一部をご紹介しよう。

今天晩上、很好的月光。

我不見他、已是三十多年、今天見了、精神分外爽快。才知道以前的三十多年、全是發昏、然而須十分小心。不然、那趙家的狗、何以看我兩眼呢。

我怕得有理。

〈今夜は、月がいい。

おれはあれを見なくなってから、三十年以上たつ。今日は見たから、気分がじつにいい。してみると、これまでの三十年以上は、まったく正気でなかったわけだ。だが十分用心しなきゃならん。でないと、あの趙《チヤオ》家の犬がなぜおれをじろじろ見るのか。

おれはダテにこわがってるんじゃないぞ。〉

（竹内好・訳）

前幾天、狼子村的佃戸來告荒、對我大哥說、他們村裏的一個大惡人、給大家打死了、幾個人便挖出他的心肝來、用油煎炒了吃、可以壯壯膽子。我插了一句嘴、佃戸和大哥便都看我幾眼。今天才曉得他們的眼光、全衕外面的那伙人一模一樣。

想起來、我從頂上直冷至脚跟。

他們會吃人、就未必不會吃我。

〈二、三日前、狼子村《ランツツオン》から小作人が来て、不作をこぼして、兄貴に話していったっけ。やつらの村に大悪人がいて、みんなに殴り殺されたが、そいつの内臓をえぐり出して、油でいためて食ったやつがあるそうで、そうすると肝っ玉が太くなるという話だ。おれがちょっと脇から口をいれたら、小作人と兄貴とが、じろじろおれの方を見たっけ。今日やっとわかった。やつらの眼つきは、町にいた連中の眼つきにそっくりそのままじゃないか。

思い出しただけで、おれは頭のてっぺんから脚の先まで、ゾッとなる。

やつらは人間を食いやがる。してみると、おれを食わないという道理はない。〉

（竹内好・訳）

日本語訳を参照しながら、頭から順番に読んでゆくと、なるほど、と思えるのではないだろうか。いわゆる返り点などを打つ必要もないくらいである。

中国の文字改革――表音への志向と挫折

日本語の影響によって近代化した中国語であったが、当初は、白話文もやはり漢文の変型でしかなかった。高度な教育を受けなくても、だれにでも読める中国語の表記法が求められたのは言うまでもない。

その最初の試みが行なわれたのが、一九一八年のことである。この年に中華民国教育部は、「注音字母《ちゅういんじぼ》」という一種の「かな」を定めて公布した。注音字母というのは、日本語のカタカナを真似た表音文字で、これを使って漢字の傍にルビを振ることにしたのである（本書五五頁参照）。

一九五八年、中華人民共和国国務院が公布したのが、拼音《ピンイン》と呼ばれるローマ字表記法である。この拼音による表記法は現在、大陸中国で用いられている。

こうやって書いてゆくと、いかにも順調に中国語の近代化が進んだように思われるかもしれない。ところが、そうはなかなかならないのである。

中華人民共和国を建国した毛沢東《もうたくとう》は「文字はかならず改革され、世界の文字に共通する拼音（表貴方のお名前は。
▶您贵姓？
Nín guìxìng ?

どこから来たのですか？
▶您是从哪儿来的？
Nín shì cóng năr lái de ?

図3　拼音の例

音）の方向に赴かねばならない」という最高指示を出し、中国語を発音による表記に移行しなければならないとした。

しかし、これには大きな落とし穴があった。

それは地方によって発音できない音があるということである。たとえば、「反り舌音」は北京語にしかない。これは舌を反らせながら出す摩擦音であるが、北京以外の地方へ行くと、これを発音できる人はほとんどいない。肯定の返事や「正しい」という音を表わす「是」は、拼音で「shi」と書くが、この「sh」が反り舌音である。ところが台湾では、この音を単純に「スー」と発音している。同様に、「ch」「zh」「r」といった反り舌音もあるが、どれも台湾ではたんなるツー、ズー、ズーと区別がつかない。

自分たちが使えない音は、耳で聞き分けられるはずがない。日本人が、英語の「L」と「R」の区別ができないのも、ただ発音ができないだけでなく、そもそも聞き分けることができないからである。だからと言って、日本人が英語の「L」と「R」をすべて「R」で表記すれば、その英語は意味のわからないものになってしまう。「L」と「R」の一種類だけならともかく、中国では地域によって発音が異なる文字が何十種類もあるのだから、地域ごとに自分の話す言葉の発

1989年11月創立　1990年4月創刊

月刊 機

2021
7
No. 352

発行所　株式会社 藤原書店©
〒一六二-〇〇四一　東京都新宿区早稲田鶴巻町五二三
電話　〇三・五二七二・〇三〇一（代）
FAX　〇三・五二七二・〇四五〇

◎本冊子表示の価格は消費税込みの価格です。

編集兼発行人
藤原良雄
頒価 100円

「在日を生きる」詩人、金時鐘氏と鉛筆画の世界を切り拓いた木下晋氏との対話

生とは何か

詩人 **金時鐘**
画家 **木下晋**

木下晋（1947–）　金時鐘（1929–）

今号は、『金時鐘コレクション』全十二巻が刊行中の詩人・金時鐘《キムシジョン》さん、初の自伝『いのちを刻む』を出版された鉛筆画の第一人者、木下晋《すすむ》さんの対話を収録する。金時鐘さんは来日後、「在日を生きる」とは何かを考え続け、『長篇詩集新潟』『猪飼野詩集』『光州詩片』などを出版して来られた。木下晋さんはハンセン病元患者の桜井哲夫や最後の瞽女《ごぜ》小林ハルを、二十二段階の鉛筆を使って作品化し、「生きるとは何か」の根源を鉛筆で表現し続けてきた。

編集部

● 七月号目次 ●

決定的な出会い

木下 僕は、申し訳ないですけれども、金時鐘先生のことを全然知らなかったんです。藤原書店の三十周年のパーティで、先生からのメッセージ(「……感銘がそのまま石刻《せきこく》されているような本。学歴社会には目もくれず、ひたすら鉛筆画に生涯をかけて鬼気迫るほどの写実作品を妻を看取りながら描きだしている、木下晋自伝『いのちを刻む』……」)が読み上げられたときに、僕の名前が出てきたので、えっ、と思って。友人に聞いて、「何でもいいから、君の一番感じたものを、断片的でいいから送ってくれ」と言って、本当に先生の作品の一部でしかないんだけど、送ってもらったんですよ。それを読んで、ものすごく感じたものだから、藤原社長にぜひ会わせてくれとお願いしました。

金 本当にありがたい。こんなところまで、わざわざ。木下先生の、よく知られている何点かの作品のはがきを持っている友人らが、周りに割と居るんですよ。家内も展覧会に行って、その感動のほどは聞いていたし。

自伝を読んだら、木下先生も大学も出んと大学の先生をやっとると。僕も小学校も出た証明がない、日本では学歴証明が何もないんですよ。大学も行かんと大学の講座を持ったと言うて、冷やかされたりしたんですけど。

木下 (笑)僕はいつも、相手のことを情報的に知っても、あまり意味がないと思っている。僕も作家の端くれであるわけだから、自分の内側から出てきたもの、その部分でまず触れたいと思った。

金 二〇年以上前、信濃デッサン館で、木下先生の「ニューヨークの路上生活者」を見たのが初めてやった。大阪文学学校で教えていた時、年に一回は、新しい学生らを連れて行くんですよ。無言館だけは見せようと思って。あれほど読書してる、物書きを志望している人たちでも、学徒動員のこと自体を知らないんだよね。学徒出兵の遺作を見たら、本当に凍りつくみたいに考え込む。

木下先生の『いのちを刻む』を読んだですけど、人には決定的な出会いがあるんだな。というのは、荒川修作が、先生の悲嘆も悲嘆、苦嘆も苦嘆の家庭の実情を聞いて、「作家として非常に恵まれているな」と言われた。あれは、やっぱり神のお告げだな。僕にとっては、小野十三郎の『詩論』という本が、そういう摂理であったような気がするわ。木下先生も、荒川のあの一言がなければ、もう。

木下　だめになっていたでしょうね。

金　耐えておれんわな。特別だもんね、木下先生のご経験というのは。

「抒情は批評だ」

金　本にも書かれていた長谷川龍生とは、私は同い年ですけどね、大阪万博のときまでは彼は大阪におって、しょっちゅう会っていました。とにかく言うことむちゃくちゃで、彼は詩より話の方がずっとドラマティックで面白い（笑）。また博識ですからね。古代ローマから日本の鎌倉時代に至るまで。

長谷川龍生は「自分の師匠は小野十三郎一人だ」と、小野十三郎の一の弟子をもって任じているんですよね。僕は日本に来たての折、小野先生の『詩論』を古本屋で手に入れて、生き方が変わった。考え方、天地がひっくり返っちゃった。長谷川龍生が直系の長男なら、俺は傍系の長男だなと思っとった。

小野十三郎の『詩論』には、「抒情は批評だ」とある。つまり人間の古い、新しいは、抒情ではかる、抒情が証明するというんだな。知

木下晋《凝視する男》1994 年　190.0 × 100.0 cm
鉛筆・ケント紙　信濃デッサン館蔵
モデルはニューヨークのホームレス

金時鐘　氏

識人は何ぼでもおるけど、何ぼ博識ぶっておっても、古いのは古いんだと。家に帰って、夫中心のことを嫁さんに強いたりする人たちは、何ぼ知識人であってもな。

抒情というと情感と一緒に思われるけど、人の感覚、好き嫌いの触感にまで影響を及ぼしているのが抒情。その七五調のリズム感に出会ったら、みな無防備になって共感してしまうんだ。吟味することを度外視して、それがさも社会の通念のようにやすやすと共感を共有し、和合する。それが日本の短歌俳句である。短歌的思考感覚が、ひいては自然観まで差配しているのよ。抒情は批評だと喝破した小野詩論はわかりにくい論理ではあるけど、でも具体的に考えると、いっぱい得心のいくことですよ。批評を起こさせないのが、日本の短歌、日本の抒情だと。つまり、七五調の音調がとれておったら、もう既に生理感覚がそこにぞっこん埋没してしまうわけよね。

歌を歌いながら侵略した

金　小野先生は『詩論』の中で、「歌なくして復古調は始まらない」と。今盛んに、「昭和は輝いていた」というようなテレビ番組が続いていますけれども、「勝ってくるぞと勇ましく」の「露営の歌」の作曲家の古関裕而を称賛したりするんですよね。古関は戦後途端に「長崎の鐘」などを書いているが、それまでどれだけ軍歌を作りだしていたのか。つまりそれが情感をほだす抒情なんですよ。人間の音感性、響き性というのは、一遍身についたら生涯揺るがない。だから歌なくして復古調は始まらない。小野は七〇数年も前にそう言い切っているんですよ。だから右翼は街宣車を走らせると軍歌をかき鳴らすんだな。みんな眉をひそめながらも、生理はちゃんと共感し合っているんですよ。

木下　ああ、そうか。

金　抒情こそ批評だと。僕の周りでも、口を開けばマルクス、エンゲルス、演説もすごいやつらがいっぱいおりましたけど、家に帰ったら李王朝残影そのままやね。ふんぞり返って、怒鳴りつけたりな。そういう人に限って、これまた演歌が好きでもある。

しっかりと身について心情をほだすものを温存させるのが、抒情でもあるのですよ。今、本当に思い返されるのよ。**歌なくして復古調は始まらない。そのような歌がいま跋扈してきている。**

日本の童謡とか小学唱歌に見るような歌は、世界に類例がないぐらい豊富ですし、いい歌ですよね。いまでもよく唄われる童謡や抒情歌と言われるものが一番はやり出したのは、大正末期から昭和初期にかけてですよ。西條八十とか、詩人たちが歌詞を書いて。日本の十五年戦争が始まるのは一九三一年、昭和六年。満洲へ、満洲へ、王道楽土だと関心を向けさせ、満洲に移民が始まる。日本で童謡、小学唱歌が一番たくさんつくられた時期ですよ。

木下 晋 氏

満洲歌謡という一連の歌があるんですよ。北原白秋の「ペチカ」という歌、よう歌われるでしょう。でも考えたら、ペチカは日本にないものだもの。

木下　なるほど、そうですね。

金　つまりあれは、満洲に対して親近感を持たすことにものすごい威力を発揮したのよ。天皇陛下の召集令状で兵隊に行った日本の兵隊さんは、戦争の合間には故郷を思い、妻を思い、子供を思ってそういう歌を歌ったはずなんよ。こんな歌を歌いながら、想像を絶するような残虐なことをやって、残虐をこうむった人に対する思いはこれっぽっちも働かない。歌というのはそういうものでもあるんです。

つまり批評を生まさしめないのよ、抒情は。今テレビ番組で戦時歌謡の歌がどれだけはやっていますか。これは前兆、兆しですよ。必ず、もう一遍ぐるっと曲がってきますね。僕は、日本の名の知れた歌で知らんものはほとんどないですよ。克明に歌詞も覚えてますしね。そんな歌を歌いながら中国侵略してね、縁もゆかりもないところまで行って。

だから**僕は七五調にならないように、流麗な日本語に背を向けている。イントネーションも朝鮮人まるだしの日本語である。それでも僕は日本の敗戦で何から解放されたんだろうと、いまもって自分に問いつづけている。日本語から解放されない限り、解放はないわけだから。言葉は意識ですからね。**

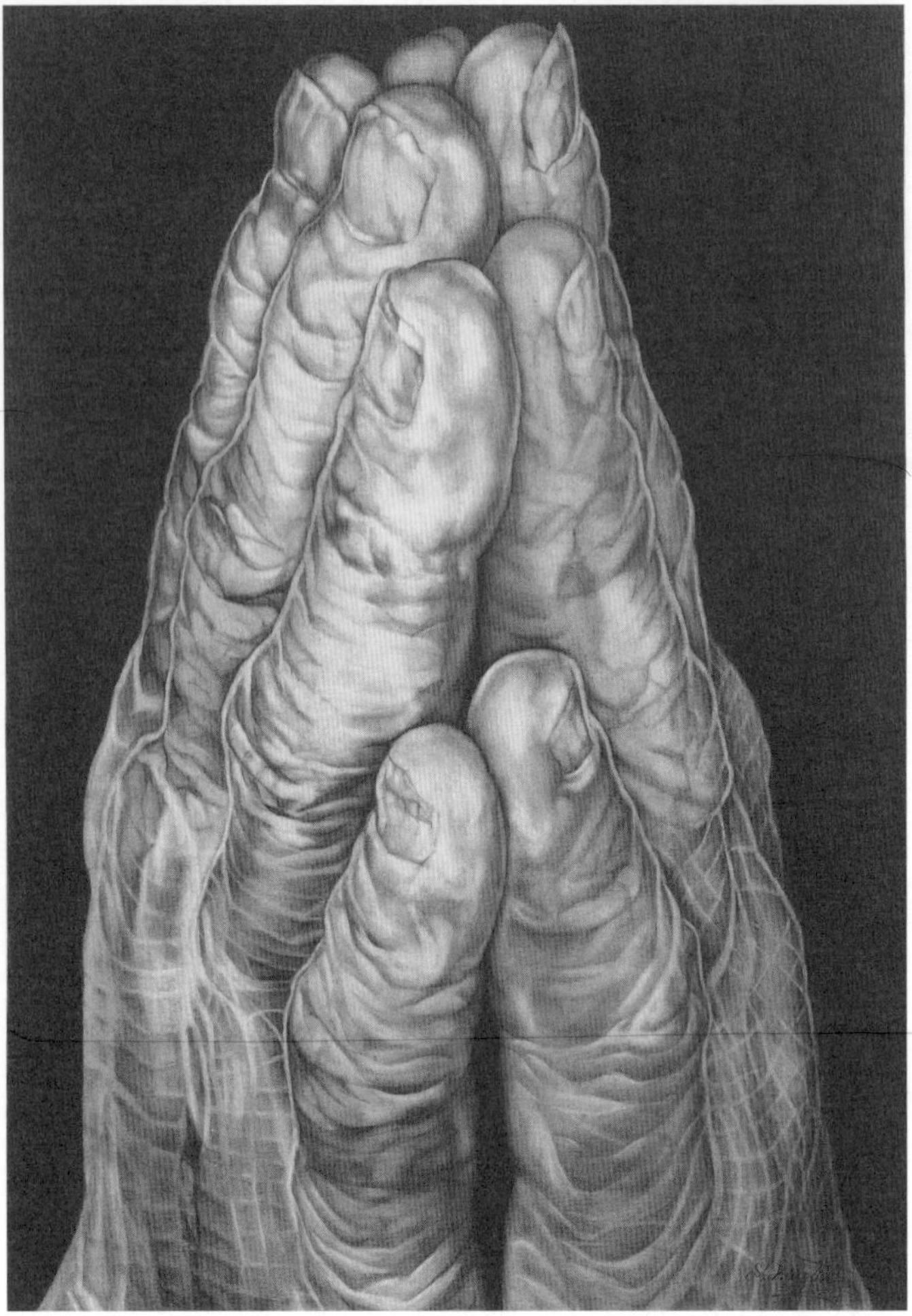

木下晋《鎮魂の祈り》2011 年　103.0 × 73.0 ㎝

言葉というのは、暗がりの中の一点の明かりみたいなもので、その言葉の及ぶ範囲が光りうちなのです。僕の認識をつくり上げたのは日本語だったんだ。日本が戦争に負けるまで日本語で勉強したからね。家の中でも日本語ですよ。学校でそう教わるんだもん、天皇陛下の赤子《せきし》になるためには、日本語をしゃべらないといかんと。

　うちのお母さんは、ハングルは読み書きできましたけど、日本語はほとんど知れへんのよな。でも僕は「水」とか「ごはん」とか言うから、ほんと、どうしようもなかった。

差別の構造

木下　僕は三年前に、中国から出すパンダの絵本の取材で、四川省に行ったんですよ。四川省から毛沢東の行軍が始まっているんですが、抗日戦線の博物館があるんですよ。そこに連れていかれて、「とにかく日本語をしゃべらんでください」「日本人であることがわかると、責任持てませんから」と言われて、入ったんです。そこで日本軍の南京の大虐殺と言われる光景の写真を見たときに、僕は小さいときのことを思い出した。

　僕は、僕自身の体験で、本当は日本人である自分をものすごく憎んでいるんです。それは先生の体験と同じにするわけじゃないですけど、僕はああいう貧しい生活だったですから、同じ日本人からも差別を受けたりしたわけです。

　あるとき、トタン屋根の家で同じように育った在日朝鮮人の親友がいて。

金　夏、暑いわな。

木下　彼が「木下、やっと瓦屋根のアパートに住めるようになったんだ」と。いいなと、見に行ったんですよ。同じ父子家庭だったんですけど……。そうしたら家財道具が外に全部投げ出してある。そこでおやじさんが土下座して何か許しを必死に乞うているわけですよ。アパート管理人のおばはんらが「おまえらみたいなのが来るところじゃない」と叫んでいる。僕とその友に、「おまえ達も一緒に土下座して謝ってくれ」と、おやじさんが。僕はそのとき地面に這いながら、この女だけは死んでも絶対に許せない！と思った。

　自分は日本人なんだけど、どこかで日本人を憎んでいる。だから中国で抗日戦線の資料を見たときにも、幼き体験が蘇って、僕は当時中国人に対し、日本軍兵士の残虐行為は幾ら戦争中とは云え、とうてい許せるものではない！同じ日本人の血が流れている自分に憎しみさえ

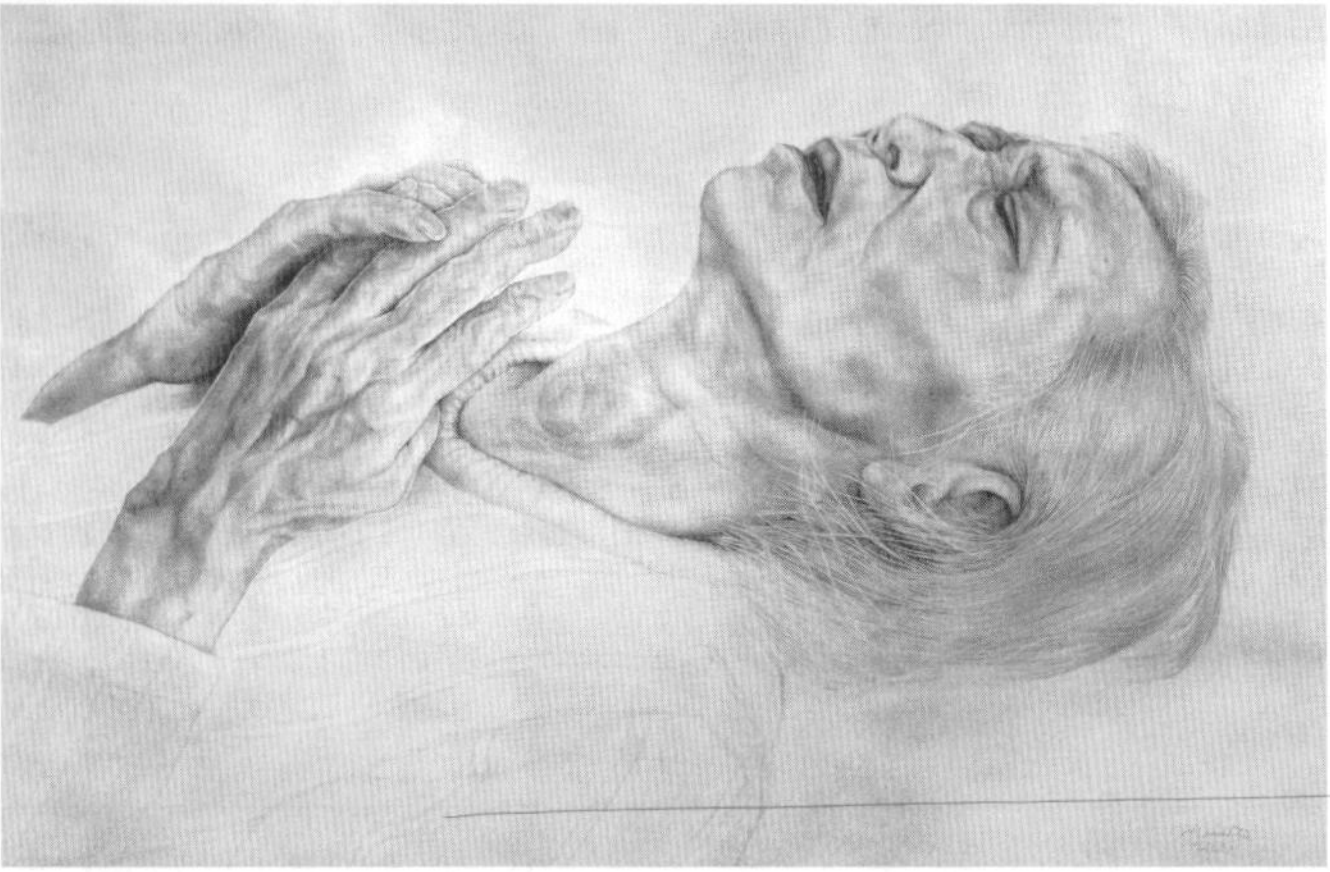

木下晋《願い》2019年　133.0 × 204.0 cm　モデルは妻

感じました。

脱皮していく生

金　木下さんの絵は……乗り移っているな。描きたいものが自分に乗り移っているんだわ。そうじゃないと写実があんなに鬼気迫るものとはならない。らいの人の、肉の塊みたいなもの、見ておられん。自分の奥さんも、お母さんも。

　僕は絵画といえばすぐ絵の具を使う色調の絵を思い浮かべてしまうけど、初めて見た木下先生のあの路上生活者の絵で、迫真の鉛筆画を知った。色というのは余計な飾りみたいな気さえした。木下先生の作品は、ほんと見る者の眼底で色がちゃんとつきますよ。大変なことをなさった方で。

木下　そう言われちゃうと何かこう……。今女房は、パーキンソン病でだんだん末期に近くなってきているんですけど、壊れていく——今日できたことが明日できない、明日できたことが明後日できないということになってきている。

　小さいときに、蟬とか蛇の脱皮を見たんです。脱皮というのは、成長のためのものだとばかり思っていたんですよ。ところがそうじゃなくて、いや、そういう意味も含めてだけど、**脱皮というのは、生まれてから死ぬまでずっと間断なく続く、死に向かっての脱皮もあるんです。脱皮していく状態が、まさに生きているということだから。**

　だから今、僕は観察ですね。前は絵を描くことよりも、自分にできないことをやってきた人たちに対するリスペクトやオマージュ、それ以上に、何でそういうことができるんだという、自分にできないことをやってきた理由、それを知りたかった。絵を描くことなんて、僕は絵描きだから、身過ぎ世過ぎ的にやっているだけのことで、これは何であってもいい。だけど女房を描いていくと、「知りたい」ということから「知らざるを得ない」ということになってくるんです。

金 僕は振り返って身につまされますけど、木下先生、本当に絵を描いてよかったですね。僕は、本当に詩に取り付いてよかった。僕なんか、詩を除くと何もないもの。

木下先生の鉛筆画は感傷など取り付く島もない。それでいて生きていることの悲しみがひたひたと迫ってくるんだ。そのどうしようもない、もだえるしかない悲しみの怒りが僕の心に食い込んでくる。自分の詩もそうありたいと神妙に思います。

脱皮の話をなさったけど、僕は人生が終わるということは、極めて個人の問題であって、終わりというのは存在しない、いつも過程や。終わりは、いつも終わらないうちに終わってしまうのよ。終わったはずのものは、道程、ひとつの過程にすぎないんですよ。

木下 そうそう。

金 だから脱皮していって終わったと思っても、終わってないですよ。別に行く道程、道すがら、道中ですよ、終わるというのは。

（二〇二一年五月二十三日、於・奈良県生駒）

金時鐘（キム・シジョン）四八年、済州島四・三事件に関わり来日。五〇年頃から日本語で詩作。元大阪文学学校校長。

木下晋（きのした・すすむ）十七歳の時、自由美術協会展に最年少で入選。鉛筆による新しい表現手法の開拓者。

歴史家・岡田英弘が鋭く見抜いた、「漢字」の用法の特殊な事情とは。

漢字とは何か
——日本とモンゴルから見る——

宮脇淳子

なぜ本書を編んだか

岡田英弘は歴史学者である。その守備範囲は幅広く、漢籍を史料としたシナ史から現代中国論、シナを取り巻く朝鮮、満洲、モンゴル、チベットの歴史と文化、日本の学校教育における世界史の枠組みの見直し、大陸から見る古代日本など、学問分野は多岐にわたる。しかも、すべての分野において、これからも後進に影響を与え続けるだろう画期的な業績を残した。二〇一六年に完結した『岡田英弘著作集』（藤原書店）全八巻はその集大成である。

本書の編者である私は、京都大学文学部を卒業後、大阪大学大学院在籍中の一九七八年に二十代で弟子入りしてから、二〇一七年五月に岡田が満八十六歳で逝去するまで四十年近く、途中からは妻として生活をともにしながら、間近でその学問を学んだ。

二〇二〇年一月から藤原書店のPR誌『機《き》』に、岡田のシナ学に基づいた短いエッセイ「歴史から中国を観る」の連載を始めた私に、藤原良雄社長から呼び出しがかかった。**中国人にとっての漢字が、日本人にとっての漢字とはまったく異なるものであること、これこそが、日本の文化と中国の文化の決定的かつ根源的な違いであり、言葉がなければ概念はその言語社会に存在しない、**という岡田の理論を、私は説明した。藤原社長はその内容に感嘆し、岡田の漢字論がいまだほとんど世に理解されていないことを惜しんで、著作集からその部分だけを抜き出し、一書として世に問うことを決めた。それが本書である。

シナ（チャイナ）の誕生と漢字の役割

本書は、著作集ではいくつかの巻に分かれていた論説を、**シナにおける漢字の歴史、日本語の影響を受けた現代中国語と中国人、日本における仮名の誕生**その他について、三章に編集し直した。

本書を編むにあたって、著作集に収録済みの岡田の文章と私の解説だけでは、新しい本にするには物足りないと考え、京都大学文学部の私の同級生で、モンゴル語を一緒に学んだ言語学者、樋口康一・愛媛大学名誉教授に終章の執筆をお願いした。樋口氏は、**言語学者から見た漢字論や、ユーラシア大陸における文字の変遷**など、興味深い論を展開してくれたので、本書刊行の意義も高まった。岡田も喜んでいるに違いない。

岡田英弘（1931-2017）

　最初に、シナ（中国）における漢字の役割を理解するために、**岡田の中国文明論を概説**しようと思う。歴史上、「中国」という名前の国家は、一九一二年の中華民国まで存在しない。紀元前二二一年に天下を統一した始皇帝の「秦」が、「漢訳大蔵経」に記された音訳の漢字「支那」、そして英語の「China」の語源である。であるから、正確を期すなら、一九一二年以前は「中国」ではなく「シナ（チャイナ）」と呼びたいが、戦後の日本ではChinaを「中国」と翻訳してきたから、目くじらを立てても仕方がない。岡田自身の一般書も、『中国文明の歴史』（講談社現代新書）という題名である。

　さて、**秦の始皇帝による文字の統一は、「口頭で話される言語」の統一ではなく、「漢字の書体」とその漢字に対する読み音を一つに決めたことだった。**その結果、読み音は、漢字の意味を表す言葉ではなく、その字の名前というだけのものになった。このあと**二千年以上、シナ文明では、文字と言葉は乖離したままだったのである。**

　漢字にルビがふられるようになったのは、一九一八年、中華民国教育部が、注音字母《ちゅういんじぼ》という、カタカナをまねた表音文字を公布したのが始まりである。これが、口で話し耳で聴いてわかる言葉としての中国語の第一歩だった。

　それまで長い間、シナには共通の話し言葉はなかった。**読み音が地方によってばらばらである漢字を使いこなすためには、一つずつの漢字が持つ意味がわからなければならないが、それを説明する文字はない。**だから、漢字を習得するためには、**古典の文章をまるごと暗記し、文脈を思い出しながら使うしかない。**儒教の経典である「四書五経」が、国定教科書になったために、科挙を受験するようなひとにぎりの知識人は、これを丸暗記し、その語彙を使って文章を綴った。そのために漢字を使う人びとが儒教徒に見えたのであって、儒教が宗教として信仰されたわけではない。

「漢字」学習の困難と、利点

文字が漢字しかないということがシナ人（中国人）にとって何を意味したか、ふりがなのまったくない漢字を勉強するということがどういうことかは、日本人の想像を絶する。私の知っている限り、このような見方をした日本の東洋史学者は岡田以外にはいない。なぜこんなことがわかったのか、今もなお不思議に思う。

漢文は、日本人やヨーロッパ人が考えているような「言葉」ではなく、「中国語」の古典でもない。漢人にとって漢字を学ぶのは、外国語を使って暗号を解読するようなものなのである。

漢文は、漢人の論理の発達を阻害した。どういうことかというと、表意文字の特性として、情緒のニュアンスを表現する語彙が貧弱なために、漢人の感情生活を単調にした、ということである。

漢人にとって、自分が話すとおりに書くことは極端に困難であって、まず絶望的と言ってもよい。また、もし仮にこれができたとしても、その結果は、きわめて難解な、おそらく当人以外には読めないようなものになる。だから、日常の自然言語から遊離した語彙と文法を学んでこれをマスターしなければならない。

文字のほうが圧倒的に効果的な伝達手段であるため、言語が文字に圧迫され、侵蝕され、その結果、感情や思考の表現力が劣り、結局は精神的発達が遅れることになる。だから、古くから仮名文字を発達させ、おかげで国語による表現力にそれほど大きな個人差のない日本人と違って、漢人のあいだには一見、知能の極端な個人差が存在するらしく見える。これはじつは漢字の世界へのアクセスの差なのである。

それでは、漢字の使用方法を完全にマスターしたエリートである「読書人」にとって問題はないかというと、これがまたそうではない。彼らがなにごとかを文字によって表現しようとすれば、儒教の経典や古人の詩文の文体に沿った表現しかできないからである。

教育程度が高ければ高いほど、文字によるコミュニケーションの領域が拡大して、音声による生きたコミュニケーションの能力が低下する。漢字を基礎としたまったく人工的な文字言語が極端に発達したため、それに反比例して音声による自然言語は貧弱になってしまった。

しかし、見方を変えると、漢字のこの性質は、異なる言語を話す雑多な集団にまたがるコミュニケーション手段としては最適であって、全人類の四分の一にのぼる巨大な人口を、一つの文化、一つの国民として統合することは、漢字の存在なくしては不可能だった。

文字と言葉と感情

さて、岡田の漢字論・シナ文化論については、日本の知識人ほとんどが同意し、最近では海外の中国社会でも盛んに翻訳されているが、本章の〝日本語は漢語を下敷きにして人工的につくられた〟という岡田の論は、日本の保守系文化人には嫌う人が多い。漢字の影響を受ける前から、話し言葉としての日本語は厳然とあった、と思いたいからである。

しかし、岡田が引用している高島俊男氏の説明にあるように、漢字が日本に入ってきた当時の日本語は、「雨」「雪」「風」とか「暑い」「寒い」などの具体的なものを指す言葉はあっても、「天候」「気象」など、それらを概括する抽象的な言葉はなかった。

言葉がなければ、その言葉が指し示す概念はその言語社会には存在しない。人間の感情も、言葉によって規定されているのである。

話し言葉を文字に写すことで書き言葉がつくられるのではない。書き言葉を学ぶことで話し言葉がととのえられてゆくのである。一般に、人間は文字を通して学ばなければ、言葉を豊かにはできない。

(序章より抜粋/構成・編集部)

(みやわき・じゅんこ/東洋史学者)

親を亡くした子どもたちが綴った悲痛な作文の数々に刮目せよ！

何があっても、君たちを守る——遺児作文集

——「天国にいるおとうさま」から「がんばれ一本松」まで——

玉井義臣

なぜ「あしなが運動」なのか？

「玉井さんはどうしていまの仕事、〝遺児の救済〟運動（あしなが運動）を選ばれたのですか」と多くの人が聞かれます。私が交通評論家として毎日のようにTV、ラジオ、新聞、週刊誌に出ていた一九六五年から一〇年か二〇年を知る人は、その〝なぜ〟をご存じでした。あれから五五年も過ぎると、ほとんどの人は私の原点となる動機をご存じではないし、それどころか、時にはウサンクサイ男と思われることもあります。そこで、その点だけはご理解いただきたいと、遺児作文集ではありますが初めに書くことをお許しください。

二人の輪禍《りんか》

あしなが運動を語るに欠かせない岡嶋信治さんのお姉さんが、新潟長岡で酔っ払い運転のトラックにひき逃げされ亡くなってからちょうど六〇年がたちます。岡嶋さんは怒りと悲しみを『朝日新聞』の「声」欄に投書し一三〇人の人々から励ましの手紙を受け、彼はその一人ひとりに返事を書き文通する中で怒り、悲しみから癒《いや》されていきます。

その痛ましい事故の二年後の一九六三年一二月二三日、私の母は大阪・池田市の自宅前で暴走車に轢《ひ》かれ、一カ月余り、治療らしい治療も受けずボロ雑巾のようになって死んで逝《ゆ》きます。売れない経済評論家だった私が、家族で唯一〝時間持ち〟、つまり時間が自由になったので昼夜の看病を引き受けました。頭部外傷の知識が皆無《かいむ》の医師は、手をこまねいて、昏睡《こんすい》の母を危篤と私たち家族に告げるだけでした。私は緊張の連続で枕辺《まくらべ》にいました。

ある夜半、母は突然目を見開き、私に何かを訴えたげでした。私は思わず言いました。

「わかってるて、お母ちゃん、この敵《かたき》はきっと僕が討《う》たるから、今は眠ってて頂戴」

そして、その言葉を堅く心に誓いました。まもなく母の担当医は教育されたことも、経験したこともない頭部の手術を行い、母は一カ月静かに昏睡していたのに、一声動物のようにうなり声を上げ、七四歳の一生を終えました。その情景を今も忘れることができません。私が二七歳の厳冬の早暁でした。

一篇の作文が日本を動かす

ＴＶ、ラジオへの出演も増えました。中でも、当時最高視聴率だったＮＥＴ（現テレビ朝日）「桂小金治アフタヌーンショー」では、私は足掛け三年、毎週プロデューサー、ディレクター、出演コメンテーターと三足の草鞋《わらじ》をはきながら、とりあげるテーマを交通事故防止対策にまでも間口を広げていました。そのころ、冒頭の岡嶋信治さんから、交通遺児を励まし、奨学金で高校へ進学させるという母親たちの唯一の願いをかなえましょう、ぜひ一緒にやりましょうと口説かれ、その気迫に負けて、「やりましょう」と言うしかなかったのです。でも、岡嶋さんにはよく誘ってくれたと、すべての遺児救済が天職になった今では深く感謝しています。

▲玉井義臣氏（1935-）

「桂小金治アフタヌーンショー」では、大げさではなく私が「時代が変わった」と実感したことがありました。一九六八年四月一五日、お父さんを交通事故で喪った一〇歳の中島穰君が、ＴＶカメラの前で泣きながら作文「天国にいるおとうさま」を読みあげたときのことです。全文をご紹介しますから、まずお読みください。

天国にいるおとうさま

中島　穰（一〇歳　東京）

ぼくの大すきだった　おとうさま
ぼくとキャッチボールしたが
死んでしまった　おとうさま　もう一度あいたい　おとうさま
ぼくは
おとうさまのしゃしんを見ると
ときどきなく事もある
だけど
もう一度あいたい　おとうさま
おとうさまと呼びたい
けれど呼べない

どこにいるのおとうさま
もう一度ぼくをだいて　おとうさま
ぼくがいくまで　まってて
もう一度ぼくとあそんで　おとうさま
おとうさま　ぼくといっしょに勉強してよ
ぼくにおしえてよ
おとうさま　どうして三人おいて死んだの

ぼくは
今までしゅっちょうしていると思っていた
おとうさままってて　ぼくが行くまで
おとうさま　おとうさま
もう一度「みのる」って呼んで
ぼくもおとうさまと呼ぶから
ぼく「はい」と返事するよ
ぼくは　かなしい
おとうさまがいないと

このわずか三一三文字の作文を中島君が声を震わせながら読みあげたとき、ブラウン管の内外を問わず涙であふれました。一家の大黒柱を喪《うしな》って、進学の夢を断たれた交通遺児の子らに、日本全国から暖かな目が注がれました。大げさではなく、日本の政財官界、マスコミが遺児救済へ動いたのです。同時に、あしなが運動は、「あしながさん」というなにより強い味方を得たのです。

それから半世紀のあしなが運動は、災害遺児、病気遺児、自死遺児と対象を拡げて、今では世界各国のASHINAGAにまで大きく成長しています。

あしながさんの「無償の愛」

あしなが運動を振り返ってみますと、多くのあしながさんに支えられてきたことを痛感します。きっかけは一九七五年ごろのオイルショックでした。奨学金が底をつき、広く世間に教育的里親として「あしながさん」を募集しました。反響は凄まじく、多くのあしながさんの「無償の愛」が遺児たちにそそがれたのです。

あしながさんの存在は、あしなが運動そのものの変革でした。親を失い、ともすれば心を硬く閉ざしがちな交通遺児たちは、あしながさんからの励ましにより、受けたご恩をお返ししようと、交通遺児のみならず、災害遺児の進学を求めて立ちあがったのです。あしながさんの「無償の愛」なくして、今日のあしなが育英会は存在しなかったことでしょう。

あしながさんこそは、遺児にとって「師」であるばかりか、この世の「善」

を象徴していることを、私はそれまで以上に強く感じていました。

　途中、官僚たちからの乗っ取り、一部マスコミからの故なき誹謗《ひぼう》中傷などの騒ぎもありましたが、あしなが運動の火を消さずに続けてくることができたのは、このようなあしながさんのご支援と、集いや街頭募金などボランティア活動に睡眠時間を削ってでも動き回った若者たちの情熱のおかげです。みなさんのご協力が、交通遺児だけだった育英会を、私の願望通り、対象を災害遺児と病気遺児に拡げ、現在のあしなが育英会誕生へと導いたのです。

　もうすこし詳しく説明しますと、神戸の大地震により一時に家族を失った五六九人もの震災遺児の一人が描いた絵「黒い虹」に象徴されるような深い心の傷を受けているのを見て、あしなが育英会は「心のケア」のため神戸レインボーハウス（虹の家）を建てました。神戸レインボーハウスには、天皇、皇后両陛下（現上皇、上皇后両陛下）が二〇〇一年四月二四日にご訪問され、遺児たちを励ましていただきました。

　また、自殺が多発する不況の時、自死遺児の「心のケア」を始めることにより、すべての遺児の進学と癒しを受けもつことが可能になり、支援する遺児数は初期のころの交通遺児数の十倍に達しました。国の支援など期待できない中、あしなが運動拡大をあしながさんの「無償の愛」が支え、みずからが遺児であったボランティア学生たちは遺児兄弟姉妹の心の友となり、街頭募金で育英会を〝発展〟させました。これがあの騒ぎからの顛末《てんまつ》です。

　天はあしながさん、ボランティア学生、私たち運動家を見捨てませんでした。あしなが運動が素敵なことを、神も認めて支援してくれました。ありがとうございました。

（「はじめに」より／構成・編集部）

（たまい・よしおみ／あしなが育英会会長）

リレー連載　近代日本を作った100人　88

ギドー・フルベッキ——日本近代化の恩人

井上篤夫

岩倉使節団の仕掛け人

その日の朝の光は新しい日本の門出を祝福するかのように澄みきっていた。

「此頃ハ続テ天気晴レ、寒気モ甚シカラス、殊ニ此ノ朝ハ暁ノ霜盛シニシテ、扶桑《ふそう》ヲ上ル日ノ光モ、イト澄ヤカニ覚ヘタリ」（『米欧回覧実記』久米邦武編）

岩倉使節団は明治四年十一月十二日（一八七一年十二月二十三日）、横浜港を出帆し、一年九ヵ月余（六三二日）かけて条約改正、各制度の視察のため米欧十二ヵ国を巡歴した。

特命全権大使は岩倉具視、副使は木戸孝允、大久保利通、伊藤博文、山口尚芳の四名、そのほか随員一八名、留学生四三名、総勢一〇七名で構成された。一行には、津田梅子など日本最初の女子留学生や、フルベッキと長崎で交流があった何礼之や中山信彬、中島永元、瓜生震、中山健明などもいた。

留学生まで帯同して大規模になったのは、自ら欧米に学ぶことを必要とし、かつ世界に通用する人材を育成することが急務だったからである。その使節団の「企画書」ともいうべきブリーフ・スケッチを作ったのが、フルベッキであった。

さらに、フルベッキが使節団出発前に提出した「米人フルベッキより内々差出候書」が木戸孝允関係文書にある。使節の十の方針を述べた上で具体的な四十九項目が記されている。フルベッキの精細かつ配慮が行き届いた提言が、『米欧回覧実記』刊行の大前提になったのである。

ブリーフ・スケッチの「宗教的寛容に関するノート」は表向き削除されたが、内密に調査され、明治六（一八七三）年九月、使節団が帰朝する前の同年二月二十四日、切支丹禁制の高札撤去に繋がったといってよい。フルベッキ最大功績の一つである。

新時代の多くの俊英を育てる

フルベッキは、安政六（一八五九）年来日当初から、長崎で各藩からの来訪者に積極的に西欧の知識を教えた。殊に佐賀藩は、長崎に学校を作る計画を実行した。外国人教師としてフルベッキ、生徒は三、四〇人、明治元（一八六八）年に致遠館が誕生したのである。

　アメリカ合衆国憲法の講義は、近代憲法の講義の最初のものだろう。アメリカ独立宣言の講義など、フルベッキの言葉に新しい時代を創ろうという英才たちが目を輝かせた。後に大隈重信は、明治十五（一八八二）年十月に東京専門学校（早稲田大学の前身）を創立するが、この致遠館が「源流」になったと述べている。

　また、フルベッキは、多くの学生たちをアメリカ・オランダ改革教会のフェリス師に託して、ニューブランズウィックへ送った。グラマースクールで英語を習得し、横井左平太は海軍の学校で学んだ。弟の横井大平は病気で間もなく帰国した。日下部太郎は「数学の天才」と称され傑出していたが、若くして現地で亡くなった。維新前後の数年間、日本からアメリカに留学した者は約五百人に達する。そのきっかけを作ったのがフルベッキである。

　フルベッキは新政府から教育顧問の招聘を受け、長崎から上京する。大学南校（東京大学の前身）の教頭を務め、優秀な外国人を招聘、学制の提案などに尽力した。その後は政府のお雇いとして法律書や科学書などを翻訳、口述で西洋の知識を紹介した。晩年は、聖書翻訳や地方伝道で宣教運動に身を捧げた。そして明治三一（一八九八）年三月一〇日、「無国籍」のまま在日、四〇年にして日本で没した。

　ルーテル南部一致教会のジェームス・シェーラー師はフルベッキを追悼している。「フルベッキが日本にいなかったなら、今の日本にはなっていなかっただろう。日本という国が、本来の姿からより神の国へと近づいたのは、彼のおかげである」（『Evangelist』一八九八年六月号）

　日本近代化の恩人、ギドー・フルベッキを忘れてはならない。

（いのうえ・あつお／作家）

▲ギドー・F・フルベッキ
(1830－98)
オランダ・ザイストに生れる。22歳の時、オランダからアメリカに単身渡る。29歳、オーバン神学校を卒業。按手礼を受け、ブラウン、シモンズらと宣教のため来日、長崎に赴任する。禁教下、長崎の済美館、致遠館などで英語などを学生に教える。39歳、開成学校設立にあたり上京。大学南校（現在の東京大学）の教頭となる。岩倉使節団の「草案の概要」ブリーフ・スケッチを作成する。教頭を解任された後、政府の法律顧問などや聖書翻訳に従事。無国籍だったが、晩年は日本永住権を得て地方伝道に専念した。在日40年、日本に没す。妻マリアと共に青山墓地に眠る。教え子たちの寄付で紀念碑が建立された。

■連載・「地域医療百年」から医療を考える　4

社会へのまなざし　2

方波見康雄

大正二年当時の北海道は、大凶作のため農家は困窮を極めたという。そのころ東京から赴任した若き医師の父荘衛《そうえい》は、小学校の児童検査の折に黄疸そっくりの顔つきの児童が数多く見られたのを不審に思い再検査をすると、かぼちゃを常食しているためと分かった。さらに調べると、農家が日々の米麦に事欠き、貧困による栄養不良や結核などの疾病が地域住民に蔓延していることも判明して大きな衝撃を受けた。出自が徳川幕府のころから常陸国で荘園を預かる身だっただけに、農家の困窮は他人事ではなかった。やがて奈井江町の開業医になってからも、農家の人びとの健康問題に深く立ち入り、貧困と疾病、とりわけ結核の予防に尽力するようになった。

だが一方で、凶作と不作にめげずに農耕に精進する農業者の姿に深い敬意をいだくようになった。手製の「自叙伝」に、こう記している。

「相次ぐ凶作は農民に思考する機会を与えた。北海道の農民が凶作の中から自然に順応した新しい農法を学び、独特の方法を試す姿に、私は励まされた。人は書籍のみに学ぶべきに非ず、事実に即してこそ道は明らかになる。私も実地医療に徹することによって自分の医療の在り方を把《つか》みたいと考えるようになった。地域住民が貧しさのゆえに病気に偏り、医者が富裕に偏ってよいのか、農民の惨状を目の前にして、素朴な疑問が私をとらえた」。

読みながら思い起こしたのは父がいつも口にしていた言葉「枯れ木も山のにぎわい」であった。「貧しい人や農家の医療費の支払いが滞るのは致し方がない。みなさん、まじめに働いているのだ。外来診療に見えるだけでも待合室がにぎやかになる。ありがたいと思え」という言い分なのだ。これを語るとぼけた父の口調と、ほほ笑みながら聞き流す母の姿とが、おうようでユーモラスな光景として心に深く刻まれ、社会的に恵まれない人びとを大切に思う家庭の雰囲気は、私が医療者となっただけに、いまなお有り難く思っている。

（かたばみ・やすお／医師）

■〈連載〉沖縄からの声［第XIII期］1（初回）

戦後沖縄精神の腐食

伊佐眞一

日本の敗戦でヤマトにＧＨＱが君臨したとき、沖縄ではアメリカによる武力むきだしの軍事支配が始まった。昭和天皇と日本国政府――つまり、日本人の総意によって日本から分離された結果が、特異な沖縄戦後史を形成する。「捨て石」となった沖縄戦のあと、かろうじて生き残った住民の生活は、日本本土のそれとは、天と地ほども違っていた。破壊の限りを尽くした土地と死者のうえで、人びとは狭い痩せ地を這いずるように、ただ生命を維持するために生きる人間にもみえた。

　それでも、この人間集団は地獄の経験を境にして、ひと皮もふた皮もむけた住民共通の人生観を身に刻み込んでいく。

　思うに、よくもこれだけ長い年月、日米の政治力学がこの島々に集中し、人びとを抑圧し続けてきたのかと驚く。沖縄への社会的構造差別がみごとなほど浮き出ているのだ。「復帰」以後でいえば、一九九九年に沖縄中を震撼させた新平和祈念資料館を舞台にした展示改竄が、その一例である。沖縄戦を語る際、絶対に忘れてはならない事実を、稲嶺惠一知事と牧野浩隆副知事の県政が、沖縄研究の御用学者とともに、行政権力で意図的に隠蔽し、骨抜きにしようとした事件である。

　「反日的であってはならない」という知事発言が象徴していたように、日本軍による沖縄住民のガマ（避難壕）からの追い出し、食糧強奪、琉球語を使う者をスパイと見なしての虐殺、そして慰安婦の存在抹殺など、よくもこうまでと声を失うほどに記述が覆い隠されようとした。しかも、それが日本政府からの圧力もさることながら、沖縄人自身の積極的行動だった点に、ことの深刻さがある。まったくもって噴飯ものというしかない。

　こうなると、その後はどうなるか。「強制集団死（集団自決）」は、日本軍の強制ではないと文科省が教科書で大っぴらに開き直る。そして現在、戦死者の血と涙と遺骨の染み込んだ戦跡地の土砂を、あろうことか辺野古の新基地建設の埋め立てに使用するというにまで至っている。ここでも沖縄人が堂々たる役割を果しているが、沖縄戦の教訓はこのレベルにまで、倫理観が暴落してきているのである。

（いさ・しんいち／沖縄近現代史家）

連載　歴史から中国を観る　19

清朝の新疆統治

宮脇淳子

最後の遊牧帝国ジューンガルを滅ぼし、その支配下にあったタリム盆地を一七五九年に支配下に入れた清朝は、「新《しん》疆《きょう》（新しい領土）」と名づけたその地を、南北に分けて統治した。

北路あるいは準《じゅん》部《ぶ》と呼ぶジュンガル盆地とイリ渓谷には、直接的な軍政を敷き、イリ将軍の管轄下、八旗《はっき》満洲《まんしゅう》兵、八旗蒙古《もうこ》兵、緑営《りょくえい》兵（漢人部隊）を駐防させ、さらに今の中国東北部から、モンゴル系や満洲系の民族集団を家族とともに入植させた。

今、日常の話し言葉として唯一満洲語方言を使用している約三万人のシベ族は、このとき駐防兵としてイリに移住した満洲人の子孫である。

南路もしくは回部《かいぶ》は、満洲人大臣と少数の清軍が、現地人との接触を避けるため、各オアシスの城市の外に駐屯基地を設け、徴税を含む民政は、ベグ（伯克）と呼ばれる現地の有力者にゆだねられた。

イスラム教徒のベグたちは、征服に際して清軍に協力した者とその子孫だった。かれらは勲功に応じて、郡王、ベイレ、ベイセ、公など、宗室と同様の爵位を与えられ、各オアシス最高位の民政長官ハーキム・ベグに任じられたが、出身地には赴任させない回避の制が遵守された。

新疆駐屯軍を現地の徴税だけで維持することはまったく不可能であり、平時で年額約三〇〇両が内地から送られた。

北部は、イリに鋳造処を置き、内地と同じ制銭を発行したが、南の回部では、ムスリム農民と、駐在する清の官・兵との間だけに流通が限定される、現地産の銅を鋳造したプル銭を流通させた。

ハーキム・ベグは、一般人には禁止されていた辮髪《べんぱつ》をつけ、清朝の官服をまとい、駐屯軍の司令である旗人大臣たちに服属した。一方、モスクや聖者廟を修復し、マドラサ（学校）を創りワクフ（寄進財産）を設定し、ペルシア語文献をトルコ語訳するなど、文化的活動のパトロンの役割も果たした。清朝統治の初期には、農業生産の拡大と人口の増加が見られる安定した時代が、ひとまず出現したと言える。（みやわき・じゅんこ／東洋史学者）

連載　今、日本は　27

撃ちてし止まむ

鎌田　慧

夜半、目覚めて障子を開け、外を覗いてみた。眼の前にぼうーっと原発の白いドームが浮かんで見えた。航空機の衝突を防ぐための赤いランプが上空で点滅している。「怖い」と感じた。それが美浜原発、五〇〇メートル目の前の民宿に泊まった最初の印象だった。

　四〇年前の記憶だが、そのころ、美浜の海岸、丹生《にぶ》地区六六戸のうち、民宿が二〇戸、お寺さん以外は漁協の組合員だった。手漕ぎの小舟でアジ、サバ、タイ、ブリなんでも獲れた。夏は海水浴客で賑わった。原発反対派だった漁師のNさんは、すっかり諦めた表情でこういった。

「いずれ使い道がのうなって、廃炉になるというのは聞いとるけどなあ。一年でも長持ちしてほしい気持ちはあるわな」

原発工事によって目の前の漁場がなくなった。ナマコ、カキ、日本一と自慢だった真珠貝も絶滅してしまった。危険だとは思いながらも、事故はない、というのを信じるしかない。それに原発があったほうが地域のひとたちにおかねがはいってくる。依存がはじまった。

　そのころは原発の寿命は三〇年といわれていた。それが四〇年となり、四〇年を超えた美浜第三号は、六〇年にして六月下旬再稼働した。その頃六六歳だったNさんは、ご存命だったらどう仰有るだろうか。

　避難訓練が再稼動の条件だ。しかし、この狭く細長い日本列島のどこが原発立地の適地か。考えるだけムダだ。活断層だらけの地震大国。原発ばかりか、核廃棄物の捨て場さえどこにもない。

　「大阪万博の灯を原発で」が、美浜第一号炉の謳い文句だった。「原発事故からの復興の証」「コロナに勝利した証」が東京オリンピックのスローガンだ。

　「安全安心」が原発再稼働のスローガンであり、東京オリンピックもおなじ謳い文句である。「大東亜共栄圏」建設の満洲侵略は聖戦、五族協和、そして、「撃ちてし止まむ」。政治家の大言壮語ほど危険なものはない。

（かまた・さとし／ルポライター）

■連載・花満径　64

窓の月（三）

中西　進

屋外派の万葉びとにとって、屋内の窓の下での沈思は似合わない。いろいろな悲哀《メランコリー》は万葉びとにもあっただろうが、「窓越の月光」をめぐるそれはやはり普通ではなさそうである。「窓の月」を歌う万葉の歌とは、一体何者なのだろう。

　そこでわたしが明という漢字の篆書（五月号掲載）を見た時の印象も、ここで告白しなければならない。

　明の字の左部分、つまり漢字の日の部分が窓だった篆書文字を見た時、それは直観的に火灯窓《かとうまど》の形に見えた。

　屋内の明りとは、まずは火灯窓を通してさし込む光であり、屋外の闇に浮ぶ火灯窓は屋内のろうそくの炎《ほのお》をそのまま写した形だったのだろう。

　それでいて火灯窓は、われわれが今日知るかぎり、お寺の窓だ。こんな窓が、古代人が住み始めた粗末な家屋に、最初からあったとは思えない。

　もしかして「窓の月」とは、文学的イメージなのか。『源氏物語』も琵琶湖畔、石山寺の「窓の月」から誕生したか。

　紫式部はここに籠って湖上を眺めながら『源氏物語』を書き始めたという。しかも須磨の海上に「衾《ふすま》を張りたらむやうに光満ちて神鳴りひらめく」様子を、式部は夜の火灯窓越しに湖面を見ながら書いたことになる。

　この時、式部の手元を照らしていたのは、燭台《しょくだい》の炎だったろう。燭台の灯は、その相似形の窓から、窓明りを闇に投げかけ、逆に火灯窓は外の月光を、燭台の火と相似形にして屋内に届けていたことになる。

　おそらく窓をまず火灯の形に造るという心理も、そこにあるだろう。

　かくして窓は火灯形を離れても、月光や燭台の火の通路であることを忘れず、「窓の月」のイメージを文章の中に伝えつづけているようだ。

　異国の万葉びとも、とくに中国ゆかりの文字の歴史を背負って「窓越しに月おし照りて」と歌ったものか。文字が未知のイメージをもって文化を運んで来たらしいことに、わたしの驚きは大きい。

（なかにし・すすむ／国際日本文化研究センター名誉教授）

Le Monde

■連載・『ル・モンド』から世界を読む〔第II期〕59

EDFヘラクレスの敗北

加藤晴久

五月一五日付の社説のタイトルは「EDF改革 ヘラクレスの敗北」。

EDFはÉlectricité de France「フランス電力」の略号。政府が株式の八〇%を所有する事実上の国営企業である。

EDFの稼働中の原子炉五六基によってフランスは世界一の原発大国。ところが経営はうまくいっていない。四二〇億ユーロ（約五兆四〇〇億円）の負債を抱えている。さらに巨額の出資計画も控えている。老朽化している原子炉の修復費。今後一五年間で、新たに建設する原発に四六〇億ユーロ（約五兆五二〇〇億円）必要とされている。再生可能エネルギー革命への対応計画も策定しなければならない。

窮境を打開するために政府とEDFが二〇一八年に打ち出したのが「ヘラクレス計画」。

ヘラクレスはギリシア神話最大の英雄で、無数の武勇談の主人公である。ヘラクレスのように勇猛果敢に難局に立ち向かおうという意気込みである。

計画の骨子はEDFを、①原子力発電（株式一〇〇%国有）、②電力販売、再生可能エネルギー生産（株式公開）、③水力発電（特殊法人化）の三社に分割するというものである。

まず、最終的に民営化を意図していると組合が猛反対。各地の発電所でストライキ、ピケを張るなど執拗な抗議行動を展開している。加盟国への電力販売条件を巡るEU本部との交渉も進まない。

言わば朝令暮改、今年に入って政府は「ヘラクレス計画」を引っ込め、「大EDF計画」を唱え始めた。企業の一体性は崩さないという基本方針だが、具体的な方策はいまのところ示していない。

核エネルギー問題が、二〇二二年四、五月の大統領選の重要な争点になることはまちがいない。すでに保守・極右政党は原発断固維持。左派政党・与党はこの問題については内部分裂。マクロン大統領はいまのところ態度を鮮明にしていない（四月一六日付）。

政治家や労組の動きに比べて、一般国民の動向が伝わってこないのはどういうことか。

（かとう・はるひさ／東京大学名誉教授）

六月新刊

次の世へ、わが子へ…歌は祈りとともに

祈り

上皇后・美智子さまと歌人・五島美代子

濱田美枝子・岩田真治

美智子さまが皇室に入られる際の歌の指導をした歌人、五島美代子。その夫は、上皇さまの皇太子時代からの歌の師、五島茂。初めて胎動を詠んだ"母の歌人"の生涯を美代子研究の第一人者が初めてつぶさに綴るとともに、NHK「天皇 運命の物語」ディレクターが、美智子さまの御歌の世界を味わう。

カラー口絵8頁

四六上製　四〇八頁　二九七〇円

シベリア狩猟民が伝えた「いのち」をめぐる思索の旅

いのちの原点「ウマイ」

シベリア狩猟民文化の生命観

荻原眞子

図版多数

「ウマイ」とは、南シベリアを中心として、ユーラシアの東西の諸民族に広く共通する生命の母神。膨大なロシア語文献を渉猟し、シベリア全域の民族譚を掘り起こすとともに、アイヌのユーカラ、『源氏物語』、柳田国男「山人論」との類縁性を探る。後期旧石器時代から数万年、人類が繋いできた「いのちの原点」とは？

四六上製　二五六頁　二八六〇円

呼吸器系ウイルス感染症の第一人者の提言、第二弾

新型コロナ「正しく恐れる」II 問題の本質は何か

西村秀一　井上亮＝編

新型コロナ発生から一年余。リスクの「本質」をどう伝え、どう対策するのか？　いまだに発生当初と変わらない「不要」な対策が蔓延し、さらに「変異株」問題が過大に喧伝されるなかで、医療資源・病床利用、ワクチンへの評価、そして「リスクコミュニケーション」の必要性など、新型コロナ問題への「本質的」な対策を提言。

B6変上製　二五六頁　一九八〇円

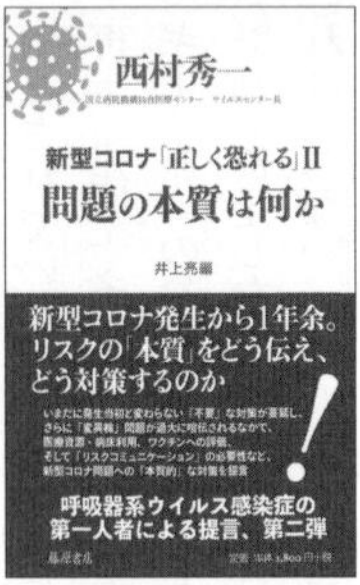

人生を賭け、命を削って番組を制作した者たち。

テレビ・ドキュメンタリーの真髄

制作者16人の証言

小黒純・西村秀樹・辻一郎＝編著

「人間」「時代」「地域」の真実を視聴者に届ける優れたテレビ・ドキュメンタリーは、いかにして生み出されているのか？　自らもメディアの現場に携わってきた編者陣が、ドキュメンタリーの名作を生み出してきた民放・NHKの熟練の制作者たちに深く斬り込む、必読のオーラル・ヒストリー。

A5上製　五五二頁　四一八〇円

読者の声

「アイヌ新聞」記者 高橋真■

▼人間「高橋真」の評伝であると同時に、膨大な資料を丹念に精査したアイヌ民族の歴史書であることに感銘を受けました。合田作品の大ファンを自認する私にとって、新たな宝物が又、あらたに一冊追加となりました。

（北海道　会社員　**庄原隆一**　67歳）

▼石原真衣氏の『〈沈黙〉の自伝的民族誌』を読んでいるところへ届きました。同書二二五頁に高橋真、『アイヌ新聞』が記されていましたので、その合致に驚いています。

（北海道　平取町議会議員　**井澤敏郎**　73歳）

金子兜太■

▼金子兜太という人の本格的評論はこれまでありませんでした。井口時男さんによってはじめて俳人金子兜太が解明されました。当代を代表する文芸評論家の力作です。感動の一巻です。

（東京　俳人　**黒田杏子**　82歳）

▼現代俳句とりわけ前衛俳句を理解するには金子兜太を通らなければなりません。その意味でこの本はとてもよくまとまっていました。私は眼からうろこでした。感動そのものでした。友人にも紹介して、買って読め！と便りしました。

（山形　絵手紙講師　**佐藤廣**　90歳）

いのちを纏う〈新版〉■

▼日本の風土から現れる独自の〈色の存在論〉の可能性を見たような作品でした。

　鶴見和子さんの語りは、社会科学としての内発的発展論を語る以上に内発性の深淵に触れていたように思われます。志村ふくみさんの語りに触れるのは初めてでしたが、大変感銘を受けました。

（東京　大学教員・研究者　**中野佳裕**　43歳）

▼この本を拝読し近年虚飾の多い言葉の書物が占める中、お二人が自然・人間・きもの・思想を御自身の言葉の真髄で語られたことは大きな感動と感謝でございました。

　このような語りつぐべき立派な書物を発刊された藤原書店様に敬意を表したく存じます。

　私共の時代に日本の誇るべききもの文化を衰退させたことにも責任を感じます。

（千葉　主婦　**清宮香子**　93歳）

愛してくれてありがとう■

▼自粛生活の長引く中、一気に読み終えました。玉井会長の壮絶な生き様に感動しました。

　元気で生かされている事に感謝して残された日々を有意義に過したいと思います。ありがとうございました。

（大阪　主婦　**岡田多根子**　85歳）

民衆と情熱Ⅱ■

▼御社発行のミシュレの本は全て購読させていただき、この本も高額のため、しばらく躊躇しておりましたが、結局入手しました。

　やはり、こういう本は入手しておくべきです。こういう本を出版できる御社に敬服します。

（埼玉　**小川恒夫**　69歳）

シマフクロウとサケ〈絵本〉■

▼NHKラジオ深夜便で宇梶静江さんの対談（一月二十一日）を聞くことが出来て、本を購入出来ました。

　一四枚の布絵、一枚一枚には愛情の深さや大地の力強さが見えます。

　図案、配色を考えるだけでも大変なことですし、心のこもったやさしさ、温かさを感じています。パッチワークをしている私の大切な絵本です。

宇梶さんの年齢まで針が持てるようがんばります。

宇梶さん呉々も御自愛下さい。ありがとうございました。

（広島　主婦　冨中百合子　71歳）

▼アイヌ民族の神を拝する習慣が美しい古布絵で見られました。

単なる古布絵ではなく、伝統のアイヌ刺繍に感動しました。ＤＶＤもさっそく注文いたしました。

（千葉　主婦　山口真美子　63歳）

シマフクロウとサケ（絵本＆ＤＶＤ）■

▼アイヌの文化は難しいと思いましたが、絵本、ＤＶＤを見てアイヌの文化を知り、近づくことができました。アイヌの言葉が入っていて、雰囲気がよく伝わりました。

（鳥取　森本寛子　78歳）

ベートーヴェン　一曲一生■

▼一曲一生というタイトルにひかれました。ただ内村〔鑑三〕の美と義をBeethoven解釈に即自的にあてはめた点、疑問になる。美は物ではなく想像界で、逆に義は現実界で美しくない。そこから想像界から現実にもどった時の落差、いわば挫折感が再度Beethovenに新たな作品＝美を創造せしめたと思います。本書が外国語に翻訳され広く注目を集められんことを願います。

（東京　山下順吉　70歳）

▼『ベートーヴェン　一曲一生』を読ませてもらいました。

私は弦楽四重奏第14番と16番が好きです。なぜなら14番は「求道」、16番は「悟り」であると解釈しています。ベートーヴェンの最晩年は神中心でなく人間の心の中を作曲したと思っています。

（大阪　関西学院大学文学部哲学科卒　野々村秦明　81歳）

▼「ベートーヴェン生誕二五〇年」と「コロナ禍」とを併せた企画の勝利だと思いますが、新保先生は本企画に最適の著者であると感じます。

（東京　会社員　山崎一樹　60歳）

▼私が大学生の時代、上野松坂屋の裏でコーヒーを飲みながらの六〇余年前思い出しました。友人と一緒に、いつも「運命」と「田園」の曲が大好きで、人生に心意気を感じ、明日の気力に大変役立ちました。

今般新聞広告を見て近所の書店に発注いたしました。ベートーヴェンの人生経路について全く無知でありました。本書を読んで、本当に苦労の連続で名曲が発表されたことを知りました。

（茨城　元経営コンサルタント　横田守　84歳）

ディスタンクシオン〈普及版〉（全二分冊）■

▼ここ三カ月ほど『ディスタンクシオン』の読書会をしていたので、普及版が出て幸いでした。

（千葉　司書　子安伸枝　42歳）

▼普及版の刊行、どうもありがとうございます。

線を引きながら読まないと頭に入らない性分なので、たいへん助かります。

これから、じっくり拝読するのが楽しみです。

（東京　美術館職員　貝塚健　61歳）

虚心に読む■

▼『「二回半」読む』同様、本書を拝読すると、読みたい本が増えてしまい、困ってます（笑）。

コロナ禍、在宅ワークも多くなり、本書を読みながら、次は何を読もうかと頭を使っています。

五郎さんの文書、文章は、非常に読みやすく、すっと心に入って来ます。第三弾の出版を期待しています。

いつもありがとうございます。

（大阪　地方公務員　安藤馨　56歳）

人生の選択■

▼この絵本には、デーケン先生のライフワーク、「死生学」への道のりが記されている。四歳の妹の死、間一髪で命拾いした戦争体験、日本二十

六聖人殉教者やフランシスコ・ザビエルとの縁……巻末には、先生の著書の紹介もある。進み続ける日本の高齢化社会の中、穏やかな最期への第一歩が、この絵本の中にある。

（兵庫　浦野美弘　63歳）

世界の多様性■

▼家族の構造をわかりやすく説明してくれた。何度も読み返すべき本である。

（神奈川　会社員　劉海龍　39歳）

日本を襲った
スペイン・インフルエンザ■

▼藤原書店の本は高い。ゆえに価値あり。年に一、二回しか買えない。が、本書も著者、関係者に深々と敬意を表します。但し、印字が薄くてルビは全く読めず、力作の〈注〉も途中から疲れて読むのをやめました。私の目が衰えたのかもしれませんが、著者に申し訳なく思います。

（神奈川　住職　髙橋芳照　77歳）

▼亡き母からスペイン風邪の話をよく聞いていた。群馬の貧しい小さな村で、しかも六歳の女の子がなぜどうしてスペイン風邪の悲しさを死ぬまで持ち続けたのか不思議だった。本書を読んでかなり理解できた。

この大作。しかも出版されてよかった。

出版社の現在の大変な中でこれだけのものを活字としてのこして下さったことに感謝します。もちろん著者にも。

（埼玉　フリージャーナリスト　西沢江美子　80歳）

▼この著作をきっかけに数多くの歴史的事実を学び、また再確認することが出来ました。日本や海外でも偉大な人物が亡くなっています。詩人のアポリネール、画家ではクリムトやエゴン・シーレ、そして社会学者のマックス・ウェーバー……。

一九一八年六月にはロシアの大作曲家プロコフィエフが来日していますが、彼は同年の八月のはじめに南米へ向けて出発しましたから、日本でのスペイン風邪の流行による難からはあやうく逃れられたとも言えるでしょう。

いずれにしても〝調査研究の圧倒的金字塔〟……このような名著や貴社の仕事こそ、まさに研究者にとっての canon（規範）です。

（神奈川　作曲家・秋草学園短期大学教授　大輪公壱　62歳）

※みなさまのご感想・お便りをお待ちしています。お気軽に小社「読者の声」係まで、お送り下さい。掲載の方には粗品を進呈いたします。

書評日誌（五・一〇～五・二九）

(書)書評　(紹)紹介　(記)関連記事　(イ)インタビュー　(TV)テレビ　(ラ)ラジオ

五・一〇　(紹)公明新聞「中国の何が問題か?」

(紹)日本記者クラブ会報「政治家の責任」（「マイBOOKマイPR」／「劣化を招いた政治の変容」／老川祥一）

五・一四　(記)毎日新聞「苦海浄土」（「コロナ下こそ『苦海浄土』を」／豊崎香穂理（家事手伝い））

五・一五　(書)日中友好新聞「セレモニー」（西）

五・一六　(書)読売新聞「パンデミックは資本主義をどう変えるか」（「『人間形成』重視の可能性」／瀧澤弘和）

五・一七　(紹)公明新聞「ワクチン　いかに決断するか」

五・二五　(紹)現代女性文化研究所ニュース「政治の倫理化」

五・二六　(紹)北海道新聞「後藤新平の会」（大沢祥子）

五・二六　(紹)朝日新聞（夕刊）「後藤新平の会」（「read & think　考える」）

五・二九　(記)プレス空知「後藤新平の会」（「方波見氏に後藤新平賞」／「地域や国家の発展に寄与　60年以上医療に従事」／伊藤俊喜）

八月新刊予定

＊タイトルは仮題

著者渾身の書下ろし二五〇枚！

中村桂子コレクション いのち愛づる生命誌 全8巻

7 生《な》る ［第7回配本］

宮沢賢治で生命誌を読む

「土神ときつね」「セロ弾きのゴーシュ」……自然を〝物語る〟天才、宮沢賢治の作品は、生命誌（バイオヒストリー）とぴったり重なる。様々な問題を抱え転換点を迎えるこの社会の新しいあり方を考える上で、不可欠な視点である。〈解説〉田中優子〈往復書簡〉若松英輔・中村桂子〈月報〉今福龍太／小森陽一／佐藤勝彦／中沢新一

詩人としての高群逸枝の全体像の初の成果

別冊『環』㉖ 高群逸枝 *1894-1964*

女性史の開拓者のコスモロジー

恋愛、婚姻、性、母性……様々な問題意識の中で読み解きうる高群逸枝の業績と思想。日本における母系の系譜を丹念に辿った女性史家であり、詩人であった高群逸枝の全貌を、小伝、短歌や詩、女性の歴史、同時代人の関係などから浮彫る初の成果。

Ⅰ 高群逸枝の生涯 山下悦子「小伝」他
Ⅱ 高群逸枝のコスモロジー 芹沢俊介「高群逸枝の歌、詩」／丹野さきら他
Ⅲ 高群女性史の成果と課題 南部昇／西野悠紀子／義江明子／服藤早苗他
Ⅳ 高群逸枝 新しい視点から 上村千賀子他
Ⅴ 高群逸枝はどう読まれているか 蔭木達也他

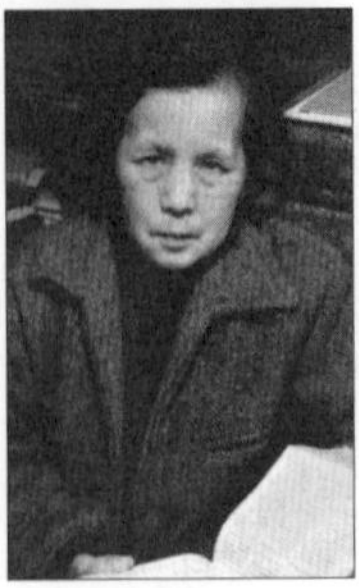

幕末から明治初年、異貌の僧侶、初の評伝

文明開化に抵抗した男 佐田介石 *1818-1882*

春名 徹

幕末から維新期、強烈な伝統主義の立場から、仏教的天動説や自給自足論、「ランプ亡国論」を唱導し、異彩を放った僧侶にして思想家、佐田介石（一八一八—八二）。「開化」に真っ向から抵抗した佐田介石の生涯と言動を通じて、圧倒的な西洋化に土足で蹂躙される近代日本の苦闘を裏面から照射する。

昭和十、二十年代の浅草の風景と人情

「かもじや」のよしこちゃん

忘れられた戦後浅草界隈

西舘好子 図版・写真多数

戦後まもない浅草橋界隈には、まぎれもなく人間の生活があった。何もなかったけれど、〝人という宝物〟の人情に満ちた〝本当の生活〟のただ中にいた〝よしこちゃん〟。好奇心いっぱいの小さな〝よしこちゃん〟が見た、浅草橋の町の記憶と歴史をつぶさに綴る。

7月の新刊

タイトルは仮題、定価は予価。

テレビ・ドキュメンタリーの真髄 ＊
制作者16人の証言
小黒純・西村秀樹・辻一郎＝共編著
Ａ５上製　五五二頁　四一八〇円

漢字とは何か ＊
日本とモンゴルから見る
岡田英弘
宮脇淳子＝編・序　樋口康一＝特別寄稿
四六上製　三九二頁　三五二〇円

何があっても、君たちを守る ＊
――遺児作文集
「天国にいるおとうさま」から
「がんばれ一本松」まで
玉井義臣・あしなが育英会 編
まえがき＝玉井義臣　跋＝岡嶋信治
四六変判　三一二頁　一七六〇円

8月以降新刊予定

中村桂子コレクション　いのち愛づる生命誌（全8巻）
7 **生《な》る** ＊
宮沢賢治で生命誌を読む
〈解説〉田中優子
往復書簡＝若松英輔・中村桂子
〈月報〉今福龍太／小森陽一／佐藤勝彦／中沢新一
口絵2頁

金時鐘コレクション（全12巻）　内容見本呈
3 **海鳴りのなかを** ＊ 〔第7回配本〕
長篇詩集『新潟』ほか未刊詩篇
〈解説〉吉増剛造
〈月報〉森澤真理／島すなみ／金洪仙／阪田清子

「かもじや」のよしこちゃん ＊
忘れられた戦後浅草界隈
西舘好子

文明開化に抵抗した男　佐田介石 1818-1882 ＊
春名徹

別冊『環』㉖
高群逸枝 1894-1964 ＊
女性史の開拓者のコスモロジー
芹沢俊介・服藤早苗・山下悦子 編

私のパリ日記（全5分冊）
パリ特派員が見た現代史記録1990-2020
山口昌子
1 **ミッテランの時代**
（一九九〇年五月～九五年四月）
内容案内呈

好評既刊書

新型コロナ「正しく恐れる」II
問題の本質は何か ＊
西村秀一　井上亮＝編
Ｂ６変上製　二五六頁　一九八〇円

祈り ＊
上皇后・美智子さまと歌人・五島美代子
濱田美枝子・岩田真治
四六上製　四〇八頁　二九七〇円
カラー口絵8頁

いのちの原点「ウマイ」 ＊
シベリア狩猟民文化の生命観
荻原眞子
四六上製　二五六頁　二八六〇円

草のみずみずしさ
感情と自然の文化史
アラン・コルバン
小倉孝誠・綾部麻美訳
四六上製　二五六頁　二九七〇円
カラー口絵8頁

ゾラの芸術社会学講義
マネと印象派の時代
寺田光徳
Ａ５上製　六二四頁　六三八〇円
カラー口絵8頁

風土自治
内発的ローカリズムの系譜と未来
中村良夫
四六上製　四四八頁　三六三〇円

資本主義の破局を読む
市民社会が発動する暴力を問う
斉藤日出治

＊の商品は今号に紹介記事を掲載しております。併せてご覧戴ければ幸いです。

書店様へ

▼6月刊『**新型コロナ「正しく恐れる」II　問題の本質は何か**』が出足好調です。『**ワクチン　いかに決断するか**　1976年米国リスク管理の教訓』、『**ウイルスとは何か**　コロナを機に新しい社会を切り拓く』、『**戦後行政の構造とディレンマ**　予防接種行政の変遷』、『**日本を襲ったスペイン・インフルエンザ**』等、関連書籍とともに是非大きくご展開を！▼6／26(土)『毎日』にて、本村凌二さんがアラン・コルバン『**草のみずみずしさ**　感情と自然の文化史』を絶賛書評！　在庫のご確認を。▼6／20(日)『北海道』、6／18(金)『読売』北海道版にて合田一道さんの『**アイヌ新聞」記者高橋真**　反骨孤高の新聞人』を紹介。▼6／15(火)BSフジ「BSフジLIVEプライムニュース」にて、橋本五郎さんが、中村桂子・村上陽一郎・西垣通三氏の鼎談『**ウイルスとは何か**』を紹介。▼6／11(金)『日経』夕刊「くらしスクープ　飲み会、歴史ひもとく」にて、『**「共食」の社会史**』著者原田信男さんインタビュー記事。（営業部）

各紙誌で紹介、話題に！

老川祥一
政治家の責任
【政治・官僚・メディアを考える】

「今日の政治の混乱が何によって起こっているのかがよくわかる」（5／8毎日・渡辺保氏評）ほか、5／9読売（加藤聖文氏評）、7／9週刊ポスト（山内昌之氏評）など各紙誌で絶賛、大反響！

宇梶静江さん

北海道新聞「私のなかの歴史」「アイヌ力を出せ」（全20回）7／5～30掲載

玉井義臣さん

日本経済新聞「人間発見」「遺児の心にかける虹」（全5回）6／28～7／2掲載

第17回 河上肇賞（最終募集）

◎優れた未発表論考を本にする、画期的な出版賞。
【審査対象】12万字～20万字の日本語による未発表の単著論文（一部分既発表でも可）。経済学・文明論・文学評論・時論・思想・歴史の領域で、狭い専門分野にとどまらない広い視野に立ち、今日的な観点に立脚し、散文としてもすぐれた作品。
【提出〆切】二〇二一年八月末日　必着
＊今回が最終回となります。

出版随想

▼〝知の巨人〟と謳われた立花隆氏が今春亡くなられた。氏との出会いはなかったが、かつて氏の「田中角栄研究」が大評判になった時、清水（幾太郎）研究室で編集長の田中健五氏の講話を聞く機会があった。出版界に入って間もない時であったが、立花氏にこういう仕事をさせた田中健五という男と〝文藝春秋〟という会社の人の育て方に興味を覚えた印象がある。

▼一九九八年暮に、小社から白木博次著『冒される日本人の脳――ある神経病理学者の遺言』という書を出版した。著者白木博次氏（一九一七―二〇〇四）は、神経病理学のパイオニアであり、国際神経病理学会会長も歴任された方である。氏との出会いは、九七年夏の頃であった。氏の肩書きが、元東京大学医学部長とあるのを不審に思い尋ねてみた。「私は、東大紛争の時に医学部長になりましたが、一度も学部長室の椅子に腰を下ろしたことなく、あんなバカな学生と付き合う時間がないと思い、学部長を下り、定年前に東大を辞めました。」「その後、自宅に私設の白木神経病理学研究所を作りましたが、その翌日から家内は保険の外交員として働き、一家を支えてくれました。」と。それから白木先生とは、毎週のように御宅にお邪魔し、先述した本を一気に作り上げた。白木先生は、生涯を賭けて、「白木四原則」を軸に自然科学の手続きを踏みながら、その手法の限界を超える「医の魂」から、水俣病、スモン、ワクチン禍の三大裁判に長年に亘って証言を続けられた。

▼翌年二月一八日号の『週刊文春』で立花隆氏は、次のようにこの書について言及した。『冒される日本人の脳』を読んで、この著者に対する認識を根本的に改めさせられた。白木博士は、医学部からはじまった東大紛争の渦中の人物である。あの頃学内の立看板を読むかぎり、極悪人としか思えないような教授だった。しかしこの人は、三大裁判で患者側に立って闘いつづけてきた大変な人なのである。……水銀汚染の激しい日本人はみな潜在性の水俣病になりつつあるという恐るべき警告を、七二年に衆院の社会労働委員会で行っている。……このような警告を真剣に聞かなかったとがめがいまきているわけだ」と。合掌。（亮）

しまう。

音のままローマ字で書き表わせば、ほかの地方の人にはまったく意味がわからないものになってしまう。

ということは、発音による表記を推し進めると、「秦《しん》の始皇帝《しこうてい》」以前のシナに戻ってしまい、中国の国内でのコミュニケーションはとれなくなってしまうことになる。つまり、これは口語文をどんどん推し進めてゆくと、「中国語」というものの存在がなくなってしまうということにほかならない。ここに来て、中国語の近代化は頓挫を迎えたのである。

それでは、文学革命で胡適《こせき》が提唱し、魯迅《ろじん》が初めて実験した「白話」、すなわち口語文学は成功したのだろうか。はっきり言って、これは失敗であった。これは漢字が表意文字であり、その漢字を唯一の伝達の手段とする限り、本当に話し言葉に密着した文章は不可能なのだから当たり前であるが、失敗のもう一つの原因は、中国語の方言のあいだの大きな差異によるものであった。つまり白話文学の作者が、文体を自分の話し言葉に近づければ近づけるほど、他の方言の話し手には難解になってゆくのが宿命なのである。つまり古文から白話に変わっても、難しさはたいして変わらないのであり、かえって中国全土に通ずる普遍性が減退することになる。そこで白話とは言っても、実際は読みやすさのために妥協して、古文の伝統的な語法を大幅に取り入れなければならない。結局のところ、白話とは新しい古文にほかならず、やはり高度に人工的な伝達の手段であり、自然言語としての中国語から遊離した語彙と文法を持ち、特別の訓練を経なければ読み書きは容易でない。

今日の大陸における中国語の状況はどうなっているのか——簡単に言えば、旧来の漢文の位置を、北京語を基にした「普通話《プートンホワ》」が占めるようになったということである。

毛沢東は先ほども書いたように、識字率を上げるために中国語のローマ字化を進めようとした。それは結局、地方ごとに違いがあり過ぎて、「話すように書く」と、その地方の人間にしかわからない文字になってしまうという状況を生み出すだけだとわかった。

そこで、今ではローマ字表記への転換を断念して、漢字（簡体字）を用いるということになっている。といっても、地方の言葉には漢字の当てようのないものが多いから、「話すように書く」と言っても、結局は外国語で書くのと大差ないことになる。

また、漢字を使用するために識字率がなかなか向上しないというのも悩みの種である。

ユネスコの統計によると、中国の識字率は九〇パーセント以上とされているが、これは当てにならない。というのも、ユネスコの基準では、自分の名前が読み書きできれば合格とされるからで、非常に甘い数字と言わざるをえない。

また、中国共産党中央委員会の機関紙『人民日報』の発行部数は、一九七二年末でわずか三百五十万部だった。当時の中国の人口は八億〜九億だったので、二百数十人に一部の割合になる。

もちろん新聞は『人民日報』だけではなく、中央紙としてはほかに『光明日報』や『解放軍報』

もあるし、一級行政区にはそれぞれの地区の党委員会の機関紙もある。それにしても人口一億の日本で、一九七四年下期には全国で総計三千二百二十二万五千四百六十三部（朝刊のみ）の新聞が発行されていたのと比較すると、中国で新聞が読める人がいかに少ないかが想像される。読むのよりむずかしい書くほうに至っては、能力のある人の数はなおさら少ないと見なければならない。

中国においては、まだまだ文章、それも公用語の普通話が読み書きできるのは、全体のなかのごくごくわずかな人間しかいないということになる。そして、それができる人が新たな知識階級になりつつあるということであろう。

広大な中国を、一つの政府が支配し続ける限り、中国語をめぐる問題は解決しない——私はそう確信しているのである。

追記　二〇二一年現在、『人民日報』の発行部数は約二三〇万部のほか、ウェブサイト版「人民網」がある。人口は約十四億一千万人である。

表1　主な和製漢語一覧

●欧米の語彙をもとに日本でつくられた語

亜鉛　暗示　栄養　遠足　大熊座・小熊座　温度　概算　概略　会談　会話　回収　改
訂　拡散　活躍　関係　観点　間接・直接　寒帯　基準　義務　協会　共鳴　強制　金婚
式・銀婚式　緊張　空間　契機　経験　系統　化粧品　原則　現役　現実　現代　効
果　高潮　肯定　国教　固定　採光　雑誌　作用　紫外線　時間　時候　刺激　指導　実
感　失恋　資料　宗教　集団　出版　出版物　常識　承認　進度　新聞記者　制限　清
算　性能　石油　積極　絶対　接吻　宣伝　総合　促進　体育　体操　大気　代表　対
象　単位　探検　単行本　電池　伝統　農作業　背景　否定　否認　必要　批評　評
価　標語　不動産　方式　本質　蜜月　目的　目標　理想　理念　了解　類型
運動　改革　階級　解放　幹部　議員　議院　議会　企業　協定　共産主義・社会主
義　業務　共和国　金融　銀行　組合　警察　景気　経済恐慌　軽工業　決算　権威　現
金　公民　広告　工業　下水道・上水道　高利貸　国税　債権　債務　施工　施行　思
想　市長　自治領　指数　事務員　実業　資本家　社会　重工業　手工業　消費　商

業　証券　情報　所得税　人権　信託　進歩　人民　政策　生産手段　政党　選挙　総理　総領事　代議士　通貨収縮　通貨膨張　闘争　同志　法人　無産階級　輸出　立憲　労働組合　労働者

基地　軍国主義　国際　最恵国　将軍　退役　領海　領空　領土　冷戦

幹線　航空　終点　出発点　乗客　速度　鉄道　電車　電信　電報　道路　飛行機

医学　遺伝　意訳　概念　科学　化学　学校　学生　仮定　帰納　擬人法　客観　教育学　教科書　教養　経済学　形而上学　原子　原理　元素　建築　講演　講座　講師　光線　光年　酵素　固体　質量　社会科学　主観　進化　進化論　心理学　水素　成分　退化　単元　蛋白質　窒素　抽象　直径　定義　哲学　電子　電波　電流　図書館　物質　物理学　平面　方程式　放射　母校　密度　唯心論　唯物論　要素　理論　倫理学　論壇　論文　論理学

黄熱病　化膿　看護婦　神経衰弱　伝染病　百日咳　病院　保健

演出　歌劇　喜劇　銀幕　芸術　劇場　図案　展覧会　美術　舞台　漫画

●日本語をそのまま採用した語

入口・出口　市場　大型・小型　奥巴桑（おばさん）　海抜　簡単　巨星　金額　権限　堅

持　公認　公立・私立　克服　故障　参観　支配　支部　実験　実績　失効　重点　就任　成員　組成　大局　但書　榻榻米（たたみ）　立場　単純　手続　取消　内服　日程　場合　場所　備品　広場　服務　方針　見習　明確　流感　財閥　不景気　学会　記号　自殺　引渡　原作　作者　茶道

●日本製の音訳をそのまま使った語

瓦斯（ガス）　珈琲　基督（キリスト）　基督教　倶楽部　混凝土（コンクリート）　浪漫（ロマン）

●日本製漢字（国字）をそのまま使った語

屯（トン）　糎（センチ）　粍（ミリ）　哩（マイル）　腺

●古代漢語からとった和製語

意義　経費　印象　鉛筆　交際　環境　機関　記録　抗議　節約　分配　気質　気分　規則　規範　偶然　計画　現象　交換　主食　消極　条件　信用　世紀　精神　想像　相対　組織　素質　知識　道具　同情　能力　発明　反対　美化　悲観　標本　服用　保障　身分　理事　文化　文明　予算

階級　綱領　労働　専売　右翼・左翼　共和　主義　生産　輸入　投機　演説　会計　自
由　憲法　時事　資本　社会　登記　封建　法律　保険　民主　民法　演習　革命　侵
略　事変　信号　交通　医学　意識　遺伝　教授　博士　具体　科目　経済　学士　学
府　課程　思想　神経　分析　理性　物理　文学　分子　法則　理論　胃潰瘍　衛生

中国人はなぜ対句を好むか

中国人の漢字認識の態度の特徴をよく示すのは、対語を好むということである。中国人には古くから、単一は不完全なもの、二つが親み合わさって完全になる、という感じ方が強くあり、贈り物をするにも必ず「双《シュワン》」で、同じ物を二つ揃えて贈りたがるし、室内装飾でも、壁にかける軸は必ず二本、対称の位置に下げる。そればかりか、「対《トイ》」とは、「まさにそうあるべき状態にある」ことを意味するほどである。したがって、漢字についても「対」を好むことは日本人の想像を超えるものがあり、固有名詞を表す字面についても対を作って楽しむ傾向がある。

胡適《こせき》（一八九一〜一九六二）は、一九一七年、『新青年』に「文学改良芻議《すうぎ》」を発表して白話《はくわ》（口語）文学を提唱し、文学革命の幕を切って落とした人だが、この論文で胡適は古文を攻撃して、期待される新文学の条件として八つの事項を挙げた。この「八不主義」の第七が、「対句を用いない」という原則であった。これにこたえて魯迅《ろじん》の『狂人日記』が出現するわけであり、やがて一九一九年の五・四運動にも結びついてくる。

ところがその同じ胡適が、日本降伏後の一九四六年、母校の北京大学の校長に任ぜられたころ、学生たちが「孫行者」を題として対語を募集したことがあった。「孫行者」は、『西遊記』で活躍する斉天大聖孫悟空《せいてんたいせいそんごくう》にほかならない。

このときの一等入選作は「胡適之」だった。「適之」とは胡適の字《あざな》である。

この対のうまさを説明すれば、まず第一字の「胡」と「孫」とを連ねると「胡孫」となって、これは正にサルを意味する熟字であること、第二字の「行」も「適」も場所の移動を意味すること、第三字の「者」も「之」も助詞を表すために用いられること、である。このように各字がそれぞれ完全に対応するばかりでなく、文学革命の英雄として、学生たちの畏敬おく能《あた》わざる現職の校長先生と、お伽話の英雄の仙猿との取り合わせの意外性——これが上等の対語の身上なのであって、対応の巧妙がこの域に達したものを「絶対《シユエトイ》」と呼ぶ。もうこれ以上の対は考えられない、これで打ち止め、という意味である。

胡適をはじめとする『新青年』の同人が多く教壇に立ち、文学革命の拠点となったその北京大学で、三十年後の白話文学一色の時代の学生たちが、こともあろうに文学革命の張本人である胡適を題材にして「八不主義」が反対した対句遊びにふけるというのは大きな皮肉である。が、さらに、もって中国人が、固有名詞に接するときでさえ、まずその意味を認識することの例証とすることができよう。

魯迅の悲劇

「読書人」の家に生まれる

魯迅《ろじん》は本名を周樹人《しゅうじゅじん》と言い、浙江《せっこう》省の杭州湾の南岸の紹興《しょうこう》の町に一八八一年（明治十四）に生まれた。紹興酒の産地だが、家は代々「読書人」の家柄だった。この「読書人」というのは、日本語とは非常に意味が違うので説明を要する。シナの「読書人」とは、漢字を習って、「科挙」の試験を受けて役人になるか、あるいはなろうとする人たちのことを指す。

魯迅の郷里の紹興は上海《シャンハイ》語圏の一部だが、もともと北方語と結び付いて発達してきた漢字は、上海語とはなじまない。だから、浙江省人にとっては外国語に等しい北方語を通じて漢字を習うことになる。つまり、魯迅の習う漢字の一つひとつに当ててある音は、極端に言えばその字の名前であって、彼の日常語とは関連のない、無意味な音だったのである。

「読書人」への教育

魯迅の祖父は、皇帝の御前で行なわれる科挙の最高試験にパスして北京で役人をしていた。しかし、魯迅の父は、何度受けても浙江省都の杭州での試験に落第していた。この父の思い出を、のちに魯迅が「五猖会《ごしょうかい》」という短篇に書いているが、これは紹興城外の遠くの町の祭礼を見物に船で出かける早朝の情景である。

図4 魯迅(1881-1936)

当時七歳の魯迅は興奮して、笑ったり跳んだりしていた。そこへ父が出てきて、「お前の書物を持っておいで」と静かに言った。書物というのは、塾に上がったばかりの魯迅が最初に習い始めた『鑑略』というもので、シナ史上の故事を四字句でずっと列ねたテキストのことである。父は魯迅にそれを一句一句読ませた。読むといっても、テキストを見ずに暗誦するのだが、これがまったく意味がわからない。

粤自盤古《えつじばんこ》　生于太荒《せいうたいこう》
首出御世《しゅしゅつぎょせい》　肇開混茫《ちょうかいこんぼう》……

こういうテキストは、先生のあとについて一句ずつ思い切り大声で棒読みをし、それからテキストを伏せて、一字ずつ大きく紙に書くもので、意味の解説なんぞいっさいない。これがシナ古来の教育法なのである。魯迅の父はその進み具合を試験したのだ。

父は、「そらでいえるまで読んでごらん。暗誦ができなかったら、祭礼を見にいってはならん」と言うと、部屋を出ていってしまった。頭から冷水を浴びせられたような気がした魯迅は、仕方なく、みんなを待たせて死に物狂いの糞暗記をし、やっと祭礼に行くことを許してもらった。しかし、一同の喜びと誇りとは反対に、水路沿いの風景も、重箱のごちそうも、祭礼のにぎわいも、もはや魯迅にはおもしろく感じられなかった、というのが結末である。読書人の家庭に育つというのは、こういうことなのである。

ところが魯迅が十三歳のときに、祖父が人のために科挙の試験官に手心を頼みこんだことがばれてしまった。これは日本でセンター試験の問題を洩らすのと同じくらいの重罪で、祖父は投獄されて死刑を待つ身となり、毎年秋の死刑執行期ごとに、執行を延ばしてもらう運動費だけでもたいへんで、一家はたちまち没落して、幼い魯迅は母の実家に預けられ、そこで乞食とさえ呼ばれるようになった。その上、かねてアヘン中毒だった父が病に倒れ、薬代がかさみ、魯迅は質屋通いをしなければならなくなる。こうしてティーン・エイジにして、魯迅は人情の裏表を見てしまったのである。

大家の坊ちゃんとしてちやほやされていた身分から、一夜にして人にさげすまれ、つけこまれ、踏んだり蹴ったりの立場になったのだが、漢人はこの点、日本人よりはるかに酷薄で、手のひらを返すような仕打ちを平気でやる。これは文明の古さのおかげで、すれっからしになっているからで、いまだに部族社会のしっぽを引きずっている温情主義の日本人とは違うのである。

日本留学へ

そのうちに父が病死したため、魯迅は十八歳で南京《ナンキン》に出て、授業料のいらない江南水師学堂（海軍兵学校）の管輪科（機関科）に入った。船の罐《かま》焚きになる教育を受けたのだが、その程度がひどく低い。それで翌年、同じ南京の江南陸師学堂（陸軍士官学校）の付属の鉱務鉄路学堂（鉱山鉄道学校）に入り直し、二十二歳で卒業し、日本へ留学に派遣された。

どうもこの頃、母の命令で、縁続きの朱家の安という名前の娘と婚約したらしい。いくら官費留学とはいえ、いろいろ金のかかることもあるし、朱家から資金を出してもらったのではないかという推測もされている。

とにかく魯迅は、一九〇二年（明治三十五）、東京に着き、牛込で嘉納治五郎《かのうじごろう》がやっていた漢人留学生のための弘文学院に入り、日本語と、南京で始めていたドイツ語をあらためて学ぶことになった。

この頃の留学生の生態は、有名な「藤野先生」の一篇に簡潔に描かれている。


東京も格別のことはなかった。上野の桜が満開のころは、眺めはいかにも紅《くれない》の薄雲のようではあったが、花の下にはきまって、隊を組んだ「清国留学生」の速成組がいた。頭のてっぺんに辮髪《べんぱつ》をぐるぐる巻きにし、そのため学生帽が高くそびえて、富士山の恰好をしている。なかには辮髪を解いて平たく巻いたのもあり、帽子を脱ぐと、油でテカテカして、少女の髪にそっくりである。これで首でもひねってみせれば、色気は満点だ。

中国留学生会館の入口の部屋では、本を若干売っていたので、たまには立ち寄ってみる価値はあった。午前中なら、その内部の二、三の洋間は、そう居心地は悪くなかった。だが夕方になると、一間の床板がきまってトントンと地響きを立て、それに部屋じゅう煙やらほこりやらで濛々《もうもう》となった。消息通にきいてみると「あれはダンスの稽古さ」ということであった。

ほかの土地へ行ってみたら、どうだろう。

そこで私は、仙台の医学専門学校へ行くことにした。

（以下、この項の引用の訳文は、原則として増田渉《わたる》・松枝茂夫・竹内好《よしみ》編集『魯迅選集』全十三巻、岩波書店、一九五六、による）

ここに表われているのは、典型的なカルチュア・ショックの症状である。カルチュア・ショックの一つのタイプは、同国人同士固まりたがることで、もう一つのタイプは、逆に同国人を避けて、その土地の社会に同化しようとすることである。ここで魯迅がほかの漢人留学生たちの集団行動に示している嫌悪の情から判断すると、魯迅はどうもあとのほうで、そのためにわざわざ漢人のいない仙台に移ったもののようである。

留学生が日本で感じた解放感

ところで問題は、こうした同化型の留学生にかならずと言っていいほど起こる、性意識の変化である。だいたい外国に留学すると、そこの社会の性のタブーが厳しい場合でさえ、自分の本国では予想もしなかったような性関係が発生しがちである。これは留学生自身が、一時的にせよどこにも所属がない宙ぶらりんの状態にある上に、留学生と接触する地元の人たちのなかにも、社会の本流に属していない、いわばマージナルな人々がいて、留学生と互いに牽きつけ合うからだが、その上、漢人留学生の場合には、大多数が読書人階級の出身で、男女の隔離が読書人の家庭の条件なので、まずほとんどが童貞だったと見てさしつかえない。だから集団型の漢人留学生たちが、毎晩、神田の留学生会館の一室に集まってダンスの練習をするというのは、男女交際の可能性のある日本で彼らが感じた解放感の表現なのである。

留学生会館にはたまにしか寄りつかない同化型の魯迅自身はどうだったのか、まったくわからないが、留学生仲間の眼の届かない仙台をとくに選んで進学するという行動は、なにか示唆的である。とにかく後年の魯迅の日本語が、漢人ばなれのした、正確できれいなものだったことは、すべての人の証言が一致しているから、魯迅の日本語の仕入先が教室と書物だけではなく、日本人の社会の一部に参加して、肌で吸収した実生活の言葉だったことは確かだと思う。

藤野先生との出会い

魯迅は二十四歳のときに東京を離れて仙台に行き、二年間、医学を勉強した。ここで藤野厳九郎《げんくろう》という解剖学の先生に親身も及ばぬ誠意のこもった世話を受けたことは、あまりにも有名な話なので、あらためて説明を要しないが、さらに二十年後に書かれた「藤野先生」によると、魯迅が仙台を離れる直前に藤野先生が「惜別」の二字を裏に書いてくれた一枚の写真は、今なお北京のわが寓居《ぐうきょ》の東の壁に、机に面してかけてある。夜ごと、仕事に倦《う》んでなまけたくなるとき、仰いで灯火のなかに、彼の黒い、痩せた、今にも抑揚のひどい口調で語り出しそうな顔を眺めやると、たちまちまた私は良心を発し、かつ勇気を加えられる。そこでタバコに一本火をつけ、再び「正人君子」の連中に深く憎まれる文字を書きつづけるのである。

魯迅の全作品を通じて、これほど感動のこもった言葉を捧げられている人物は、藤野先生をおいては見当たらない。これは藤野先生がとくに偉大であったからではない。のちに藤野先生自身が語っているとおり、「私は幼少のころ酒井藩校を出てきた野坂という先生に漢字を教えてもらいましたので、シナの聖賢を尊敬すると同時に、かの国の人々をだいじにしなければならぬという気持がありました」という、日本人にはごくふつうの、素朴な親切だったのだが、それが魯迅の一生を通じた愛の思い出になったのは、人間不信がすべての関係の基礎であるシナの社会では、そうした無償の行為はおよそ考えられないことだったからである。これも大きなカルチュア・ショックだったことは明らかである。

仙台在学中も、魯迅は休暇ごとに東京へ出てきていた。留学生会館は好かない魯迅にも、東京は何か惹きつけるものがあったようである。そして仙台を離れた一九〇六年（明治三十九）、帰国して許婚《いいなずけ》の朱安と結婚式を挙げたが、そのまま新妻を母のもとに残して、一週間後には弟の周作《しゅうさく》人《じん》を連れて東京に引き返している。

魯迅は日本人と結婚していた？

晩年の魯迅が鹿地亘《かじわたる》に語ったところによると、同郷人が、魯迅が日本婦人と結婚して子供を連れて神田を散歩しているのを見た、と言い、この評判が故郷に伝わったので、家からは矢のような帰国の催促で、一日に二度、手紙が来たこともあったという。その頃の魯迅は、「私は憤怒と麻煩《めいわく》のため神経衰弱になった……。家人はその時、私が新人であるというので、祖先にも礼拝せず旧形の婚儀にも反対するだろうと心配した。けれども私は黙って彼等のいうままにした」。あらぬ噂を立てられただけで神経衰弱になるのはちょっと過敏だが、圧殺しなければならないものがよほど大きかったのだろう。

東京に帰った魯迅は、純日本式の生活を送り、和服で通し、下駄をはいて夜店をひやかしたりして、神田で売っていたシナ産の食品など一度も買わなかった。こののち、さらに三年を東京で過ごして、二十九歳の一九〇九年に帰国し、彼は故郷で中学の教員になった。こうして七年間の魯迅の日本時代が終わったが、おもしろいことに、これは永井荷風《ながいかふう》が欧米で過ごした五年間とぴったり重なっている。年齢も永井が魯迅の二つ上で、ほぼ同じ世代である。

「ニセ毛唐」と嘲笑される

永井が「冷笑」で描いたような新帰朝者のフラストレーションは、魯迅にもさらに強くあったに違いない。それが明らかに表われているのが、「髪の話」である。この短篇では、ちょうど魯迅がそうしたように、辮髪を切って洋服を着て故郷の街を歩くN氏が登場する。

街を歩いている間じゅう、嘲笑と悪態がつきまとう。なかには、わざわざ後をつけてきて「なま意気野郎」とか「ニセ毛唐」とか罵るやつがある。

そこでぼくは、洋服を止めて、長衣を着たが、悪態はますますひどくなる。

万策つきて、ふと思いついたのが、ステッキを携えることだった。これを振りかぶって、殴りつけること数回にして、ようやく悪態を免れた。だが、殴ったことのない新しい場所へ行くと、相変らず悪態をつかれた。

これはぼくにとって、じつに悲しいことだったので、いまでもよく思い出すんだ。ぼくは留学中、新聞で本多博士が南洋や中国を遊歴したときの話を読んだことがあるんだ。この博士は、中国語もマライ語も知らない。あなたは言葉がわからなくて、どうやって旅行されましたか、という質問に対して、彼はステッキを取り上げて、これがやつらの言葉さ、やつら、よくわかるよ、と答えたものだ。ぼくは癪にさわって、何日も腹にすえかねていたのだが、あに図らんや、ぼく自身が知らぬ間にそれを使っていた。しかも、やつら、それがよくわかるんだ……

魯迅が漢人に対して感じたやり切れなさ、嫌悪感がむき出しである。これもカルチュア・ショックの一種で、もはや自分の生まれた環境に再適応できなくなっていることの自覚なのだ。これからの魯迅は、典型的な「国際人の不幸な一生」を送ることになるが、つまり、ハートはつねに日本にあり、知的活動は主として日本語のチャンネルで行なわれるのに、日本人からは漢人として待遇され、漢人からは「ニセ毛唐」呼ばわりされる立場なのである。

革命化工作を担当

しかし、そうした魯迅を崇拝する学生もあって、魯迅がとめるのも聞かず辮髪を切ってしまい、騒動になって、三十一歳の一九一一年、魯迅は教員を辞職するが、その直後、辛亥《しんがい》革命が起こって清朝が倒れ、中華民国が成立した。この革命は、日本の陸軍士官学校で教育を受けた青年将校たちが指揮するシナ各地の新軍のクーデターのおかげで成功したのだが、それ以前、すでに日本時代から革命党員だった魯迅は、「山賊」に対する革命化工作を担当していた、とのちに語っている。

この「山賊」とは浙江省の秘密結社のことだったようで、その親分の王金発が部下を率いて紹興に入城し、魯迅を紹興師範学堂の校長に任命した。この頃の魯迅はさっそうとしていたようで、翌年には教え子にかつがれて新聞の発起人になっている。ところが、この新聞は王金発、王金発の親戚、同郷人、妾などの攻撃ばかりやって、しかも、王金発が事を穏便に収めるべく新聞社に送った五百元の金を受け取ってしまった。これではまるでごろつき新聞だが、魯迅が新聞社に行って、王金発から金を受け取ってはならぬ、と言いかけると、会計係が不興げに反問した。

「新聞社がなぜ資金を受け取ってはならぬのですか」

「これは資金ではない……」

「資金でなければ何です」

魯迅は口をつぐんだ。私たちに累を及ぼす、などと言おうものなら、魯迅が生命を惜しんで社会の犠牲になろうとしない、と言って責め、翌日の新聞に、魯迅がいかに死を恐れて慄えているか、という記事を載せるに決まっているからである。青年に失望した魯迅はただちに校長の職を辞し、南京に行って、教育総長（文部大臣）・蔡元培《さいげんばい》のもとで働くようになる。以上は「范愛農」という短篇に描かれている。

やがて南京の中華民国臨時大総統・孫文《そんぶん》と、北京《ペキン》の実力者・袁世凱《えんせいがい》とのあいだに妥協が成立して、袁世凱が大総統になり、政府は北京に移転し、魯迅も北京に移った。一九一二年、三十二歳のときで、それから六年、袁世凱が皇帝になろうと画策して失敗し、張勲《ちょうくん》が宣統帝《せんとうてい》（溥儀《ふぎ》）をふたたび担ぎ出そうとして失敗するといった、旧態依然たるシナの政治風景のなかで、魯迅はひたすら沈黙して、古い碑文の拓本を集めたり、古書を校定したり、古い小説を写したり、およそ外国や近代と縁のない仕事に沈潜している。

寂莫たる思い

この頃の心境が、有名な「寂寞《さびしさ》」で、『吶喊《とっかん》』の「自序」にこう語られている。魯迅が仙台にいた頃、微生物の顕微鏡写真にまじって、当時、進行中だった日露戦争のスライドが教室で映写されることがあった。その一枚に、ロシアのスパイを働いた漢人が斬首される場面があり、それを大勢の漢人が取り巻いて見物しているが、どれも薄ぼんやりとした表情をしていた。
東京に引き揚げた魯迅は、漢人の精神を改造しなければ、何をしてもむだだ、近代化は不可能だと考え、文芸運動を始めようと思い、雑誌を出そうとしたが、熱心な漢人留学生はほとんどなく、一号も出さずに流産してしまった。

私が、これまで経験したことのない味気なさを感ずるようになったのは、それ以後のことである。はじめ私は、なぜそうであるかがわからなかった。後になって考えたことは、すべて人の主張は、賛成されれば前進をうながすし、反対されれば奮闘をうながすのである。ところが、見知らぬ人々の間で叫んで相手に一向反応がない場合、賛成でもなければ反対でもない場合、あたかも涯《はて》しれぬ荒野に身をおいたように、手をどうしていいかわからぬのである。これは何と悲しいことであろう。そこで私は、自分の感じたものを寂寞と名づけた。
この寂寞は、さらに一日一日成長していって、大きな毒蛇のように、私の魂にまつわって離れなかった。

この悲しみをまぎらせ、自分の魂を麻酔しようとして、魯迅は「自分を国民の中に沈め、自分を古代に返らせようとした」。そうしたある日、北京の紹興県館（県人会館）に住んでいた魯迅のところへ古い友人の銭玄同《せんげんどう》が訪ねてきて、彼が出している『新青年』という雑誌に何か書けと言った。魯迅は答える。

「かりにだね、鉄の部屋があるとするよ。窓は一つもないし、こわすことも絶対にできんのだ。なかには熟睡している人間がおおぜいいる。まもなく窒息して、みんな死んでしまうだろう。だが、昏睡状態からそのまま死へ移行するのだから、死ぬ前の悲しみは感じないんだ。いま君が、大声を出して、やや意識のはっきりしている数人のものを起したとすると、この不幸な少数のものに、どうせ助かりっこない臨終の苦しみを与えることになるが、それでも君は彼らに済まぬと思わぬかね」

「しかし、数人が起きたとすれば、その鉄の部屋をこわす希望が、絶対にないとは言えんじゃないか」

白話文学の第一弾『狂人日記』

そこで魯迅は、漢人を救う道はないという自分の確信はそのままに、『狂人日記』の一篇を書く。

これこそ、日本語文脈の白話文学の第一弾で、一九一八年（大正七）の『新青年』の五月号に掲載され、魯迅はシナの文体を変えた「文学革命」のチャンピオンになった。

白話文は、明らかに明治末期に日本で開発された言文一致体を下敷きにしており、それと同じことを漢字を使って表現しようとした試みである。いや、もっとはっきり断言してしまえば、彼の頭のなかには日本語の文章があり、それを漢字に置き換えて表現することによって白話文を創作したのである。もし魯迅が日本語を覚えなければ、彼の白話文は生まれなかったであろう。

魯迅は留学によって、頭の中身をすっかり日本人の脳味噌に入れ替えたと言ってもいい。日本人の暮らしをし、日本語をマスターすることによって、魯迅は初めて「近代人」になったのである。

この作品は、これを境に漢語の日本化が決定的になった記念すべき作品だが、皮肉なことに、翌一九一九年は、その四年前の日本の二十一カ条要求に対する、学生を先頭にした反日運動（五・四運動）が全シナをおおった年である。しかしじつはこれは当然のことなので、反日が全漢人の旗印になりうるということは、日清戦争以来のシナ社会の日本化が完成した証拠なのである。ちょうど大東亜戦争のあとの日本のアメリカニゼーションが完了した一九六〇年、ハガティ事件を頂点とする安保騒動が起こったようなものであり、また日本経済の東南アジア制圧が既定の事実となった一九七四年、田中角栄総理大臣がバンコクとジャカルタで激烈な反日デモにあったようなものである。いずれも現実に意識が追いついたときに起こる現象なのである。

『狂人日記』の真のテーマ

これ以後、魯迅は、シナは滅亡するという確信は揺らがないまま、少数でも漢人を自分たちの実態に目ざめさせようとして、あるいは激烈に糾弾し、あるいは辛辣に諷刺する作品を書き続けるが、当然のことながら、評判はきわめて悪く、魯迅を理解する者からは憎まれ、理解しない者からは崇拝されるという境遇のまま一生を終えることになる。

これが妥協しない国際人の宿命なのだが、それにしても、その最初の作品である『狂人日記』のテーマはおもしろい。これは食人、人肉を食うことがテーマである。その題のとおり、ある狂人の手記の形をとった一人称小説だが、主人公が町に出ると、通行人がへんな眼つきで見る。魯迅が断髪、洋服で紹興の町に出たときそっくりである。

二、三日前、狼子村《ランツツオン》から小作人が来て、不作をこぼして、兄貴に話していったっけ。やつらの村に大悪人がいて、みんなに殴り殺されたが、そいつの内臓をえぐり出して、油でいためて食ったやつがあるそうで、そうすると肝っ玉が太くなるという話だ。おれがちょっと脇から口をいれたら、小作人と兄貴とが、じろじろおれの方を見たっけ。今日やっとわかった。やつらの眼つきは、町にいた連中の眼つきにそっくりそのままじゃないか。思い出しただけで、おれは頭のてっぺんから脚の先まで、ゾッとなる。

やつらは人間を食いやがる。してみると、おれを食わないという道理はない。


そこで狂人はシナの歴史の書物を調べて、どの時代にも食人の実例を発見する。実際、シナでは飢饉のたびに共食いがきまって起こるし、人肉食を愛好した話は無数にある。それに人肉は強壮剤として医書に堂々と記載されていて、親が重病になると、自分の腿の肉を切り取って食わせるのが孝子とされており、歴代の皇帝が表彰するといったわけで、もともと漢人には食人に対する心理的な抵抗はあまりないようである。毛沢東が推奨した『水滸伝《すいこでん》』にも、至るところに人肉を食う豪傑が登場する。

最後にこの狂人は、兄に、人肉を食うのはいけないと言え、と勧告して、真っ暗な部屋に監禁されてしまい、

四千年来、絶えず人間を食ってきたところ、そこにおれも、なが年くらしてきたんだということが、今日やっとわかった。(中略)四千年の食人の歴史をもつおれ。はじめはわから

なかったが、いまわかった。真実の人間の得がたさ。
人間を食ったことのない子どもは、まだいるかしらん。
子どもを救え……

で、『狂人日記』は終わる。

この食人というテーマは、あまりなまなましすぎるためか、旧来の非人道的な儒教体制の比喩のようにふつう、受け取られているが、それは完全な誤解、または曲解である。これはむしろ、漢人は食人の習慣のある、汚れた動物であり、人間の名に価しないんだ、しかも自分はその漢人の一員なんだ、という救いのない事実を正面からひたと見つめた作品であり、魯迅の同胞に対する生理的嫌悪感と、それにもかかわらず共に負わねばならない罪の重荷をそのまま表現したものなのである。

魯迅の精神生活と日本語

魯迅の弟の周作人は、日本で羽太信子《はたのぶこ》という女性と恋愛結婚をしてしまったが、魯迅は北京に母と、名前だけの妻の朱安、周作人一家、それに下の弟でやはり日本女性と結婚していた周建人《けんじん》一家を呼び寄せて、いっしょに住み、収入は朱安に渡さず、弟の妻の信子に渡していた。

ところが、ここにもカルチュア・ショックが現われて、信子は収入があると日本人の店へ行って高い日本製食料品などをどっさり買い込み、子供が病気になると自動車で日本人の医師を呼び、魯迅が周作人の子供たちに買ってきたシナ菓子を捨てさせたりしたのである。日本とシナの文化水準の差を考えたら無理もない話だし、現在でも珍しくはないのだが、それが原因で、仲の良かった魯迅と周作人とのあいだにひびが入り、とうとう一九二三年、兄弟は別居することになった。

この頃から魯迅は評論活動が多くなるが、なかでも物議をかもしたのは、一九二五年二月十日、新聞のアンケートに答えた「青年必読書」だった。

青年必読の書、――

従来注意したことがないので、今何とも申し上げられない。

附注、――

だが、私はこの機会に、私の経験を略説して、いさゝか読者の参考に供しようと思う――私は中国の書物を読むと、いつも心が沈んで往って、現実の人生と離れて往くのを感ずる、しかるに外国の書物――但しインドのものは除く――を読む時は、往々人生と接触して、何ごとかを為したいと思う。

中国の書物は人に世に出ることを勧める言葉はあっても、やはり多くは屍骸の楽観だ。外国の書物はたとえ頽廃《たいはい》や厭世《えんせい》的なものであっても、それは活ける人間の頽廃と厭世だ。
私は中国の書物は少《すこし》く——或いは絶対に——見ないことにして、多く外国の書物を見るがいいと思う。

（『大魯迅全集』第三巻、鹿地亘ら訳、改造社、一九三七）

ここで魯迅が言っているのは「外国の書物」であって、「外国語の書物」ではないが、その当時の翻訳書はほとんどすべて日本語からの訳だったし、魯迅自身、外国語は日本語とドイツ語しかできなかったから、その意味は明らかである。当然ながらこの一文は各方面に反感の大波を巻き起こし、魯迅のもとには抗議の手紙が山ほど来た。しかし物事をはっきり言うのが、漢人らしからぬ魯迅の性格である。

この翌年、三・一八事件が起こって、北京女子師範大学生らの反日デモに軍隊が発砲し、四十七名が殺された。そのとき、教え子の一人の許広平《きよこうへい》が魯迅の家に逃げ込んできた。魯迅にも逮捕令が出て、魯迅は外国人経営の病院を転々として難を避け、結局、許広平とともに北京を脱出、魯迅は厦門《アモイ》へ、許広平は広州へ行く。二人がいつ頃から愛し合うようになったのか、もちろん第三者にはわからないが、魯迅は許広平に日本語を教えようと思い始め、一九二六年十二月二日、厦門から出した手紙でこう言っている。

あなたは私ほど世故に長けていないようです。だからものの考え方が割に単純だが、それだけに明快で、何か研究をするには困難がありません。ただそそっかしい点は直さねばいけない。もう一つ損な点は、外国の本が読めぬことです。思うに比較的便利なのは日本語を習うことでしょう。来年から、私が強制して勉強させます。言うことをきかないとシッペをしますよ。

要するに魯迅は、自分の全人格を挙げて許広平とコミュニケーションをとりたくなり、そのために愛人の心のなかに日本語のチャンネルを開こうとしたのである。これを見ても、いかに日本語が魯迅の精神生活にとって大事であったかがわかるというものである。

「日本の走狗」魯迅

やがて一九二七年（昭和二）十月、魯迅と許広平はいっしょに上海に到着して、共同租界の北四川路で同棲生活を始めた。この北四川路というのは、日本海軍の上海特別陸戦隊本部のあるところで、日本人の住民が圧倒的に多く、日本租界の異名のあったところである。魯迅はさっそく近所の内山《うちやま》書店を訪ね、久しぶりに日本語の書物を買い込んで精神の飢えをいやした。これからは店主の内山完造と懇意になり、毎日のように出かけては、店の一隅の定席に座り込んで、日本人の来客たちと日本語で漫談を楽しむようになった。その一方、家では、魯迅は自分で日本語学習のテキストをつくって、毎夕、許広平に日本語を教え、一晩も休まなかった。のちには神谷文三著『マルクス読本』をテキストに使うようになっている。しかし、許広平には魯迅の気持ちがよくわからなかったようで、日本語の勉強にはあまり熱心になれず、そのうちに海嬰《かいえい》という息子が生まれたので、日本語の勉強は中断してそのままになってしまった。

一つには、当時、日本は蔣介石の中国国民党の統一が華北の日本の勢力圏に及ぶことを恐れて、南京政府に種々の圧迫を加え、南京政府は統一達成までは日本をなるべく刺激しまいと、反日運動を取り締まっていた時期で、許広平ならずとも日本語の学習に疑問を持ちかねないところだったのである。

魯迅は当時、日本訳のマルクス主義の文献を中国語に重訳する仕事に打ち込んでおり、×××や○○○の伏せ字の部分はドイツ訳から補っていた。だから中国共産党の討伐作戦をやっている国民党からもにらまれるし、日本人と仲良くするというので、反日陣営からもにらまれる立場だったわけだが、魯迅らしいことに、自分が発起人になった左翼作家連盟の成立大会（一九三〇年三月二日）での講演でさえ、左翼作家は容易に右翼作家たりうる、と指摘して、味方に対していささかも批判の手をゆるめていない。

魯迅には肺結核の持病があったが、一九三六年には少し健康を回復し、十月十七日には外出して、鹿地亘や内山完造を訪ねたりしている。翌朝、許広平が魯迅の手紙（内山完造宛）を持って内山書店へやってきた。


老版机下……

意外なことで夜中から又喘息がはじめました。だから、十時頃の約束がもう出来ないから甚だ済みません。お頼み申します、電話で須藤先生を頼んで下さい。早速みて下さる様にと……

艸々頓首　L拝

十月十八日

内山完造はすぐ魯迅宅に駆けつけ、やがて須藤、石井の両医師も到着した。翌十九日の午前五時二十五分、魯迅は許広平、周建人、それに日本人看護婦に囲まれて絶命した。五十六歳。前日の日本文の手紙が絶筆になったわけである。

こうして日本租界で、日本人の友人たちに囲まれて生き、そして死んだ魯迅は、最後まで愛する祖国に希望を持つことができず、「中国の未来には沙漠が見える」とつねに言っていたそうである。そして日本人あての手紙では、日本をまた見たいという夢を繰り返し語っている。しかし、それがかなわぬ夢であることも知っていた。

日本に行つて暫らくの間生活することは、先から随分夢見て居たのですが、併し今ではよくないと思ひまして、やめた方が善いときめました。第一、今に支那から離れると何も解らなくなつて、遂に書けなくなりますし、第二には生活する為めに書くのですから、屹度《きっと》「ジャナリスト」の様なものになつて、どちにも為めになりません。（中略）私から見ると日本にも未、本当の言葉を言ふ可き処ではないので、一寸気を附けないと皆様に飛んだ迷惑をかけるかも知りません。

（一九三二年日付不明、内山完造宛）

僕も時々日本を見たいと思ひますが招待される事はきらひです。角袖《かくそで》（編集部注―刑事のこと）につかれる事もきらひ、只二三の知人と歩きたいと思ひます。

（一九三三年四月一日、山本初枝宛）

日本には何時でも行きたい行きたいと思つて居ますが併し今の処では行つたら上陸させないでしよう。よし上陸させても角袖をつけるかも知りません。角袖をつけて花見するには頗る変挺《へんてこ》な洒落《しゃれ》となるから暫《しばら》く見合した方がよいと思ひます。

先月には随分日本の長崎などに行きたがつたが遂に種々な事でやめました。上海があつかつたから西洋人などが随分日本に行つた様ですから日本への旅行も忽ち《たちま》「モーダン」な振舞となりました。来年に行きましやう。

（一九三四年一月十一日、山本初枝宛）

（一九三四年七月二十三日、山本初枝宛）

しかし魯迅は、二十九歳のときに離れた日本を、二度と見ることはなかった。

もう一つ、魯迅について見落とせないことは、あれほど筆鋒するどく味方のはずの中国人たちを批判していながら、当時の日本の行動について、一度でも正面から非難していないことである。これは当時の情勢のもとでは、非常に中国人仲間の目についた事実に違いない。そのため、生前の魯迅には、「漢奸《かんかん》」（売国奴）、「日本の走狗」という悪口が絶えず浴びせられたのだが、魯迅は少しも弁解しようとせず、中国人の中国人らしい欠点を評論でえぐり続けたのである。心中は複雑だったのだろう。

魯迅の悲劇

魯迅は中国人にも誤解されたし、日本人にも誤解された。一九三六年二月三日の増田渉宛の手紙で「僕は日本の作者と支那の作者との意思は当分の内通ずる事は難しいだろうと思ふ。先づ境遇と生活とは皆な違ひます」と言っている。国際的に意思が通じていないことが見て取れ、しかもどこで通じないかがわかるのは、本物の国際人でなければできないことである。

魯迅の悲劇は、現在の中国ではもう起こりえないことだろうか。私にはそう思えない。大躍進の大騒ぎ、文化大革命の大混乱、四人組批判の大合唱がいとも簡単に全国に広がる中国の体質は、やはり阿Qの国だという感を与える。これから日本に殺到するであろう中国人留学生のなかに、コンピューター・テクノロジーばかりでなく、日本文化そのものに目を向け、日本語を本当に自分のものにしようとしている人がもういるのかもしれない。そうした第二の魯迅は、もう日本租界のない中国で、もしまた政治の大変動があったとき、どこでどうやって生き延びるのだろうか。もちろんそれは中国人の問題であって、われわれ日本人が口を出すべき問題ではない。しかし、国際人の運命は不幸なものである。もっとも、人間、幸福にならなければならない義務はないが。

周令飛《れいひ》著『北京よ、さらば』を読む

これは共産主義中国の、高級幹部という名の支配階級の家庭に生まれて育った人の眼から見た、中国社会の内情をうかがわせてくれる本である。

著者の周令飛は、昨年（一九八二）九月、恋人の台湾生まれのお嬢さんと、留学先の日本から台湾に亡命したが、有名な中国の文豪・魯迅《ろじん》（本名、周樹人）の孫ということで話題をまいた。魯迅は大陸では、中国共産党の要人になった弟子たちが多い関係で、死後も毛沢東《もうたくとう》、周恩来《しゅうおんらい》らにおおいに持ち上げられているのに、台湾では同じ理由で、魯迅の著作は禁書になっている。その魯迅の孫が、その台湾に亡命したのだから、話題になったのは当然である。

魯迅は自分の学生の許広平《きょこうへい》女史と結婚して、一粒種の息子の周海嬰《しゅうかいえい》をもうけた。その周海嬰の長男が著者の周令飛である。祖母の許広平は政務院副秘書長（内閣官房副長官）や全国婦女連合会副主席などの要職にあり、五級という超高級幹部で、北京《ペキン》では三十室もある豪邸に住み、ソ連製高級車に運転手、秘書、お手伝いさん付きの優雅な生活をしていた。その孫の周令飛も、要人の子弟ばかりの北海幼稚園や、中国共産党中央宣伝部が建てた北京景山学校に学び、人民解放軍の将軍たちの子弟と同級だった。

文化大革命が始まったとき、周令飛は紅衛兵になろうとして、知識分子の子供だというので拒否される。しかし上海《シャンハイ》の母方の叔父のコネで紅衛兵の経験交流に加わり、北京から陝西《せんせい》、四川《しせん》、貴州、雲南《うんなん》、上海と見物して歩く。長旅から北京に帰ってみると、思いもかけなかった武闘という凄まじい殺し合いが始まっている。身を守るために、父の海嬰は家の蔵書をことごとく廃品回収所に売り飛ばし、数百枚のレコードを一枚一枚叩き割る。残ったのは毛沢東の著書と魯迅の作品だけだった。

文革末期の一九六八年、許広平が死んだ。周恩来が沈痛な表情をして弔問に来る。次いで江青《こうせい》が姚文元《ようぶんげん》と張春橋《ちょうしゅんきょう》を連れてやってくる。江青は許広平の死亡通知を小さい扱いとし、追悼式も行なわないことを決める。のち、一九七五年に至って、周恩来は、許広平は病院で殺されたのかもしれない、と語ったという。

祖母の死後、生活はたちまち窮乏する。周令飛は農村や工場に送られないために、軍に入隊して瀋陽《しんよう》軍区に配属される。ここで師団の宣伝課でカメラマンとして腕をあげ、写真の引き伸ばしサーヴィスと引き換えに、どんな無理も通る、ちょっとした特権階級になる。それから北京の人民美術出版社に入り、日本の撮影班といっしょに仕事をして、海外留学の志が芽生えてくるのである。

それにしても、ここに描き出された、高級幹部の子弟の生活ぶり、アメリカや日本の映画の鑑賞会や、外国製品、外国文化の追求ぶりは噂に違わぬものがある。中国の真相であろう。

（佃正道訳、サンケイ出版、一九八三年三月刊、二百二十一頁、一〇〇〇円）

日本を愛した中国人——陶晶孫の生涯と郭沫若

東大で講義した陶晶孫《とうしょうそん》

陶晶孫の顔を見たのは、私が大学二年のときでした。私が東京大学文学部の東洋史学科に入ったのは一九五〇年、朝鮮戦争が始まる直前のことで、日本は敗戦国でしたし、戦勝国民の一つである中国人は、なにやら恐ろしい感じでした。安田講堂前の銀杏《いちょう》並木の下を、旗袍《チーパオ》の裾をひらめかして大股に歩いている若い女の人をよく見かけましたが、同級生が私にささやいたところによると、あれは国民党の女特務将校で、胸のところにはいつもピストルを隠しているのだ、という話でした。

その頃、東大の中国文学科では、倉石武四郎教授が招いた謝冰心《しゃひょうしん》女士の講義が人気を集めていたようですが、謝冰心がアメリカに行くと言って日本を出国して、そのまま中国へ帰ってしまったので、その後任に陶晶孫が呼ばれたのです。

一九五一年の春のこと、東洋史の同級生の親友、松村潤《じゅん》君が興奮して、陶晶孫が日本に来ていて、中国文学史の講義を始めるそうだ、聴きにゆこう、と私を誘いました。なんでも松村君の父上が上海《シャンハイ》自然科学研究所と深い関係があり、陶晶孫をよく知っていたのだそうです。もちろん私は承知して、法文経二号館の薄暗い教室で陶晶孫の講義を聴くことになりました。

陶晶孫は細面《ほそおもて》のやせた長身の人で、はにかみ屋らしく、眼を教卓の上に落としたまま、低い声の、しかししっかりした日本語で話しました。内容は、今から考えると、一九二〇年代の創造社の同人たち、郭沫若《かくまつじゃく》や郁達夫《いくたつふ》と過ごした青年時代の思い出話だったようですが、当時、中国の現代史、ことに文学運動の歴史について何も知らなかった私には、まったく猫に小判で、ほとんど意味がわからなかったのが残念です。松村君と私の二人以外には、聴講者

図５　陶晶孫（1897-1952）

は一人か二人で、心細いことでした。上海で陶晶孫と親交のあった内山書店主の内山完造が、その頃のことを『上海下海』に書いています。

「或る日のこと、それは丁度東大講師として第四日目であったらしい。

ああおった〳〵

とはいって来たので、お目出度う〳〵というと

老板《ローペ》々々それがどうやら自然免職になりそうだよ。開講第一日が出席学生三人、第二日が二人、第三日が一人で、今日は一人もないというのだから。ハッハッ〳〵〳〵ハッと大笑いして帰った」

実際、陶晶孫の中国文学史の講義はまもなく休講のままになりましたが、それは健康がすぐれなかったためで、翌一九五二年の二月十二日、千葉県市川市の国府台《こうのだい》病院で肝硬変で亡くなりました。まだ五十六歳でした。葬儀に出席した松村君の話では、会葬者の半分は医者、半分は文学者で、医者は陶晶孫が文学者だったことを知らず、文学者は陶晶孫がどんな医者だったか知らなかったのが印象に残った、ということです。

陶家の人々

さて、この陶晶孫という自然科学者、兼文学者の生い立ちですが、第二世の日本留学生だったことが特徴です。陶晶孫の祖父は陶文海と言い、江蘇省の無錫《むしゃく》の人でした。無錫は、南京《ナンキン》の東方、上海との中間にあり、南は太湖の湖水に臨む水郷の町です。ここで陶晶孫の父、陶廷枋《ていほう》が生まれました。一八九四〜九五年の日清《にっしん》戦争で日本に敗れた清《しん》朝政府は、近代化の必要を痛感し、日本を初めとする諸外国への留学を奨励して、新しい人材の養成を図りました。陶廷枋は無錫で淑英（あるいは淑明）という名の夫人と結婚して、一八九七年（明治三十）十二月十八日、長男の陶熾《し》を生みましたが、これが陶晶孫の本名です。陶晶孫が九歳の一九〇五年（明治三十八）に来日した父の陶廷枋は、一度帰国して翌年、陶晶孫とその姉の陶慰孫《いそん》を連れて日本に戻り、一九〇九年（明治四十二）には日本大学専門部の法律科を卒業、さらに翌一九一〇年（明治四十三）には明治大学専門部の法科をも卒業して、故郷の無錫に帰って弁護士になっています。これは一九一二年に清朝がなくなる原因となった一九一一年の辛亥《しんがい》革命の前年です。

陶晶孫の母の淑英女士はたいへん多産で、男女十一人の子供を産んだのですが、最初の子は早く死に、次が慰孫で、東京女子高等師範学校、コロンビア大学、京都帝国大学で生化学を修めた理学博士、八十六歳で吉林省に健在です（一九八〇年当時）。三番目が熾（晶孫）、四番目が烈（男）で、京都帝国大学医学部精神科を卒業し東京帝国大学の研究室に入った脳神経学者ですが、広州の中山大学に教授として赴任する直前、一九三〇年に日本で急死しました。五番目の虞孫《ぐ》（女）は東京女子高等師範学校卒業の生物学者で、長江の魚類を専攻しました。六番目の愉孫《ゆ》（女）は数学の教師、七番目は早く死に、八番目の瀛孫《えい》（女）は北京の精華大学を卒業して、高校の理科教師をしています。九番目の凱孫《がい》（女）は革命家で、朝鮮人の夫と共に国民党に処刑されました。十番目の煒《い》は上海の同済大学と、ジョンズ・ホプキンス大学で造船工学を専攻し、現在は四川省で工場長の地位にあります（一九八〇年当時）。十一番目の照は早く死にました。陶家はこうした自然科学者一家で、陶晶孫の三男、陶易王《イワン》医学博士（草加市立病院外科部長）のお話によると、子孫に財産を残すよりは教育に金をかける、という家風だったということです。

さて、東京に落ち着いた陶晶孫は、渡日の翌年（明治四十）、神田の錦華《きんか》小学校の四年に編入されましたが、その頃は学校給食などというものはなく、纏足《てんそく》でシナ服の母が弁当を持って学校に来てくれるのが、陶晶孫は子供心に友だちに恥ずかしくて、とてもいやがった、という話です。一九一〇年（明治四十三）、陶晶孫は東京府立第一中学校に入学し、同級生には内村祐之《ゆうし》、森於菟《おと》らがいたとも言われています。これは父の陶廷枋が明治大学専門部を卒業した年ですから、おそらく父は帰国して無錫で開業し、陶晶孫ら子供たちは日本に残ったのでしょう。その後、一九一五年（大正四）、陶晶孫は、弟の陶烈と共に、第一高等学校の特設予科の入学試験に合格しました。特設予科というのは、中国人留学生のためにつくられたコースで、ここで一年間在学してから、日本各地の高等学校に割り当てられるのですが、当時この特設予科に入ることは、非常な意味があったのです。というのは、これに合格すると中国政府の官費留学生の資格を得て、毎月三十二円が支給されることになるのです。このおかげで陶家の財政がどんなに助かることになったか、およそ想像がつきます。

陶晶孫兄弟は特設予科から、そのまま第一高等学校の本科に進み、一九一九年（大正八）、医科を卒業して、陶晶孫は九州帝国大学医学部、陶烈は京都帝国大学医学部と、福岡と京都、兄弟別れ別れに住むことになりました。このとき福岡で陶晶孫と同級生になったのが、四川《しせん》省人の郭開貞、すなわち郭沫若《かくまつじゃく》（一八九二～一九七八）です。

政治人間、郭沫若の恋

郭沫若は一九一四年（大正三）一月、来日してから東京で日本語の猛勉強を半年、その六月にめでたく一高の特設予科に入ったので、陶晶孫の一年先輩ということになります。特設予科の同級生に郁文という浙江《せっこう》省人がいましたが、これが郁達夫《いくたっふ》です。特設予科の卒業後、郭沫若は岡山の第六高等学校、郁達夫は名古屋の第八高等学校に進んでいます。郭沫若は科学者、文学者というよりは、むしろ行動派の政治人間で、マルクス主義に共鳴し、第一次国共合作が成ると、広州に行って国民革命軍総政治部副部長に就任、蔣介石《しょうかいせき》の北伐に従軍、国共が分裂すると南昌暴動に参加、その失敗後、日本に亡命しましたが、盧溝橋《ろこうきょう》事件が起こると日本を脱出して、第二次国共合作による抗日陣営に参加、蔣介石の軍事委員会の政治部第三庁庁長として抗日文化運動を指導し、中華人民共和国中央人民政府の成立後は政務院副総理、科学院院長などの要職に就任しましたが、毛沢東《もうたくとう》が文化大革命を起こすと、いち早くそのお先棒を担いで自己批判を発表して生き残りました。

これに対して郁達夫（一八九六〜一九四五）は風流人、感情の起伏の激しい芸術派で、佐藤春夫に傾倒して『田園の憂鬱』に倣《なら》った私小説の作家として有名になり、革命にはたいして関心は持たず、一時は福建省長の陳儀《ちんぎ》（日本の陸士・陸大卒）に迎えられて省政府の高官になったこともあり、抗日戦中はシンガポールで『星洲日報』の編集に当たっていましたが、大東亜戦争が始まると、スマトラに逃がれ、日本の降伏後の一九四五年九月十七日、日本軍の憲兵に殺されました。人生の軌跡のこれほど対照的な二人が一高特設予科の同級生だったのですから、運命とは不思議なものです。

九大医学部に入った頃、郭沫若はすでに日本人の女性と結婚して長男が生まれていました。妻の名は佐藤とみと言います。知り合ったのは東京で、このロマンスについては、陶晶孫が死の直前に書いた日本語の小説「セントラルサプライの泥棒——ある看護婦の話」で、次のように描写しています。

東京のアメリカ系のセントマリー病院に、ある日、一高の制服を着た中国人留学生が粟粒結核で入院してくる。一高の同級生たちがたくさん見舞いにくるなかに、色白の四角な顔をした学生（郭沫若）がいるのを、高等看護婦生徒のおたみさんが見て、次に病院の廊下で会ったときに声をかけた。

『あの方重いわよ』

その一高生は急に赤くなってそわそわした、黙って歩く、おたみさんは廻れ右してその人と並んでもと来た廊下をもどってゆく、病室につくまでその人は何も云わない。

『あなた何か困ったら私に相談しなさい、婦長さんでもいいけど私でもいいの、私チャージじゃないけどおたみさんって尋ねるとわかるわ』

そう云いすてていってしまった」

間もなく患者はおたみさんに脈を取られながら息を引き取った。

「おたみさんは東北の大きな町〔仙台〕の女学校〔尚絅《しょうけい》女学校〕を卒業した。その学校はミッションスクールで土地の有名な学校だった。おたみさんの家はもとの伊達藩士でありまた信徒であるため、大事にされ、自らも屈託なく振舞った。剣士の家だから代々《ながが》女系で、厳格な母と、おとなしい父を持ち、強いその家長の下で小さくなっていなければならないので、女学校はその個性を発揮する場所となった。おたみさんは出来る、英語でも何でも、その上小さいうちから義侠だ、月謝をはらえなくなって退学しなければならなくなった子、先生と衝突した子、友達のお金を取って退校しなければならなくなった子、それを大分助けた。しかしそのたびに好かれる先生ときらわれる先生とをたくさん造った。卒業式に式辞をよませられた。それを先生が教えたとおりによまず、わざと変った口調でよんで喝采され、卒業式が飛んだものになってしまった。西洋の校長にはそれが何事かわからなかった。

おたみさんは卒業して家に帰り、母が縁談を進めているのを見、母が自分の子等に対する考えと態度を目の前にみて、急に気に入らなくなり、その時聞きつたえた『セントマリーでは女学校卒業生を集めて高等看護婦を養成する』と云うのに応じ、一二もなく、呆気にとられている母を相手にせずに、またおとなしくて母に一任した父の無気力を紙のように黙殺しながら家から出てしまった」

セントマリー病院でもおたみさんは仲間の人気を集めるが、セントラルサプライに配属されていたとき、そこで管理されていた栄養部のフードを持ち出して、仲間と誕生日の祝宴を開き、西洋人の総婦長の追究を仮病を使ってのがれる。

「患者さんが亡くなってから一週間たった、おたみさんをいつかの留学生〔郭沫若〕が尋ねて来た。あの患者のレントゲンのフィルムを貰いに来た。

『レントゲンのフィルムを貰っていったって何んにもならないわ』

おたみさんはニヤリとした。

数日経ってからおたみさんは英語でかいた手紙をその人から受取った。こんな大意である。

『はじめてあなたを病院の玄関で見たとき、私は丁度マドンナを見るときのような心持がしました。あなたの顔の後には後光がさしていました。あなたの眼は物を言い、あなたの口は桜の実のようでした、あなたはきっと今までたくさんの病人を助けたにちがいない、私はあなたを恋するようになりました、一度あなたと話をしたことを忘れられません、私はもう二年も家から離れ、異境に甚だ淋しい、云々』

というのである。

おたみさんは笑ってしまった。『恋文だわ、私に恋するなんておかしいわ、でもかわいそうな学生だわ、いい男の子だけど』

おたみさんは面白半分に返事を出して、それから通信した」

創造社グループ

この続きの、郭沫若が岡山の六高に移ってからのことは、やはり陶晶孫の日本語の小説「漢文先生の風格」に描写してあります。これは岡山中学の漢文教師、逸竜先生、その妻およねさん、娘のてるちゃんの一家から見た、隣に越してきた中国人留学生のケー君（郭沫若）の印象を主題にしたもので、漢文先生がセックスに開放的で、夫婦仲がきわめていいことを強調しているところに、中国人から見た日本文化の特徴がよく表われています。

ケー君は漢文先生の晩飯の招待に応じ、およねさんにも、てるちゃんにも好意を持たれる。ケー君は、

「その夜およねさんからいろいろ御不自由でしょうと心から同情されながら帰っていった。およねさんはいつのまにかケー君はネマキもなくかいまきもなく、正に着の身着のままだと

云うのを調べ上げたからである。（中略）
次の日、ケー君は漢文先生に晩飯の御礼に来た、簡単に帰った、しかしその時近々自分の妹が東京から来ると云っておいた、（中略）
ケー君は、いよいよ彼女が来るとなると一応のことを知らせておかなくてはおたみさんが来てから急に困るからと思って、云っておいたのだが、来てみた所が、それが日本の娘さんであり、やがて自分の妻のように暮すとなると漢文先生夫人あたりが何と云うか、今まで親切にしていたのが、などと思ってみた、しかし恋に熱心な人々の常としてそれ以上には何にもかまわない。
ケーから、もう家を見つけて、そこに越して待っていると云って来たのでおたみさんは少し考えをいそがなくてはならなかった。（中略）
おたみさんは繊細な感情の持ち主ではない、涙もろい人ではない、（中略）
しかしおたみさんも若い十九の娘である、（中略）若い情熱は人一倍である、無暗《むやみ》な空想もないが『遠くへ』と云う歌が自然と心に謳《うた》われる。
ベッドの上で想像する、ケーからは自分のもらう学費で二人はくらせること、小さい家を見つけたこと、兎に角そこへ移ったと云うこと、隣に漢文先生の一家があって娘さんがいて待っていることをきき、（中略）医者になるケーのことを考え、夢のように自分の新生涯を考えてみる。
おたみさんは考えをきめたらもう躊躇《ちゅうちょ》はしない、(中略) その朝、いそいで用意をすると、何ほどの挨拶もせずに、夕方の汽車に乗ってしまった」

漢文先生は二人を恋人と見抜くが、およね夫人はやはり兄妹ではないかと疑い、秋の日曜、夫と娘におむすびを持たせて公園を散歩させ、留守に一人で大掃除をする。隣の「妹さん」が手伝いにきて、日本人であり、したがって妹ではないことを知って、およねさんはがっかりする。

「漢文先生は哄笑した。
『よかった、よかった、縁と云うものはそう云うものだよ。人とはつきあうがよろしいのだ。ただ節もあり度もなければならんのだ』」

こうした事情は、郭沫若の自伝『創造十年』には、一言も触れてありません。この本によりますと、郭沫若が一九一八年(大正七)、六高を卒業して、一家で岡山から福岡に移った夏、箱崎神社の前で、一高特設予科の同級生で、熊本の五高から東大理学部に入った広東省《カントン》人の張資平とぱったり出逢い、中国で純粋な文芸雑誌を出す相談をして、同人として東大経済学部在学中の郁達夫と、一高特設予科で二人の一年先輩であり、六高でも郭沫若の一年先輩で、東大工学部に入った湖南省人の成仿吾《せいほうご》の名前を挙げます。これが創造社グループの発端で、やがて魯迅《ろじん》ら、上海の商務印書館発行の『小説月報』に拠る文学研究会グループと対立することになるのですが、この創造社のメンバーの共通の特徴は、一高特設予科・官立高等学校・帝国大学の同窓であることです。

しかし郭沫若らの雑誌計画は容易に実現しませんでした。そのうちに第一次世界大戦が終わって、一九一九年(大正八)、パリで講和会議が開かれますが、ここで日本が山東省の旧ドイツ権益の譲渡を要求、これが承認されたことが原因になって、中国では反日の五・四運動が北京《ペキン》から全国に波及します。郭沫若はじっとしておられず、一九二一年(大正十)、とうとうとみ夫人と二人の子供を福岡に置き去りにして帰国し、奔走半年、上海の泰東書局から『創造季刊』を出す話を取り付けて、福岡に帰ってきます。この頃日本は大戦中の好景気の反動で経済不況に陥り、箱崎海岸の旅館、抱洋閣も一九二二年(大正十二)の春、身売りして鉄道会社の事務所に改造されることになりました。しかし着工されないまま空家になっていた抱洋閣の管理をまかされた棟梁のおかみは、顔見知りの郭沫若夫人に、抱洋閣にいっしょに住むことを頼み、こうして郭一家は三階の六十畳の大広間に住むことになりました。ここの二階にやはり引っ越したのが、郭沫若の同級生の陶晶孫で、六百円で買ったピアノを抱洋閣に持ち込んで、ひまさえあれば弾いていた、と郭沫若は『創造十年』で記しています。

陶晶孫の処女作「木犀《もくせい》」

この抱洋閣へ、郭夫人の妹の佐藤みさをが夏休みに遊びに来て、陶晶孫と知り合いました。みさをは東京の津田英学塾の学生でしたが、このとき二人のあいだに恋が芽生えました。時に陶晶孫は二十六歳。背が高く、音楽好きで、ユーモアの感覚に富んだ陶晶孫は、晩年に至るまで女の人たちに人気があったようですから、無理もありません。『創造季刊』はこの年の五月に第一号を出し、この号は縦組みでしたが、八月の第二号から横組みに変わりました。これが中国文の横書き普及の始まりでしたが、これには陶晶孫が関係しています。というのは、この号の冒頭に、陶晶孫作曲の「湘累の歌六曲」の楽譜を載せたので、体裁の統一のために、郭沫若が以下の全巻を横組みにしてしまったのです。「湘累の歌六曲」には「郭夫人アンナに贈る」という献辞と、「一千九百二十二年六月二十九日初稿　福岡」という日付があり、内容は郭沫若の詩劇「湘累」の詞に譜をつけたものです。アンナはとみ夫人の洗礼名で、日付は抱洋閣で陶晶孫が郭一家と同居した頃です。

同じ第二号に、陶晶孫は劇曲「黒衣人」を寄せています。これは太湖のほとりの別荘で、留学帰りの主人公が狂って弟を殺し自殺する一幕物で、いかにも陶晶孫らしく、ピアノでショパンの葬送行進曲を弾く場面があります。しかしこれ以外、陶晶孫が創造社の刊行物に書いた作品は、ほとんどが日本を舞台にした小説で、なかでも注目すべきものは、『創造季刊』の第三号（一九二二年十一月）に載った「木犀《もくせい》」です。「木犀」の主人公は、九州の田舎町の大学生の中国人青年素威《そい》で、医者になるべく「馬車馬の生活」をしていて、楽しみといっては音楽部の練習室で毎晩、幼いときに習ったピアノを弾くだけです。ある日、寺の門前でモクセイの花の香をかぎ、突然むかしの恋を思い出します。

素威が中学部に入ったばかりの頃、制服が短ズボンから長ズボンになったので、登校に電車で行くのが恥ずかしいと言って母親を困らせ、人力車を呼んでもらったので遅刻してしまい、叱られるのが怖くて、通い慣れた小学部の門のほうに廻って、そこで小学部の英語教師の美しいトシコ先生に見つかって、いっしょに中学部についていってもらい、おかげで叱られずに済みます。トシコ先生は小学部の寄宿舎の舎監となって住み込み、素威は向かい側の中学部の寄宿舎に入ります。それから素威は、毎晩、トシコ先生の部屋に入り込んで甘え、二人の仲の良さは人の評判になります。ある日、小学部寄宿舎の寮母のタニサンが素威に言います。

「ねえ、素威君、あなたとトシコ先生のことは、みんながうわさしてるね。あなたは若いから平気だけど、先生はあなたと違うのよ、わかる？　彼女は昼も夜もあなたを心にかけているの。あなたから見れば、先生がよくしてくださると思ってるでしょうけど、私たちはたから見ればはっきりしてるわ。女の考えることは、女にはすぐわかるものよ。ええと、あなたはトシコ先生と年は十歳も違うけれど、年の違いなんて何でしょう。恋は恋よ」

その数日後、月夜に中庭に散歩に出た素威は、モクセイの香に包まれてベンチに座っているトシコ先生に逢い、相抱いて接吻し、愛を告白します。

「大きくなったら、僕、先生といつまでもお友だちでいます」

「え、お友だち？　ああ、お友だちね。私たち、先生と生徒じゃないわ」

トシコ先生はそれから沈み勝ちになり、クリスマスまでと言って帰郷して、そのまま病死します。素威の手もとには、先生の遺品の腕時計と、美しい記憶だけが残った、というのが「木犀」の荒筋です。

これは純然たるフィクションですが、これには郭沫若の「附白《つけたり》」があり、それに拠ると、郭沫若、郁達夫、陶晶孫らが日本で出していた同人雑誌『グリーン』の第二号に載ったのがこの作品で、「原文はもと日本文であった。私はこの篇を愛読したので、彼に勧めてこれを中国文に訳させ、『木犀』と改題した。一国の文字には、その特別に美しいところがあり、第二国の文字では表現できない。この篇の訳文は原文に比べて遜色が多いが、根本の美しさは幸いにしてあまり失われていない。読者がじっくりと味わわれんことを願う」とあります。『グリーン』はガリ版刷りか何かだったらしく、一部も現存しませんが、「木犀」の原文が日本語だったというのはおもしろいことで、陶晶孫の処女作らしいこの作品が中国語でなく日本語で書かれたことは、小学校時代から日本で育った陶晶孫らしい話です。それに郭沫若が、中国語では原文の美しさを充分には表現できないことを認めているのもおもしろい。これは創造社グループの文学活動の本質を暗に示しています。

同級生から義理の兄弟へ

『創造季刊』の創刊当初から、創造社の同人たちは他のグループの活動を文学と認めることを拒否し、激越な批判を加えて、魯迅ら文学研究会グループと猛烈な論争となります。これは当時は文学研究会派の「人生のための芸術」の主張に対する、創造社派の「芸術のための芸術」の主張の対立とされ、実際、年長の文学研究会派が明治の日本の写実主義・自然主義を守ったのに対して、若い創造社派が大正の日本の浪漫主義・理想主義を持ち込んだ、という面があって、日本学会の潮流の変化の反映とも見ることができます。しかし郭沫若が『創造十年』で言っているとおり、「あのころの無意味な対立は封建社会で培われた旧式の文人相軽んずる風習にすぎず、もっと具体的に言えば、ギルド意識の表現にすぎない」のでして、しかもその意識たるや、明治の清国人留学生だった魯迅の世代が多くは私立学校で学んだ速成組だったのに対して、大正の中国人留学生である郭沫若らが官立高等学校・帝国大学で正規の教育を受けたエリート集団だった、その優劣の意識だったのではないか、と思うのです。

それはそれとして、陶晶孫は一九二三年（大正十二）に九大医学部を卒業すると、そのまま仙台の東北帝国大学理学部に入学し、物理学教室で生物物理を研究することになりました。これは恋人の佐藤みさをが尚絅女学校の先生をしていたからです。この頃の生活を描いた陶晶孫の「理学士」と「特選留学生」によると、仙台での生活はかなり苦しかったように見えます。

××（九州）大学の医科を卒業した無量君（陶晶孫）は、生物学を専攻しようと思い、S（仙台）に来て××（東北）大学の理科に入りますが、××（江蘇）省の経理員が官費を支給してくれません。そこで義和団事件の賠償金による学費の補助を受けようと思い、東京の（公使館の？）学務処に申し込みますが、もう名簿を締め切ったと言われて、生活に困った無量君は、生物学の某教授に訴えます。教授は無量君の専攻が生物物理なので、生物学教室の助手にしてくれ、雑務を免除する代わりに、月給の半額、四十円を支給します。これから下宿代の三十五円を払うと、一日十五銭ほどしか使えません。留学生仲間とのつきあいも断わって倹約し、空き腹を抱えて一冬を過ごした無量君は、幸いに日本の外務省の義和団事件賠償金による特選留学生に選ばれ、毎月百円を支給されることになります。しかしもう父から何百円も借りているし、上海にいる妹からは学費を二百円、その他友人たちからも少なからぬ借金がある。これでは毎月五十円ずつ倹約して返済に当てても、友人たちの分だけで二年はかかる。この話は、上海の友人から手紙で原稿の依頼を受けた無量君が、二枚半の原稿が掲載されたら、稿料が七十五銭は入るな、と胸算用するところで終わります。

ともかく窮境を切り抜けた陶晶孫は、翌一九二四年(大正十三)の三月三日、恋人のみさをと結婚、仙台市石切町に所帯を持ちました。これで郭沫若と陶晶孫は、同級生から義理の兄弟になったわけです。

無錫での陶晶孫

この頃、中国では孫文《そんぶん》の中国国民党に中国共産党員が個人の資格で加入するという形式をとって、第一次国共合作が成り、広州が新たな革命の基地となり、翌一九二五年(大正十四)、孫文が死ぬと、広州に汪兆銘《おうちょうめい》を主席とした中華民国国民政府がつくられ、一九二六年(大正十五)には蔣介石総司令の率いる国民革命軍の北伐が始まり、まず武漢を占領、一九二七年(昭和二)には上海を取りました。この直後、国共の分裂が起こりましたが、国民革命軍はそのまま北上、一九二八年(昭和三)、北京に入城し、東北の張学良も国民政府に忠誠を誓って、中国の統一は完成しました。

この間、陶晶孫は仙台で研究生活を送っていましたが、一九二九年（昭和四）五月、日本留学生たちが上海につくった東南医学院に招かれて帰国しました。すでに仙台で長男の棣士《テイト》、次男の坊資《ファンツ》が生まれていましたが、上海でさらに三男の易王《イワン》が生まれました。棣士は『新約聖書』の「テトス書」、坊資はフランツ・シューベルト、易王はトルストイの「イワンの馬鹿」にちなんだ名前で、すでに陶晶孫は、おそらく夫人の感化で、キリスト教徒になっていたのです。翌一九三〇年には、陶晶孫は父の命令で、故郷の無錫に帰って医師として開業しなければなりませんでしたが、この一年間が陶晶孫の文学活動——ただし中国語の——がもっとも盛んだった時期です。この時期を追憶した、陶晶孫の「一年間」という文章があります。

「私は上海についた、創造社しかしらないからそこへいった、創造社は魯迅とも郁達夫とも仲がわるかったから、誰も私をつれていってくれなかった。

そのうちに郁に会った、いってみた、郁はよくしゃべり、酒をのみ、自分の全集をつくっていた、私は不勉強だから、論争や感情のくわしくを知らない、とにかく郁は旧友だから時々会った。

郁の世話で私は〔アプトン・〕シンクレアの『スパイ』を翻訳して暮しを立てた。

その日郁は私を魯迅の所へつれていった、魯迅とあうと若い人から悪口をいわれやしないかと思った。郁はよくしゃべり、魯迅は煙草ばかりふかし、私は黙ってきいていた。

創造社が閉鎖し、鄭伯奇〔三高、京都帝大〕が芸術劇社をつくり『西部戦線異状なし』を上演すると決め、私が田舎〔無錫〕へいってその脚本をつくってきた。

尾崎氏〔尾崎秀実《ほつみ》、朝日新聞社上海特派員〕が私に山上氏〔山上正義、新聞連合通信社上海支局員〕を紹介した、彼は白川次郎〔尾崎秀実〕などと共に二つほど出版した。私は人形芝居をやった。

郁は自分の『大衆文芸』〔雑誌〕を私にくれた、私はその方向を変えた。そのころ魯迅は『奔流』〔雑誌〕を出した。上海に丁玲がきた。

『西部戦線』は成功した。しかし千秋楽の日に〔アグネス・〕スメドレ女史がマグネシウムをたいた、その光と音を爆弾ときいて観客全部飛び出してしまった、私は尾崎氏の家に三日厄介になった、奥さんに大変世話になった。

やがて、魯迅との仲が急によくなった、左聯〔中国左翼作家連盟〕が出来た。その次に、私は田舎〔無錫〕へいった。田の仕事を終えた農家の前で団扇で蚊を追いながら百姓といろいろ話をした、私は医療の相談しながら家族構成をしらべた。

一年間いろいろなことがあったので永い気がした。一九二九年の春から翌年の夏までのことと記憶する」

この中で「私は人形芝居をやった」とありますが、すでに陶晶孫が仙台在住中の一九二八年八月発行の『創造月刊』の第二巻第一期に、彼の作になる人形劇の台本「勘太と熊治」が載っています。これは中国で暴虐の限りを尽くす日本兵が、日本では善良な庶民である姿を描いたものですが、おもしろいことに、「この篇は本来、日本文で書くつもりだったが、『創造月刊』に寄稿のために、先ず中国文で書いた」という断り書きがあります。これは「中国」ではなく「支那」という字面を使っている理由の説明ですが、察するところ、これも「木犀」と同じく、じつは日本文の原稿の翻訳なのでしょう。これは陶晶孫にとって、日本語で考えて文章の構想を練るほうが楽だったことを示しています。

上海自然科学研究所の研究員として

しかし陶晶孫の無錫生活は長くは続かず、翌一九三一年（昭和六）上海のフランス租界に開設された上海自然科学研究所の招聘に応じて、ふたたび上海に移住します。この研究所は、中国政府が支払いを続けてきた義和団事件賠償金による日本政府の対支文化事業の一部として、一九二四年以来、上海に設立することについて中国側とのあいだに合意が成立していたもので、その実施機関として日中共同の東方文化事業総委員会があり、その上海委員会には、日本側から私の大叔父の林春雄（東京帝大医学部薬理学科主任教授）が参加しています。委員長は厳智鍾《げんちしょう》（一高、東京帝大医学部卒、北京伝染病研究所長）でした。ここでの決定に基づいて、一九二八年、東大そっくりのネオ・ゴシック式の研究所の建物が着工されましたが、その矢先、日本政府は蔣介石の北伐の妨害のために山東省に出兵して済南《さいなん》事件を引き起こし、これに抗議して、中国政府は東方文化事業から中国側委員を全員引き揚げてしまいました。それでも建設を止めるわけにもゆかず、一九三一年（昭和六）四月、上海自然科学研究所は正式に開所し、建物も完成しました。しかしその直後に満洲事変が起こり、中国側はいっさいの協力を拒否し、日本側だけで経営しなければならなくなりました。とは言っても、そこは中国のことで、原則と実際は違います。純粋学理の研究と中国人の研究能力の増進を目的とした上海自然科学研究所には、ほかに同種の機関がないこともあって、中国人の個人的な協力はかなりあったようです。

陶晶孫は無錫で開業して、診療だけでは不十分であり、公衆衛生の改善が急務であることを認識して、実験衛生模範区をつくったりしましたが、なにぶんにも個人の能力には限りがあります。それに陶易王博士の話によれば、診療に関してごたごたがあったりしていたところに、研究所から話があり、一九三一年八月、その医学部病理学科の研究員に就任しました。中国において反日気分が最高潮に達している時期に、敵国の機関に就職するのは勇気が要ったことでしょうが、陶晶孫は科学者です。日本本国でさえ匹敵するもののないほどの完備した研究環境を持つ上海自然科学研究所で研究に従事することは、無錫の田舎に埋もれて開業医の一生を送ることに比べて、どんなにか魅力的だったことでしょう。事はせっかくの自分の能力を生かすか殺すかの選択です。それに当時の中国の恐るべき衛生環境の悪さは、とうてい、一開業医の手におえるものではありません。それよりは、衛生学の基礎研究を通じて、中国の社会衛生の改善に寄与するほうが、よほど多数の同国人の生命を救うことになります。これが陶晶孫が敢然として研究所の招聘に応じた理由だったと思います。

研究所では、陶晶孫は主として小宮義孝研究員（のち国立予防衛生研究所長）と共同で、中国の寄生虫病、伝染病の研究を行ない、多くの業績を挙げています。またこの頃から日本語で随筆を書き始めています。またこの頃、姉の陶慰孫も研究所の嘱託になっており、妹の陶虞孫は研究所の『彙報』に中国の淡水魚類の研究を発表しています。陶一家がいかに上海自然科学研究所と関係が深かったかがうかがわれます。

しかし研究所のかつての同僚の思い出話によると、陶晶孫は「日本人というのは、中国人のいやがることばかりいったり、中国人を無視したことばかりする」と言ったことがあり、またみさを夫人は自宅の近所の人には「自分は広東人だ」と言っており、同僚の奥さんには「自分が日本人だとはいわないでほしい」と言っていたそうです。親日派と見なされていた陶晶孫の胸中が思いやられます。

一九三五年（昭和十）新城新蔵《しんじょうしんぞう》（元京都帝国大学総長、『東洋天文学史研究』の著者）が所長に就任し、陶晶孫はこの人に大事にされたようです。

支那事変の渦中で

一九三七年（昭和十二）七月七日、盧溝橋事件とともに支那事変が始まりました。市川に住んでいた郭沫若は、妻子を棄てて日本を脱出、抗日戦線に身を投じます。戦火はたちまち上海に及びます。陶晶孫は「私は一度は戦争に吃驚《びつくり》しました。何しろ私は戦争に対して用意がして有りません。私は街に出る用意は先ず出来ていないのです。しかしそれは又新《ゆうしん》師（新城新蔵）が所長室でなされたあの幹事会で『大砲の弾が飛んで来ても泰然として研究に従事しなければ』と云われたことにヒントを得て強くなりました」（「弱虫日記」）と書いています。

郭沫若とは反対に、陶晶孫は妻子を日本に帰して、一人で上海の研究所に踏み留まりました。この頃の悲痛な気持ちを描いた「留守番日記」があります。

「猟人の鉄砲に驚いて鳥の巣から親鳥、子鳥が飛び立つ如く、戦争の音で私共もサー・ウォルター・スコットが名を偲《しの》ぶ寓居（施高路のスコット・ハウス）に別れを告げ、女子供は丈夫な郵船会社の船上海丸と云うのに詰め込み、私は楓林橋の城寨〔研究所〕に立て籠《こも》った。女房に別れるのは辛かったが船にのせることが出来たので安心した。騎士の責任は一半尽したような気がする。あの鋼鉄の船は丈夫だから二千人詰め込んでも沈まないに違いない。（中略）

籠城は三カ月続いた。私の精神は傷痍に満ちた。（中略）秋の澄める空を小公園の芝生から眺めた。急に戦争の音がすっかり消えて何処にもいづらかった。私の女房は今では国家の私生児となった三人の子を〔蘇〕曼珠〔日系中国人の詩人、一八八四〜一九一八〕會遊〔曾遊《そうゆう》の誤りか〕の地逗子の海浜で養っているだろう。（中略）

戦争になったので私の家は毀れた。親子夫婦離散したのである。これは欧洲では日常茶飯事だ。戦争になると二つの王家は敵味方になる。敵から来た嫁〔みさを夫人〕は毎日泣いた。（中略）

王様〔陶晶孫〕は嫁さんをその母の許に返した。敵国から帰って来た嫁さんだと言うので見舞品は山と積み夜具布団から黒紋付は三人前もらった。そのために三人の王子〔棣士、坊資、易王〕はお見舞のチョコレートを友達と一緒に毎日食っても食いきれなかった。

王様は淋しかった。家に帰って来ても白眼視された。外では執拗なる政治的攻撃に対して血みどろになって戦った。

しかし彼は少しも昔峡谷の河縁にある城塞の小窓から愛人を見つけたことを悔いなかった……」

日本軍は十一月には陶晶孫の郷里の無錫、十二月には南京を占領しました。新城所長は軍の命令で、戦火に破壊された大学、研究機関、文化施設の資料の収拾に、高齢にもかかわらずトラックに乗ってみずから指揮をとり、過労がたたって翌一九三八年（昭和十三）の夏、南京で亡くなりました。「弱虫日記」によれば、陶晶孫はこのとき病気を得て鵠沼《くげぬま》で静養していたということで、日本の妻子のもとに帰っていたのですが、この短篇のなかで、夢に冥界に遊んだ陶晶孫は、そこで再会した故所長に、「君の仕事はなかなかよろしい、君は人の云うことにびくびくせずに泰然として勉強していなければいけない」「私は古い中国の学者をもっと多く知り、それによって自分を磨き、若い中国の学者を都合よくして、みな日華の国籍を忘れて学問に進むようにしてやると思って日夜足りないと自ら責めている、それだけは残念に思っている」と言わせています。もって陶晶孫の新城新蔵に対する思慕の情がうかがわれます。

戦後の日々

その後、陶晶孫は長男と次男を夫人のもとに残し、自分は三男の易王を連れて中国に渡りました。陶易王博士の話によれば、夫人は二人の息子を日本人として育てよ、自分は易王を中国人として育てて、日中の運命がどう変わっても、どちらかが生き残れるようにしよう、ということだったのだそうです。博士の筆になる「二人の擲弾《てきだん》兵」(『新夕刊』一九五四年一月二十五日)という文章に、この頃の思い出を記しています。

「昔の事である。日本軍閥が大陸侵略を始め、南京を陥れた頃。父の故郷(無錫)、田舎の家。少年の私は花庁《ホアティン》と呼ぶ大広間の庭で遊んでいる。清朝の役人だった曾祖父が昔屢《しば》々、花の会や詩の会を催したらしい大広間はうす暗く、しめっぽい。私は虫を捉えては書斎——(父がふざけて反封建楼と名付けたが、後にニヤニヤ笑いながら門牌を半封建と書き直した)——の床の上で病気で臥《やす》んでいる父の所へ飛んでいく。何度目かに私は、入口で立ちすくんだ。床の上で本を読みながら泣いている父を私は見た。

子供にとって大人が泣いているのは不思議な事である。逃げ出そうとする私を捉えて父は、今迄にない激しい興奮した口調で喋《しやべ》った。本には二人の兵隊が雑嚢を背負って歩いている姿が木版画であり、横に何やら詩が印刷されている。父の説明は難しく具体的に何だか良く判らなかったが、その言葉にこめられた烈しい憤りを私は幼いながらにもよく判った。（中略）私にも父の憤りは漠然とではあるが感じられ、常と異る父に一寸《ちよつと》驚いたのであった。翌日私は書棚からこっそりその本を持ち出して、誰も来る心配のない祠堂《ほこら》に入って何だろうと開いて見た。先祖を祭る祠堂は線香臭く寒かったが、私は奶媽《ばあや》の食事を呼ぶ声も気付かず木版画に見入って読み返えした。それはハイネ詩集で木版画は二人の擲弾兵だった。（中略）

私は信念を以て地味ではあったが医学研究に従事し、公衆衛生を通じて、大衆と接触して行った父は、文学を離れても革命と遠ざかっても父なりに満足であり幸福であったろうと思いながら、手垢に汚れた、よれ〳〵のドイツ語版のハイネ詩集を出して読んで見た。

悲報をきいて〝二人の兵隊は泣いた〟で始まる――（妻や子がなんだろう。彼等が飢えたら乞食をさせればいいんだ！　僕等の祖国が侵されてしまった！）」

一九四五年八月、日本は連合国に降伏し、大東亜戦争は終わりました。陶晶孫は南京の陸軍病院の接収に当りました。陶易王博士は書いています。

「終戦直後父は東南医学院の教授団と、降服した日本陸軍病院の接収にゆき、その衛生管理にたずさわった。敗戦後の混乱は、今更云うまでもない。病院の裏では、毎日の様に戦闘帽をかぶった白衣の屍が焼かれる嫌な煙が立ちのぼり、病室ではむくんだ顔の患者は、ベッドから半身のり出したまゝ、コップの前で口を開けて死んだ。疲れ果てて奥地からやっとたどり着く敗残兵の一群は皆申し合わせた様に首に戦友の骨箱をさげて、垢だらけの土色の顔にひきずる跛足の足は傷口の腐った肉から白い蛆《うじ》がこぼれたりしていた。この幽鬼の一隊は、鉄砲を杖にして毎日の様に現れては、次々と消えて行った。たま〳〵遊びに来た私に、〔父は〕何も云わずに、病棟の有様をずっと見せて廻った。父は憂鬱そうでもあったし、過労の様でもあった」

（「陶晶孫追憶集三　病史」『歴程』七十二号、一九五九年三月）

翌一九四六年の四月、やはり接収されて国立台湾大学となった旧台北帝国大学の医学院（医学部）から招かれて、陶晶孫は台北に渡り、衛生学科主任教授、兼熱帯医学研究所長となりました。これは日本医学の訓練を受けた台湾人のスタッフを統率するには、日本で医学を勉強した陶晶孫らの日本語の能力が不可欠だったからです。

私が松村潤君らと初めて台北を訪れたのは一九六二年ですが、このとき、元東方文化事業上海委員会委員長だった厳智鍾《げんちしょう》先生は国立台湾大学医学院の細菌学科主任をしておられ、また医院

（病院）のなかにある病理学科の研究室を訪れると、主任の葉曙《ようしょ》先生（湖北省人、千葉医大卒、松村君の父上の弟子）が、出入りする台湾人の助手や医局員たちと大声の日本語で話し合って、「中国語でなんて、おかしくって話せるものか」と気炎をあげておられたことを思い出します。その頃、国民党は、日本語の使用を厳重に取り締まっていたのですが。陶晶孫と台湾人スタッフとの関係もよかったようです。

しかし陳儀《ちんぎ》行政長官（前出）以下の国民党の中国人たちは、せっかく日本の支配から解放された台湾省民を、あたかも被征服民族のごとく扱って収奪をこととし、ついに一九四七年の二・二八事件の流血の大暴動を引き起こしました。このとき外省人は多く台湾人に殺されましたが、陶晶孫夫妻はたまたま上海に行っていて、長男と次男は京大医学部に留学中、台湾大学医学院の学生だった三男の易王は、日本語が話せるために外省人でありながら助かって台湾人たちにかくまわれたということです。

そのうちに一九四九年、共産党軍が大陸を席捲して、北京に中華人民共和国中央人民政府が成立し、陶晶孫の義兄の郭沫若が副総理の一人に就任します。そして一九五〇年、朝鮮戦争が起こって、第七艦隊が台湾海峡をパトロールするようになります。この頃、息子の易王の名が国民党の特務機関のブラック・リストに載っていることを知った陶晶孫は、策を設けて親子三人、空路台北を脱出、羽田に着いて、市川の郭沫若夫人の家に身を寄せ、やがて近くの小さい家へ引っ越しました。それから東大文学部に講師として迎えられたことは、すでに述べました。

愛の人、陶晶孫

最後の日本在住の一年八カ月、陶晶孫は爆発的に日本語で書きまくりました。二十年ぶりで、かつて少年時代を愉快に暮らした日本に来たのです。祖国に対する無法な侵略戦争によって、陶晶孫の愛情深い心をずたずたに引き裂いた日本は、いまやアメリカの占領下に置かれ、片や中国は朝鮮半島でアメリカと五分の戦いをする独立国家、しかもまだ共産党独裁の色合いの薄い民主連合政権の時代です。当然、陶晶孫の語調は、祖国の歩んだ三十八年の革命の道の正しさを確信し、日本がその経験を学んで独立に至り、日中友好を実現する希望に満ちたものになります。

「中国は今の日本にひどく同情している。（中略）

なぜならば、中国は現在の日本の状態を見て、それがみな自分の経験して来たことだからである。中国が半植民地状態にあったとき、自分の港には外国の軍艦がいた。自分の町の郊外には兵隊が隠されていた。外国人の店や家に勤めれば月給が多かった。官吏は腐敗し、街にはキャバレーがさかえ、高級自動車が走り、検事は社用族を捉えても捉えてもいくらでも出て来た。即ち、昔中国にあったものは今日本にはみなある。中国人は、この状態に甘んじることは決して独立国に到る道でないことを知っている。（中略）

中国人はだから日本人に同情している。同情しているのみならず、手を伸べて早く一緒に進もうと待っている。決して日本を食べてしまいやしない。日本人はヨーロッパの文明開化をしたため自分もヨーロッパ諸国の仲間入りした気がするが、この島は棹《さお》をさして向うの陣営へは行けない。日本の島は不沈空母のようで大いに役に立つようにみえる。しかし棹さして行っても有色人種を受け入れてくれるかは問題である」（「落第した秀才・日本」）

陶晶孫の死後ほとんど三十年、いまやアメリカに次ぐ世界第二位の経済大国に成長した日本は、いまだに「仲間入り」させてもらえない悩みに苦しんでいますが、一方の中国は、毛沢東の失政のおかげで経済は破綻寸前に陥り、辞を低くして日本の援助を乞わなければならない窮境にあります。日中友好は一見、実現したかのごとくですが、相互理解の欠如は三十年前と変わるところなく、陶晶孫の望んだところとはほど遠いのが実情です。

陶晶孫は愛の人でした。乱中にあって、国家や民族といった抽象的な理念を盾として自己を正当化しようとはせず、勇気をもって国籍の違いを超え、妻と子供たちを愛し、友人たちを愛し、全力をふるって戦い抜いて死にました。愛国のために妻子を棄て、文革のために同僚を裏切った革命家、郭沫若とどちらが偉大でしょうか。

付記 陶易王博士に多くの資料の提供を受けたことに感謝する。

第3章　文字と言葉と精神世界の関係

書き言葉と話し言葉の関係

文字を持たない人々の言語は貧弱である

文字が読めない人々

あれはいつのことだったろうか。私がまだ若かった頃、東京の西郊にある小都市の市役所に、戸籍謄本を取りにいったことがある。

そのとき、一人の老人が私に話しかけてきた。自分は小学校に行っていないので、文字が読めない。自衛隊に行っている一人息子が手紙を書いてきたから、済まないけれど、読んで説明してくれないか、ということだった。私はもちろん承知して、一枚の手紙をその老人から受け取った。

開いてみると、海水浴に行くから、「カンスイパンツ」を送ってくれという文面で、それも三回、繰り返して書いてあった。私は「カンスイパンツ」は「海水パンツ」のことだろうと思ったから、その老人に、息子さんは水着を送ってくれと言っていますよ、と説明した。

それで思ったのだが、文字が読めない人はどうやって暮らしているのだろう。たぶん、バスに乗るには、行き先が書いてあっても、どだい読めないから、いちいち人に聞いて、行き先を確かめなければなるまい。電車に乗るのも同じことで、いつも人に聞くわけにゆかないから、行き先は限られてしまい、日頃行き慣れたところにしか行けない。まして買い物となると、算数の手ほどきすら受けられないから、決まったものを決まっただけ買うしかない。新しいものを買おうとしても、だいいち釣り銭がいくらになるか、わかるわけがない。相手の善意に頼るしかないのだ。

文字が読めないということは、それほど重大なことなのだ。

今でも世界には文字を読めない人々、文字を持たない人々がいくらでもいる。南米奥地の狩猟採集民のように、文明から隔絶し自給自足しているような人々は、文字などなくても暮らしになんの不自由もないだろうが、先進国にもそうした人々がいて、文字が読める人間には想像もつかないような世界に閉じ込められている。

一例を挙げよう。

マクシン・ホン・キングストンというアメリカの中国系作家が書いた「ベトナムの弟」という

短編に、次のような記述がある。

ベトナム戦争のとき、彼女の弟（当然中国系である）は徴兵されて航空母艦に乗り込んだのだが、アメリカからフィリピンに向かう途中、人事係将校から水兵たちに英語を教える職務が与えられた。水兵たちがあまりにも無知で、どこにインドシナがあり、どこにスウェーデンがあるかも知らなかったからである。


「読むとき何が見えるか」と弟は（水兵たちに）質問した。「見えるものを言え」。見ていたものは話や考えではない。

「小さな、小さな文字が見えます。そしてだんだん暗くなってゆきます」。かわいそうに。彼らは学校から逃れるために海軍に入って、ここでまた学校にいるのだ。

「言葉が見えます。そしてインクがいっしょになって、それから暗くなります」

「最初は文字が見えて、それが色になって、あちこち飛び回ります」

「色です。青だと思います。でなければ紫です」

「言葉は水に溶けているように見えます。水に浮いています」

「もやが見えます。霧のようです」

「トンネルのなかのように暗いです」

「エレヴェーターに乗っているようです」

「暗いです。閉所恐怖症です」

「せまい洞穴のようです。そして息ができません」

「もう読書をやめてもいいですか。めまいがします」

「頭が痛くなりました」

「涙が出てきます」

「息ができません」

「目が痛くなりました」

「暗いです。閉所恐怖症です」


弟は、みんなに家に手紙を書かせて、書き方を教えることにした。海軍の教科書に、手紙の見本があった。「お母さん」と水兵は書いた。「いかがお暮らしですか。わたしは元気です。あなたもお元気ですか。こちらには食べるものがたくさんあります。海軍ではみんな忙しくしています。天気は涼しい／暑いほうです。愛しています。敬具。あなたの名前」。生徒のなかのある者はこれをそのまま写した。「あなたの名前」と彼らは書いた。

彼らが手紙を写すのにあまりに長くかかったので、弟が綴り字法や文学を少しでも教える前に、授業はおしまいになった。なかにはアルファベットの文字を全部は知らない者もいたし、知ってはいても順番がめちゃめちゃの者もいて、それでも海軍に入る前に知能検査に合格していた。「政府は水準を下げて、われわれの体を手に入れるようにしたんだよ」と弟はみんなに語った。弟はカナダとスウェーデンが地球の上でどこにあるかを彼らに示した。「英語をきれいに発音しますね」と、生徒は弟をほめた。白人が同じことを言ったとき、弟はどう答えるかを用意していた。「ありがとう。あなたもね」。しかし弟も当惑した。弟はこうした連中に皮肉を言う気になれなかったし、言ったところで彼らは理解できなかっただろう。

この短編は、アメリカの海軍の水兵がいかに文字が読めないかを告げているのだが、たった二十六文字の英語のアルファベットを全部は読めない者がいるのである。文字が小さな塊になってあちこち飛び回る、というのは、大衆の文字への恐怖を示している。

一般のアメリカの文字の普及率はこんなものである。国民のほとんどが文字を読み書きできるというのは、じつは日本が世界に誇っていいことのひとつなのである。

文字を持つことで表現が豊かに

文字が読めなければ、読み書きはもちろん、算盤《そろばん》もできない。世界地図でベトナムやスウェーデンを確認することもできない。それよりももっと重大なのは、身近で即物的な、簡単な言葉しか持ちようがなく、少し高級なこと、抽象的なことを表現する言葉がない、ということである。高度で抽象的な言葉は、文字を介して初めて持ちうるのである（高度で抽象的な言葉とは何を指すかについては、のちほど説明を加えよう）。

では、文字を持たない社会に文字を持つ言葉が入ってゆくとどうなるか。

それを考えるには、敗戦から三十年近く経った一九七四年十二月、インドネシアのモロタイ島のジャングルで発見された元日本兵、中村輝夫のことが参考になる。

中村輝夫は、台湾の高砂族のひとつアミ族の出身で、本名をスニヨンと言う。高砂族はマラヨ・ポリネシア系の言葉を話すが、一八九五年から約五十年にわたる日本による台湾統治時代に、すっかり日本語で教育された。そうしたなか、アミ族の中村輝夫は日本兵として出征し、日本の敗戦も知らず三十年近くジャングルに潜み、横井庄一、小野田寛郎に続いて発見され、当時の日本社会を驚かせた。

この中村輝夫の発見の経緯、それにまつわるインドネシア人、台湾人関係者の証言などを集めた河崎真澄の『還ってきた台湾人日本兵』（文春新書）に、次のような記述がある。

（中村が台湾に帰還した際）一連の報道は、台湾のメディアではなく、日本人記者の独壇場だった。

中村も周囲の関係者も、だれもが日本語か、アミ語など民族の言葉しか話せなかったからだ。台湾の「国語」となった北京語はおろか、台湾語ですら、ほとんど聞き取れなかったのには歴史的な理由がある。

戦前の高砂族は、平地の漢族とは分離されて、それぞれ別個に日本教育を受けた。したがって日本語は流暢でも、漢族が使っていた台湾語は無縁の言葉だった。まして戦後、大陸から渡ってきて台湾を弾圧した国民党政権が強制した北京語は、さらにあとからきた言葉だった。

今では若者も含め多くの高砂族も北京語を「国語」として初等教育から学習するが、当時の年輩の高砂族にとって、北京語も台湾語も大半が理解できない「外国語」でしかなかった。日常会話は高砂族の民族の言葉か日本語。ややよそゆきの会話や、理詰めで物事を考える必要があるときは、もっぱら日本語というのが普通だった。

ジャングルで孤独な三十年を過ごしたにもかかわらず、中村も記者会見では流暢な日本語を話したという。高砂族の年配者のあいだには、現在でも日本語が普及している。簡単な会話ならアミ語、理詰めの会話なら日本語、というのは、理詰めで物事を考えるときの言葉が、アミ語にはそもそもなかったからである。

同書には、別のところでアミ族の夫婦の会話の実例が出てくる。

胡（胡必重、漢族）は中村帰郷の当時、アミ族の友人から、正子《よしこ》（中村輝夫の妻、民族名サンピ）は（中村に）こう（中村が戦死したと思い、別の男性と再婚した事情を）告白したと聞いた。

「あんたマパタイ（死ぬ）したと思って再婚した。ミサクリ（農作業）するひといない……」

日本語にアミ語の単語を交えての会話だったという。胡は漢族ながら高砂族のひととの交友が深く、アミ語にも通じている。

ここでアミ語の「マパタイ」、「ミサクリ」以外の言葉は、純然たる日本語であることに注意する必要がある。言い換えれば、この告白は日本語でなされているのであり、そのなかにアミ語がちりばめてあるといった状況である。アミ族の日常会話は、アミ語よりもむしろ日本語で行なわれ、ほとんど日本語の方言に近かったのである。

より高度な言語は、こうしてプリミティヴな言語の上にかぶさってゆく。

もう一例挙げよう。同書にある、日本語と、当時文字を持たなかったインドネシアのモロタイ島民の言葉との接触についての記述である。

一九四四年七月、モロタイ島に駐留した日本軍は、地元住民との融和策を進める。教育とは無縁だった辺境の島で、まず学校をつくり、住民の子供たちに読み書きや算数や日本の歌を教える一方、飛行場や兵舎建設のために、住民を労働に駆り出した。

今でも島では「シゴト」(仕事)という単語が残っている。(中略)ラストリー(島の長老、七十五歳)やハムジャオラ(六十八歳)、そしてハリムクルン(七十歳)という三人の男は、日本の仮設学校に通うかたわら、日本軍の飛行場建設に駆り出された。元郡長のユノス・ジャビルが話していたように、一日に時間を決めて、組織的に労働するという概念のなかった島民にとって「シゴト」という言葉は、このとき生まれた。ラストリーはまだ多くの日本語を覚えていた。「サカナタクサンアル(魚たくさんある)」「サシミ」「キオツケ」「ヤスメ」「ヒコージョー」「ヒコーキ」「ジョートー」「グンタイチョー」……。

日本兵はスコールが降るとすぐ「ヤスメ」になったと言って笑った。村人なら雨など気にせず作業を続けるからだ。

日本語と接することで、文字を持たなかったモロタイ島民の言葉が、日本語まじりになってゆく過程がよくわかる。日本人がもたらした抽象的な概念(たとえば、一日に時間を決めて、組織的に労働するという概念）は、その言葉（シゴト）とともに彼らに取り込まれていったのである。日本語のほうが高度で抽象化していたのは、文字を持つことで、モロタイ島民の社会より、日本の社会のほうがより高度で複雑化していたことの反映である。

ところで、では日本語はずっとむかしから高度で豊かだったのかというと、そんなことはない。大むかしの日本語は文字を持たないプリミティヴなものであった。それが古代に漢字という文字を取り入れたことで、おおいに発達したのである。そのことを、高島俊男はこう説明している。

（漢字が日本に入ってきた）当時の日本語はまだ幼稚な段階にあった。たとえば、具体的なものをさすことばはあったが、抽象的なものをさすことばはまだほとんどなかった。個別のものをさすことばはあったが、概括することばはなかった。

それはこういうことだ。「雨」とか「雪」とか「風」とか、あるいは「あつい」とか「さむい」とかの、目に見え体で感じるものをさす、あるいは身体的な感覚をあらわすことばはある。しかし「天候」とか「気象」とかの、それらを概括する抽象的なことばはない。われわれはいま「お天気」ということばをごく日常にもちいているが、この「天気」という語も本来の日本語ではない。これも、概括的、抽象的なことばなのである。同様に「春」「夏」「秋」「冬」はある。しかしそれらを抽象した「季節」はない。

あるいは目に見える「そら」はある。しかし万物を主宰し、運行せしめ、個人と集団の命運をさだめる抽象的な「天」はない。いやこの「天」ともなると、単に抽象的というにとどまらず、この観念を生んだ種族の思想——すなわちものの考えかた、世界と人間とのとらえかた——を濃厚にふくんでいる。

（『漢字と日本人』文春新書）

高島は「天気」も「季節」も「天」も、漢字を取り入れることで初めて日本人が獲得した概念なのだ、と説いているわけだ。

このように、文字を持たない言語は表現が貧弱で（言語表現が貧弱だということは、精神生活も貧弱だということだが）、文字を持つことで表現が豊かになり高度化するのである。

言葉の発達過程

そもそも言葉はどのようにして発達してゆくのだろうか。

東アジアでもどこでも、文字が生まれる前は、それぞれの家族で内輪の言葉があったに違いない。言葉は、最小限、二人のあいだに交わされるもので、それは身振りの補助になって、意志を通じる役目をしていたはずである。言葉だけではだめで、それでは何も通じない。あくまでそれに伴った動作があって、初めて意味が生まれるものだ。

これは一歩進むと、踊りと歌になる。踊りは、おなじ動作を繰り返して、その意味を不完全ながら伝え、これに歌が加わって、その意味を補強しながら、少しずつ進んでゆく。おそらく古代の歌謡や舞踏はそうやって生まれ、発展してきたのであって、どんな種族にも始源的な歌謡や舞踏がある。

たとえば、古代のシナには『詩経《しきょう》』や『楚辞《そじ》』がある。紀元前六〜前五世紀の魯《ろ》の人、孔丘（孔子）が編んだと言われる『詩経』は、黄河流域の歌を集め、紀元前一世紀の前漢の人、劉向《りゅうきょう》が編んだとされる『楚辞』は、紀元前四〜前三世紀の楚の人、屈原《くつげん》の作を初めとして、長江流域の歌を集める。ただ、現在では歌の文句ばかりが残されていて、それにどういう踊りが伴っていたかはよくわからないけれども。

さらに進むと、一つの村がおなじ言葉を話す段階になる。だが、まだ隣の村とは言葉が通じない。

中国人民解放軍のある朝鮮族将校から聞いたことだが、彼の第四野戦軍が進軍した広東省《カントン》では、村ごとに違う方言を話していて、話が通じなくて困ったという。

先に引用したアメリカの中国系作家マクシン・ホン・キングストンは、カリフォルニア州のストックトン生まれだが、ここは広東省の新会県の田舎から出てきた同郷人が固まって住んでいたところらしい。彼女の「胡笳《コカ》の歌」という短編には、次のような一節がある。

中華航空の面接係が試したどの方言も、私はわからなかったし、彼も私の言葉がわからなかった。私は今に新会県に行って、どれくらい歩けば人々が私のように話さなくなるのか、正確に知りたい。

これで見ると、広東省出身とはいえ、彼女の話して育った方言はどこかの通用範囲の狭い方言のようで、世に知られている広東語ではないらしい。

次の段階としては、方言が一つの村や県の範囲から越えて、一つの省の範囲か、それに等しい大きな範囲に拡大する。

たとえば、十八世紀末からマレーシアに押し寄せた漢人は、言葉の違う福建《ふっけん》、広東、客家《ハッカ》、潮州《ちょうしゅう》、海南《かいなん》の五種類の幇《パン》から成っていた。これら五つの幇は、福建幇は福建省、広東幇は広東省の西部、客家幇は広東省の東部、潮州幇は同じく広東省の東部、海南幇は海南省に起源がある。

そこから先、さらに広範囲に言葉が統一されるには文字の力が重要な働きをする。

話し言葉は書き言葉に大きく影響され変化する

現代日本語は西欧語を下敷きにつくられた

先日、テレビをながめていたら、江戸時代の髷物《まげもの》ドラマなのに、「じゃあ、あとで連絡します」なんて台詞《せりふ》が出てきて、びっくりした。「連絡」なんて言葉があの時代にあるわけがない。映画やテレビドラマの（ときには小説の）時代物は、ほとんどが舞台をむかしに借りただけの、現代人の感覚と言葉による現代劇だから（戦国大名なのに、あり方はまるでマイホームパパ、といったものも珍しくない）、仕方がないといえば仕方がない。それに、当時の言葉を正確に再現するのも難しい。

われわれは今使っている言葉を、先祖代々ずっと使い続けてきているかのように錯覚しているが、言葉はしばしば大きく変動するものである。たとえば明治初期の日本人がしゃべっていた日本語は、今とはかなり違っていたはずだ。

その変化に、書き言葉（文章語）が果たした役割はきわめて大きい。

明治期、日本は近代化を急いだ。日本語も大きく変化した。前出の高島俊男は、その『漢字と日本人』でこうも述べている。

われわれがこんにち、現代の社会に生活していて、新聞や雑誌で見ることば、テレビやラジオで聞くことば、われわれの親やわれわれ自身が日常にもちいて来た、また現に毎日もちいていることば、その大半は明治以後につくられた「新字音語」である。右に「現代の社会に生活する」と書いた。江戸時代のお侍や町人が「われわれは現代の社会に生活しています」なんて、言うわけないよね。「いまの世のなかでくらす」とでも言ったかな？ 「現代」はmodernの、「社会」はsocietyの、「生活」はlifeの訳語ですよね。（略）

政治、法律、裁判、産業、建築、交通、機関、通信、手段……。これらのことばも、西洋語の翻訳、つまり新しい和製漢語だ。そしてまた、これらを小分けするならば――

政治にかかわることばなら、政府、官庁、官吏、公務員、議会、議案、議院、議員、行政、施政、選挙、投票……

経済産業なら、会社、企業、銀行、保険、信託、証券、不動産、有価証券、金融、電器、機械、運輸、輸送、物産、精密、計測、経理、営業、総務、企画、立案……（略）

いくらあげていってもキリがない。かえって、いま新聞紙上などに見ることばで江戸時代以前からあるものをあげなさい、と言われたほうが困るんじゃないかしら。

「政治」はpoliticsの訳、「政府」はgovernmentの訳、「産業」はindustryの訳、「銀行」はbankの訳、「保険」はinsuranceの訳……これもキリがない。あるいはみなさんは、これらのことばの一々の原語を知らないかもしれない。しかしすくなくとも、江戸時代の日本人がこうしたことばをしゃべってはいなかったろう、ということは、およそ見当がつきますよね。ならば当然、明治時代、西洋化以後にできたことばなのである。（略）

江戸時代までの日本に、なぜこれらのことばがなかったのかと言えば、その物、もしくはそうした概念がなかったからである。

高島が言うように、今の日本語からこれら明治の和製漢語を除いたら、おそらくコミュニケーションの道具としては、使い物になるまい。たとえば、今では当たり前のようにみんなが使う「彼女」という言い方も、それ以前からある「彼」に「女」をくっつけてつくった明治以降の新語である。英語のsheに対応する言葉を翻訳の必要から生み出したのである。

和製漢語といった単語だけではない。今の日本語の文体の基礎は、夏目漱石や森鷗外がつくった。文学者の営みとは、言葉をつくり出し、言葉を豊かにすることなのであるが、彼ら以前と以後とで、日本語の文章は明らかに違ってきている。

たとえば、近代小説の先駆と言われる坪内逍遙《しょうよう》の「当世書生気質《かたぎ》」（明治十八年）は、こういう書き出しで始まる。

さまざまに。移れば換る浮世かな。幕府さかえし時勢《ころおい》には。武士のみ時に大江戸の。都もいつか東京と。名もあらたまの年毎に。開けゆく世の余沢《かげ》なれや……

また、明治期の大ヒット小説である尾崎紅葉《こうよう》の「金色夜叉《こんじきやしや》」（明治三十年）でも、書き出しはこうだ。

未《ま》だ宵ながら松立てる門は一様に鎖籠《さしこ》めて、真直《ますぐ》に長く東より西に横《よこた》われる大道は掃きたるように物の影を留めず、いと寂《さび》しくも往来《ゆきき》の絶えたるに、例ならず繁き車輪《くるま》の輾《きしり》は、或《あるい》は忙《せわし》かりし、或は飲過ぎし年賀の帰来《かえり》なるべく……

これに対して、有名な漱石の「吾輩は猫である」（明治三十八年）の冒頭は、

吾輩は猫である。名前はまだ無い。どこで生れたか頓《とん》と見当がつかぬ。何でも薄暗いじめじめした所でニャーニャー泣いて居た事丈《だけ》は記憶して居る。

であり、鷗外の「ヰタ・セクスアリス」（明治四十二年）は、

金井湛《しずか》君は哲学が職業である。哲学者という概念には、何か書物を書いているということが伴う。金井君は哲学が職業である癖に、なんにも書物を書いていない。

で始まる。言うまでもなく、後者は現代日本語に直結している。

このように、漱石や鷗外はそれまでにない新しい日本語をつくり上げたわけだが、誤解してはいけないのは、言文一致が進み、みんなの話しぶりをそのまま写せるようになったから、そんな日本語ができた、というのではないことである。こうした日本語は、当時の日本人のほとんどは、まだ話してもいなかったし、書いてもいなかった。

では、当時の人々の話し言葉をモデルにしたのでないならば、何を手本につくり上げたのか。

これもまた「西洋」である。

彼らは西洋語の文章を下敷きに、新しい日本語をつくり上げていったのである。いわば西洋語を翻訳すること、西洋文明を換骨奪胎することで、日本語をつくり変えていったのである。

近代の日本は、新しい日本語をつくり上げなければ、西洋の文献の翻訳もできず（she に対応して新たに「彼女」という言葉をつくらねばならなかった事態を想起していただきたい）、ものの考え方はもちろんのこと、事物そのものを取り込むこともできなかった（たとえば bank に対応する「銀行」

という言葉をつくらなければ、銀行というシステム自体を導入することができなかったし、railwayに対応する「鉄道」という言葉をつくらなければ、鉄道を敷設し普及させることができなかったように)。つまり、新しい日本語は(ということは今の日本語は)、語彙《ごい》も文体も西洋をそっくりなぞっているのであって、むき出しでこそないものの、半ば西洋の言葉でつくられているようなものなのだ。

さて、こうして漱石、鷗外の日本語が以後の日本人の手本となった。あとに続く日本人が彼らの文章を学ぶことで、その新しい日本語が話し言葉としても広まっていった。

たとえば、漱石の初期の名作『三四郎』に登場する、三四郎を翻弄する新しき女性・美禰子《みねこ》の「~ないんですもの」「~を見ておりますの」といった言葉づかいは、それまでほとんどの日本女性が用いていたものではなかった。それは、いわば漱石がつくり上げたものだった。その新しい女性像とともに、当時の都会の若い女性たちが、進んだ女性はそうした話し方をするものだ、と真似をすることで広まっていったのである。

よく錯覚する人がいるが、話し言葉を文字に写すことで書き言葉がつくられるのではない。それとは逆に、書き言葉を学ぶことで話し言葉がととのえられてゆくのである。一般に、人間は文字を通して学ばなければ、言葉を豊かにはできないのである。

テレビやラジオといった強力な音声メディアが幅を利かす現代では、なかなか想像しづらいことではあるが、テレビやラジオもなく、話し言葉は地方ごとにてんでばらばらであった当時、共通語の基礎となったのは文字であった。近代日本に共通語としての日本語が生まれたのは、日本人が義務教育で書き言葉を教えられたからであり、新聞などを読むことでみずから学んだからであり、軍隊生活でたたき込まれたからである。日本語は文字を学ぶことを通して一般化したのである。

そうした書き言葉による教育がなければ、人々はそれぞれのお国言葉でのコミュニケーションにとどまっていただろう。今でこそ日本の方言はかなりの程度標準語化され、他郷の人同士が会話を交してもお互いに理解しやすくなったが、かつては方言では相互のコミュニケーションは難しかった。知識人同士なら、お国言葉が違っても、漢文や候文《そうろうぶん》といった書面を使っての意思疎通はできるが、日本人ならだれでもわかる、といった便利な共通の話し言葉はなかった。江戸時代に武士階級で謡《うたい》が教養とされたのも、謡の言葉が共通のコミュニケーション・ツールとなったからであろう。もしこの状態にとどまっていたら、近代化は相当に遅れてしまっていたに違いない。

さて、このように文字の力で言葉がつくられてゆくというのは、なにも日本に限った話ではない。フランス語もドイツ語も、近代になって完成され、国民に強制されていった言葉である。

たとえば、フランス人はみんなフランス語を話しているように見えるが、他国からの移民でもないのに今でもフランス語の話せないフランス人はいる。

フランスの西北に突き出た半島部ブルターニュ地方は、もともとはケルト系の独立王国で、十六世紀半ばにフランスに併合されたが、その後も文化的なアイデンティティを保って、フランス語とはまったく系統を異にする独自のブルトン語を話し、二十世紀初頭でもブルトン語しか理解しない人は半数近くに及んだ。それが今やかなりの割合でフランス語が話せるようになったのは、やはり教育の力である。学校でブルトン語を話すと首からバッ札を下げられる、といった強制力をもってフランス語を教え込まれたのである。これは近代日本で、教室で方言を話すと首からバッ札が下げられた姿によく似ている。逆に言えば、そうした強制がなければ、共通語などは生まれるものではないのである。

ことほどさように、話し言葉は書き言葉によって変化してゆく。ただし、そうした言語教育も、習得を終え、ひと世代を越えると、ずっとむかしからその言葉を使い続けてきたかのように、教育されたこと自体が忘れ去られてゆくのである。

マレーシア語のつくられ方

言語が文字によってつくられてゆくもうひとつの例を挙げよう。マレーシア語（バハサ・マレーシア）というものが、まさにつくり上げられてゆく過程の目撃譚である。

私がマレーシア連邦の首都クアラ・ルンプールを初めて訪れたのは、とある国際会議に参加した一九六二年（昭和三十七年）四月のことである。その頃、マレーシア連邦は、まだマラヤ連邦と言っていた。

マラヤ連邦は一九五七年に、独立を英国から承認された。連邦の成立以前は、各州のスルタンがそれぞれ独立して、英国の海峡植民地に属していた。独立を機に、五年任期の元首には、スルタンたちの投票で、あるひとりのスルタンが選ばれ、首相には、アブドゥル・ラフマンという人物が就任した。

つまり、私が初めてクアラ・ルンプールを訪れた一九六二年には、マラヤ諸州は統合と独立を達成してわずか五年しか経っておらず、共通語としては、英語が一般に通用していた。それでも新たな独立国だけあって、マレー語が各民族のあいだに使われ始めていた。

ここで民族と言葉の話をしておこう。

マラヤの原住民はオラン・アスリと言い、山のなかに住んでいて、文字はなく、生活はきわめて原始的である。

そこへ移住してきたのがマレー人で、海岸や河川の沿岸に住んで、船で往き来した。もとの住地はいろいろで、そのため言葉の違いが大きく、それぞれ別のスルタンを戴き、共通語としては、もとは市場の言葉であるマレー語を使っていた。書き言葉としては、いちおうアラブ文字を使ったジャウィというものがあったが、あまり使用されなかった。

そのほかに、インド人と華人がいる。インド人は、もとは英国人に連れられて、南インドから移住してきたもので、鉄道の建設に従事し、駅の周辺に住んで、ドラヴィダ系のタミル語を話す。問題は華人で、新旧二つのグループに大別される。古い華人は、ポルトガル人が一五一一年にマラッカを占領してから入植してきたもので、彼らはマレー化し、一種のマレー語を話す。新しい華人は、英国人が一七八六年にペナン島を取ってから押し寄せてきたもので、前にも述べたように、言葉の違う福建、広東、客家、潮州、海南の五種類の幇《パン》から成る。この五種は華人といっても、言葉だけでなく、食べ物も宗教も違い、互いのあいだで戦争（械闘）が絶えなかった。

マラヤの町はみな、こうして外から来た人々が開いたものである。このことは首都といえども例外ではなく、クアラ・ルンプールは、一八五七年にセランゴールのスルタンの一族が派遣した八十七人の客家の労働者が、アンパンの錫《すず》鉱山を開き、クラン河とゴンパク河の合流点に建設したもので、客家の町である。クアラはマレー語で「河口」、ルンプールは「泥」を意味する。

さて次に私がクアラ・ルンプールを訪問したのは一九七五年のことで、前の訪問から十三年が経っていた。その間に、一九六三年には、シンガポールがボルネオ島のサバ、サラワクとともに加わって、マレーシア連邦が結成された。しかし、シンガポールの人口が華人を中心とするのに対し、マレーシア連邦はマレー人を中心としていたため、その対立が高じて、二年後の一九六五年、シンガポールはマレーシア連邦を脱退して、独自の国になった。つまり、私の再訪問までに、マラヤはマレーシアになったのである。

私はその一九七五年の八月から九月まで、クアラ・ルンプールのマラヤ大学に滞在したが、このときはマレーシア連邦の結成から十二年、シンガポールの追放から十年が経ち、いよいよマレーシア語を建設する努力が軌道に乗ったところであった。先に説明したように、同じマレーシア国民といっても言葉はバラバラだったから、元宗主国の言葉である英語に代わる、国民のあいだの共通語を、ゼロからつくり上げようとしていたわけだ。明治の日本で漱石らが努力をしたように、文字としてはアルファベットを借用し、英語を基礎に、マレーシア語そのものをつくっていたのである。つまり、人々が本来持っていた各種の言葉とは別に、まったく人工的な言葉を学者らがつくり、人々に教えようとしていたわけである。

英語を基礎にするというのは、明治の日本で英語のbankに「銀行」という和製漢語をつくって当てはめた、といった作業と同じで、当てはめる側の言葉としては、マレー人のあいだの共通語となっていたマレー語が利用された。bankはマレー語の「サプ・パジャク」に置き換えることにしよう、といった作業である。ただし、マレー語の「サプ・パジャク」にはそもそもbankの意味はなく（それまでのマレー語の社会にbankというものがなかったのだから当然だ）、もともとは「借金を返す」という意味だから、この作業は近似の言葉への置き換えなのである。

要は、近代化にはマレー語を初め既存の言葉は役に立たず、英語の語彙とそれに伴う概念が必須だが（たとえば、国の経済の基礎である銀行をつくっても、それを既存の言葉では呼びようがなくbankとしか言えない）、それを英語で話すのではなく、自分たちの新しい言葉に置き換えて、みんなが共通して話せるようにしたい、ということなのである。

したがってマレーシア語は、外国人が見たり聞いたりしただけでは、英語そのものはむき出しで混じってはいないので、さながら純粋な国語のようであるが、じつは骨格は（つまり、主要な語彙や概念は）英語なのであって、それがマレーシア語の本質なのである。

さて、とはいえテレビのニュース番組で見る限り、マレーシア語はまだまだ未熟で、圧倒的なのは英語であり、中国語であり、タミル語であった。マレーシア語の番組といったら、民俗的な歌と踊りだけといっても言い過ぎではない（前にも述べたように、言葉はまず歌と踊りの面で成長する）。出版界でも、マレーシア語の写真雑誌がぽつぽつ出始めたが、それは若い娘の写真に、感傷的な文句をつけたものである。いちばんマレーシア語の文章が多いのは、劇の台本だが、それも基本的には英語でつづられており、舞台に登場するマレーシア人の娘の台詞がマレーシア語、といった構成になっている。

それでもマレーシア連邦政府の国語政策は真剣で、マラヤ大学のなかに国語センターがあり、五、六人のスタッフが常勤して、マレーシア語の辞書をつくっていたと思う。大学の文書類も、総長からの通達で、今後はマレーシア語によるものだけに限ることになり、教員の講義もマレーシア語で行なうことになった。

ところが、マレー人ならばまだしもマレー語を手がかりに理解可能なのだろうが（「マレー語を手がかりに」と言うのは、先に述べたように、マレーシア語に採用されたマレー語は、しばしば本来の意味を失い、別の意味を与えられていて、マレー語そのものではなかったからである）、マラヤ大学の教員ときたら、マレー人はほとんどいない。だいたいが英国で教育を受けたか、または植民地で英国式の教育を受けた華人で、マレー語のわからない英語話者である。それでどうしてマレーシア語でやってゆくのかというと、うまい方法がある。どの研究室にも華人の女性秘書がいて、マレーシア語の文書が来ると、彼女がタイプライターをたたいて英語に翻訳する。教員がそれを読んで返事を英語で口述すると、また即座に彼女がタイプライターでマレーシア語に翻訳して送り返す。講義も同じことで、英語の原稿をマレーシア語に翻訳するのは彼女の仕事である。それを教室に持っていって読み上げればいい。ただし、学生は質問は英語でしないといけない。でないと、マレー人でない教員はぜんぜん理解せず、理解したとしても返事ができない。

マレーシア語が英語を基礎にしていることは、マレーシア語の辞書や文法書を見ればよくわかる。たとえば一九七三年刊の『カムス・ウタマ』という辞書（カムスはマレーシア語であり、意味は「辞書」、ウタマは同じく「主な、もっとも重要な、有名な」）を見ると、kamus の項の下には英語で dictionary, book dealing with words which are arranged in alphabetical order（辞書。アルファベット順に並んだ言葉を扱う書物）とあり、さらにその下に括弧して、同じ説明のマレーシア語の翻訳が記されている。また、同年刊の『カムス・マクタブ』という辞書（マクタブは「大学」）では、kamus の項の次には英語で dictionary（辞書）とあり、その次にマレーシア語で説明がある。

つまり、いかにもマレーシア語の辞書らしく、各語の説明はマレーシア語でしてあるが、じつは英語の辞書の翻訳なのである。英英辞典の英語の項目をマレー語から選んでマレーシア語に代え、項目に続く英文の解説を同じくマレー語に置き換えたマレーシア語にしているわけだ。その際、何度も言うように、マレー語自体の意味も変わっている。たとえば先の「マクタブ」は、もともとは「書き物学校」の意味だが、マレーシア語では「大学」を意味する、といった具合である。

ところで、マレー人の学生が増えてきたと言っても、彼らがマレーシア語をふつうに使うわけではない。マラヤ大学の構内で見聞きしたところによると、どうも彼らも、ふだんは英語を使っていたらしい。

まして一般の町の華人やインド人になると、互いのあいだでは簡単な英語しか理解しない。住居のほうは、マレー人は以前はカンポン（村）にまとまって住んでいた。華人は町に住み、インド人は駅のまわりに住んでいた。近頃になって、華人もカンポンに家を建てて住み着くようになったが、隣近所のマレー人と話が通じなくて、自分たち華人どうしで話をし、商売をしているという。

これが、マレーシア連邦ができて十二年経った頃のマレーシア語である。

言葉がつくられ、国が懸命に普及させようとしても、そう簡単に共通語になるものではない。世界には国民のあいだに共通語のない国はいくらでもある。おなじ国民なのに、電車で隣に座った人の言葉がわからない、なんてことはありふれたことなのだ。日本における明治以降の日本語の普及は、成功した珍しい例のひとつなのである。

言葉は精神生活におおいに関わる

言葉がなければ概念がない

ここまで、文字を持たない言葉は貧弱で、狭い範囲で通用するのみであり、文字を持つ、より高度な言葉と出会うと、それらにおおいかぶさられてしまうこと、言葉は文字の力でしばしば大きく変化することを述べてきた。

ここでは、言葉のもうひとつの重要な側面について述べておこう。それは、ここまでにすでにいくらか述べてきたことではあるが、言葉がなければその言葉が指し示す概念はその言語社会には存在しない、ということである。

たとえば「プライバシー」という言葉を考えてみよう。言うまでもなく、これは元来英語であるが、今やほとんど日本語化して流通している。『広辞苑』（第三版）には「私事が内密であること。私人の秘密」とあるが、実際のところ、秘密とも言えないような秘密がプライバシーなのであって（晩ご飯に何を食べたかとか、なぜいつまでも結婚せずにいるのかとかは、とても秘密と言うほどのものではなかろう）、この言葉の概念をひとことで言おうとすると、「プライバシー」と言う以外に言葉がない。なぜなら、「プライバシー」という言葉が入ってくる以前、日本社会にはプライバシーという概念がそもそもなかったからである。ということは、むかしの日本人にはプライバシーなんかなかったということだ。

言葉がなければ概念がない、というのはそういうことである（繰り返しになるが、明治期の日本は、概念のなかった西洋の言葉に、むりやり和製漢語をつくって当てはめて、その概念を取り入れたのである）。

このことはたんにものの考え方にとどまらない。じつは感情もそうなのである。

これは私の実感なのだが、英語でものを言うときの私と、日本語でものを言うときの私は、どうも別人格のようである。英語で表現できる私の感情と日本語で表現できるそれとが、かなり違ってしまうのである。

こんな話がある。ある日本人学者がアメリカの大学に留学し、現地で日本文学を研究する日本語の堪能なアメリカ人学者と親しくなった。ご存じのように、英語には日本語のような面倒で複雑な敬語法はないから、相手は年上であったけれども、英語でのやりとりは、お互いをファーストネームで呼び合うフランクで対等なものであった。その日本人が帰国後、アメリカ人学者が日本に訪ねてきた。ここは日本だからと、初めは日本語で会話をしていたのだが、どうもしっくりこない。相手の名前の呼び方からして困る。「先生」では堅苦しいし、「さん」ではよそよそしい。かといって、呼び捨てではあまりにもぞんざいだ。それだけでなく、日本語の敬語、丁寧語がじゃまをして、フランクなものいいができないのである。これに気づいたその人は、会話を英語に切り替え、むかしのようにファーストネームで呼びかけた。すると、とたんに以前の親密なコミュニケーションが復活したという。

つまり、この日本人学者は、相手のアメリカ人学者への感情を、英語を通してしか発露できなかったのである。

これとは逆に、日本語でしか表わせない感情もある。

たとえば「やるせない」という言葉がある。手近な和英辞典（『新コンサイス』第二版）を見ると uneasy, disconsolate, cheerless, inconsolable, miserable, helpless とある。しかし、これらの単語で日本人が感じる「やるせなさ」が表現できるとはとても思えない。

あるいは「人の妻」という言葉がある。「あの人はもう人の妻」といったフレーズで、それこそ歌謡曲あたりにしばしば出てくる言い回しだが、これは言うまでもなく、たんに「ある人物のワイフ」ということではない。その言葉の奥に、その女性に恋情と悔恨とがないまぜとなった思いがあることは、日本人であればたいがいの人が知っている。しかし、仮に英語に直訳したら、「ある人物のワイフ」的ニュアンス以上にはならないだろう。

このように、「やるせない」も「人の妻」も、英語でそのニュアンスをきちんと伝えるのはとても難しい。ということは、「やるせない」も「人の妻」も、日本語話者に特有の心の動きだということである。逆に言えば、「やるせない」という言葉を持たない人には、「やるせない」気持ちもないのである。

このように、人間の感情も、言葉によって規定されているのである。

日本語は人工的につくられた

国語は人工的なのが歴史の法則

どこの国においても、国語というものは、天然自然に存在するものではなくて、建国に際して人工的につくり出されるものである。これが歴史の法則で、日本語も例外ではない。

マレーの建国と人造語

私がよい例としてつねに引くのは、現代のマレーシア連邦である。マレー半島はもともと定住人口の少なかったところで、歴史らしい歴史が始まるのは、十五世紀の初頭、対岸のスマトラ島のパレンバンから移ってきた王家が、マラッカに港町を建設してからのことである。しかし本格的な開発は、一五一一年にポルトガルがマラッカを占領してからのことで、それから半島の各地にそれぞれ分家のスルタンたちが根を下ろして、スマトラやジャワやセレベスから、移民が流入した。だからマレー人とは言っても、話している言葉は入植地ごとに別々であった。その上、南インドからタミル人や、アラブ人、シナから福建《ふっけん》人、潮州《ちょうしゅう》人、客家《ハッカ》人、広東《カントン》人、海南《かいなん》人が流れ込んだ。

マラッカの町は一六四一年にオランダの手に移り、一七九五年にはオランダの手から離れてイギリス領になるが、マレー半島は、その頃にはまったくの人種の雑居地帯になってしまう。各地のマレー人のスルタンたちは、それぞれ神器を持ち伝えて万世一系《ばんせいいっけい》の王統を誇り、その支配地域内にはあらゆる人種が、それぞれ自分たちで固まって町や村をつくって並存するが、相互に共通な言語はない。華人同士のあいだにもないし、マレー人同士のあいだにもない。かろうじて高等教育を受けたごく一握りの人々のあいだで英語が通じたぐらいのものである。しかもスルタンたちは個々独立で、イギリスといえども、そのすべてに保護権を持っているわけではない。これがマレーシアの建国前夜の様相である。

そこへ、大東亜戦争がやってくる。マレー半島が単一の行政区として統治されたのは、日本の軍政時代が初めてである。日本が去ったあと、チン・ペンのマラヤ共産党の反乱に対抗するため、イギリスは日本軍の遺産である隣組や自警団の組織をフルに活用する。

　こうして、マレー半島の雑多な人種が、戦中戦後の動乱に対応して、一つの社会に統合され始め、一九五七年にマラヤ連邦が発足するところまで行った。一九六三年にはサバ、サラワクが加入して、現在のマレーシア連邦になった。

　こうして国家はできたが、まだ国語はない。当初は、マレー語を国語にすればいいと簡単に割り切っていたが、いざやってみるとうまくゆかない。標準マレー語というものがどこにもない上に、多数のマレー人の母語はマレー語ではなく、ほかのオーストロネシア系の言語である。それに、マレー語は政治の言葉でも文化の言葉でもなかったから、近代的な事物を表現する語彙《ごい》もないし、論理的な表現に適した文体もない。その上、人口の半分を占める華人系、インド系の国民は都市に集中して、彼らの教育用語はこれまで英語だった。

　そこで、新しい公用語として、バハサ・マレーシアと呼ばれる国語が人工的につくり出された。これはマレー語の文法の基礎的な骨組みだけを残して、語彙は新たに英語から直訳してマレー語風につくり出し、それをほぼ英語の語順に従って並べるのである。ただし、あとに来る名詞が、その直前の名詞を修飾することが、英語と違うくらいのものである。

　つまり、このバハサ・マレーシアはマレー語の皮をかぶった英語であり、役所の公文書や異なった母語を話す人々のあいだのやりとりに使われる、本当の意味の「公用語」である。このバハサ・

マレーシアは、一般のマレー人が日常生活で話している言葉とはまた違う。首都のクアラ・ルンプールの郊外のペタリンジャヤの住宅地に増えてきたマレー人の新中産階級は、家庭ではバハサ・マレーシアよりは、英語を話すのを誇りにするくらいのものである。

バハサ・マレーシアで書いた小説の試みもあるが、英語とチャンポンの奇妙なものにならざるをえない。ただし、どこの文化でも、散文より以前に韻文、というより歌謡が存在するものだが、一九七〇年代のマレーシアでも御多分にもれず、テレビのマレーシア語番組の大部分は、マレーの民族舞踊と歌謡に限られていた。バハサ・マレーシアによる現代劇などが可能になるには、まだまだ年月が必要と思われた。

七世紀の共通語は漢語百済《ひゃくさい》方言

倭国《わこく》の言葉

こうした現代のマレーシアの状況は、七世紀末から八世紀初めにかけての、建国当初の日本の状況に気味が悪いほどよく似ている。

日本列島の原住民として倭人《わじん》がシナの記録に姿を現わすのは紀元前一世紀のことだが、これは前一〇八年に漢が韓半島を征服して、日本列島への貿易ルートを押さえ、漢人商人が日本列島に進出してきて沿岸の港町の発達を促したからである。

その後、一八四年から半世紀にわたったシナの戦乱を避けて、多数の漢人が韓半島の南部に流入し、辰韓《しんかん》、弁辰《べんしん》の二十四都市をつくった。華僑は日本列島の商権を握り、倭人の諸国にそれぞれあった市場は彼らの支配下にあった。邪馬台国《やばたいこく》もその一つである。

三〇四年に起こった五胡《ごこ》十六国の乱で、シナがふたたび戦乱の巷《ちまた》となると、韓半島北部の漢人植民地は高句麗《こうくり》の手に落ちた。まもなく三四〇年代に、漢江渓谷《かんこう》の漢人系住民を基盤として、百済が高句麗から独立する。さらにその百済から独立したのが新羅《しんら》である。これら三国の文化は、いずれも華人の都市文化を中核としていた。なかでも百済は、華南の南朝シナと日本列島のあいだの中継貿易で繁栄した。

だから六〇〇年前後になると、韓半島の高句麗にも、百済にも、新羅にも、漢人が多く住んでいた。日本列島の西部には秦《しん》王国という漢人の大入植地があったことが『隋書《ずいしょ》』に伝えられている。

のちの『日本書紀』や『新撰姓氏録《しんせんしょうじろく》』によって見ても、かつて倭国の中心部であった摂津《せっつ》、河内《かふち》、和泉《いづみ》、大和《やまと》、山城《やましろ》の平野部のおもな集落は、ほとんど秦人《はたびと》、漢人《あやひと》、高句麗《こうくり》人、百済《ひやくさい》人、新羅《しんら》人など、いわゆる帰化人（渡来人）のものだった。つまり、原住民の倭人は片隅に追いやられている状況だった。

七世紀までに韓半島から日本列島に流入した人々は、それぞれグループごとに漢語の方言を話していたと考えられる。しかし、方言とはいっても、語彙や文法では大きな差があった。現代の福建人、潮州人、客家人、広東人、海南人が互いに話が通じないのと同様、秦人、漢人、高句麗人、百済人、新羅人のあいだでは互いに話が通じなかっただろう。

最低限度のコミュニケーションには、なんらかの共通語が必要である。現代の東南アジアでは、片言の広東語が広く通用しており、華僑同士の商売の取引と喧嘩には、このベーシック・カントニーズ（基礎広東語）と呼ばれる言葉が使われる。広東人同士のあいだだけでなく、潮州人同士のあいだでもそうである。これは広東語が、ほかの方言よりも文語に近い言語であり、そのため、いちおう漢字で書けるからである。広東語以外の、福建語などの方言は、漢字では書けない。商売の契約や記帳に文字が必要なことは言うまでもない。

七世紀までの日本列島で、共通語の役割を果たしたのは、南朝のシナ文化の影響が強い百済方言だったろう。百済語も、ほかの華人の話す口語よりも、漢字で綴った文語に近い言語だったからである。

日本語の誕生

そこへ、六六〇年に唐が百済を滅ぼし、倭国の百済救援軍は、六六三年に白村江《はくそんこう》口で全滅する。

ついで、六六八年に唐は高句麗をも滅ぼす。まもなく、唐は韓半島から撤退し、三十八度線以南は新羅に統一される。この新しい王国は、高句麗人、百済人、新羅人、倭人、漢人の統一体である。

日本列島の雑多な種族たちは、新羅に併呑されて独立と自由を失わないために、倭国王家の天智《てんち》天皇のもとに結集して、日本国をつくり上げる。これはマレーシア連邦が、日本軍の占領、マラヤ共産党の反乱、さらにスカルノが仕掛けたゲリラ戦争という危機の連続に対抗して成長してきたのによく似ている。

そして、現代のマレーシアと同じく、七世紀の日本国も、政治的団結を維持するため、大急ぎで新しい国語を発明しなければならない。これまで日本列島の多くの種族のあいだに通用した言葉は、倭人の土語ではなかった。倭人はいまだかつて文字を持ったこともなく、政治や経済の語彙も持たなかった。また、全日本列島の倭人にひとしく理解される倭語の方言もなかっただろう。そうした方言は、商業活動に伴って普及するものだが、倭人はけっして大商業種族ではなかったからである。

しかし、漢語を国語とすることは危険であった。新羅の公用語が漢語だったから、新羅と対抗して独立を維持するには、別の途《みち》を選ばねばならなかった。それは、漢字で綴った漢語の文語を下敷きにして、その一語一語に、意味が対応する倭語を探し出してきて置き換える、対応する倭語がなければ、倭語らしい言葉を考案して、それに漢語と同じ意味をむりやり持たせる、というやり方である。これが日本語の誕生であった。

『万葉集』に見る国語開発

誕生直後の日本語

日本語の誕生直後の姿は、『万葉集』のなかに見ることができる。『万葉集』二十巻の大部分は、八世紀の奈良時代の歌人・大伴家持《おほとものやかもち》が編纂《へんさん》したものと考えられている。『万葉集』のなかでも、巻七には「柿本朝臣人麿《かきのもとのあそみひとまろ》の歌集に出づ」とことわった歌が多く載っているが、これは倭語の書き表わし方から見て、もっとも古風である。

たとえば、

「天海丹　雲之波立　月船　星之林丹　榜隠所見」

という歌がある。ここに並んでいる漢字は、

「あめのうみに　くものなみたち　つきのふね　ほしのはやしに　こぎかくるみゆ」

と読む。この歌の最初の「あめ・の」は「天」の一字だけで意訳し、助詞の「の」を含ませてある。次の「うみ」はそのまま意訳の「海」だが、助詞の「に」は、「丹」と書き表わしてある。

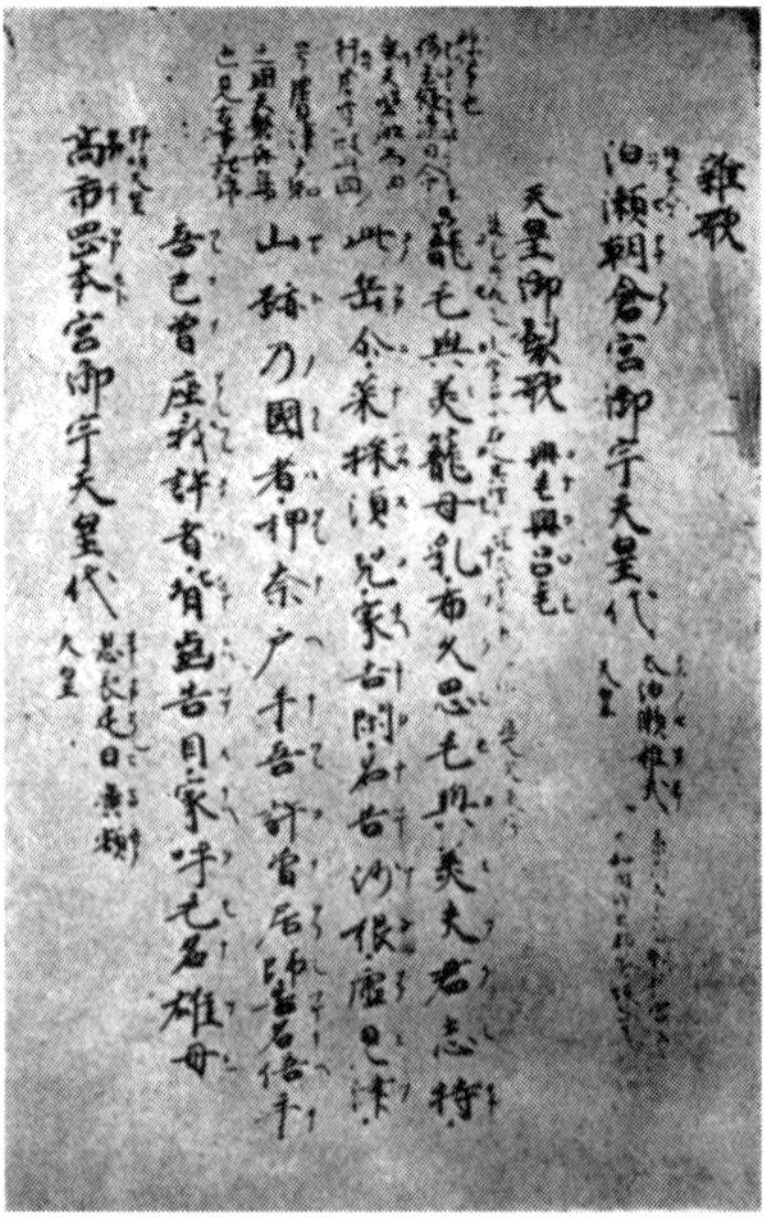
雑歌
泊瀬朝倉宮御宇天皇代
天皇御製歌
籠毛與美籠母乳布久思毛與美夫君志持
此岳尓菜採須兒家吉閑名告沙根虚見津
山跡乃國者押奈戸手吾許曽居師告名倍手
吾己曽座我許者背齒告目家呼毛名雄母
高市岡本宮御宇天皇代

図6 『万葉集』西本願寺本

この「丹」は当て字で、「赤い土」を倭語で「に」というのを利用した書き方である。次の「くも・の」は「雲之」と、倭語の助詞の「の」をちゃんと漢字の助字の「之」で書き表わしてある。

倭語の動詞には語尾変化があるが、漢字には語尾変化はない。そこで「なみ・たち」の「たち」は漢字で「立」とだけ書くが、語尾の「ち」を送らない。「こぎ」の「榜」も、「かくる」の「隠」も、意訳漢字で書き表わすだけで、語尾を送らないことでは同じである。

最後の「みゆ」も倭語の動詞だが、「見」の一字だけ書いたのでは、能動態の「みむ」(見る)なのか、受動態の「みゆ」(見える)なのか、区別がつかない。それで受動態を表わす漢字の助字の「所」をつけて「所見」とし、「みゆ」と読ませる。

柿本人麻呂は、日本建国の当初の七世紀後半に、天武《てんむ》天皇、持統《じとう》天皇、文武《もんむ》天皇に仕えた人で、『万葉集』のなかではもっとも早い時期の歌人だった。その柿本人麻呂が書き留めたらしい「歌集」の表記法では、このように、倭語の単語を意訳した漢字を、倭語の語順に従って並べるだけである。意訳といっても、当て字は使う。しかし最大の特徴は、動詞の変化語尾を、音訳漢字で送ったりしないこと、また助詞を、漢字の助字で意訳することもあり、しないこともあることである。こういう書き方は、漢文の一種といっても差し支えない段階の文体である。

これが、漢語から出発して、第一歩を踏み出そうとする段階の日本語の姿だった。これはババサ・マレーシアが、英語を下敷きにしてつくられた当時によく似た状況である。

日本語の成長

日本語の成長の第二の段階は、『万葉集』の巻一に収められた、天武天皇の次の歌に見られる。

「紫草能　尓保敝類妹乎　尓苦久有者　人嬬故尓　吾恋目八方」

これは、

「むらさきの　にほへるいもを　にくくあらば　ひとづまゆゑに　われこひめやも」

と読む。この書き方では、どの一句にも、かならず意味を表わす漢字が入っている。「紫草（むらさき）」「妹（いも）」「有者（あらば）」「人嬬（ひとづま）」「故（ゆゑ）」「吾（われ）」「恋（こひ）」がそれである。そして、それぞれに倭語の音訳漢字を添える。音訳漢字を平仮名に置き換えると、こうなる。

「紫草の　にほへる妹を　にくく有者　人嬬故に　吾恋めやも」

このうち最後の一句は、「め」を「目」、「やも」を「八方」と、発音は同じだが意味が違う倭語を表わす漢字、つまり当て字を使っている。原形では、意訳漢字を連《つら》ねる「柿本人麿歌集」の歌のようなものだったのを、『万葉集』の編者が書き直して読みやすくした結果、こうした書き方になったのだろう。

第三の段階は、柿本人麻呂より遅れて、八世紀の初めに活躍した山上憶良《やまのうへのおくら》の歌に見ることができる。『万葉集』の巻五に載っている、山上憶良の有名な長歌「貧窮問答歌《ひんきゆうもんどうか》」の反歌《はんか》は、次のように書かれている。

「世間乎　宇之等夜佐之等　於母倍杼母　飛立可祢都　鳥尓之安良祢婆」

これは、

「よのなかを　うしとやさしと　おもへども　とびたちかねつ　とりにしあらねば」

と読む。この書き方では、名詞の「よのなか」を「世間」、「とり」を「鳥」と、動詞の「とびたち」を「飛立」と書いているのだけが意訳漢字で、それ以外の倭語は、動詞も形容詞も助詞もすべて、一音節に漢字一字を当てて音訳してある。

柿本人麻呂から山上憶良まで、半世紀のあいだに、日本語はここまで成長したのである。ここまで来れば、日本語は、あともう一歩で漢字意訳を卒業して、漢語から完全に独立した国語になれる。その一歩を踏み出したのが、山上憶良の後輩の大伴家持が採録したらしい、『万葉集』の巻十四の「東歌《あづまうた》」である。

たとえば、

「可豆思加乃　麻万能宇良未乎　許具布祢能　布奈妣等佐和久　奈美多都良思母」

は、

「かづしかの　ままのうらみを　こぐふねの　ふなびとさわく　なみたつらしも」

と読む。

この書き方ではもはや、名詞とそれ以外の品詞の区別もなく、倭語の一音節ごとに漢字一字を当てて音訳してある。この完全音訳の方式の完成によって、日本語は、漢字を使いながらも、漢語から絶縁して、独立の国語の姿をとるようになれたのである。

『日本書紀』の歌謡の表記

漢文意訳と倭語音訳

大伴家持と同時代に完成した『日本書紀』の現行本でも、倭語の歌謡はほとんどすべて、一音節に漢字一字の音訳方式を採用してある。たとえば、「仁徳《にんとく》天皇紀」の物語では、仁徳天皇の恋敵の隼別《はやぶさわけ》皇子の舎人《とねり》たちが、主人をそそのかして、仁徳天皇を殺させようとするが、そのときに舎人たちは、

「はやぶさは　あめにのぼり　とびかけり　いつきがうへの　さざきとらさね」

と歌う。「さざき」はミソサザイのことで、仁徳天皇の本名「おほさざき」を指す。『日本書紀』の現行本では、この歌は、

「破夜歩佐波　阿梅珥能朋利　等弭箇慨梨　伊菟岐餓宇倍能　娑奘岐等羅佐泥」

と、完全に一音節一漢字の音訳の形式になっている。

ところが、じつは『日本書紀』の最初の原稿では、こうした歌謡は今見るような倭語の音訳ではなく、漢文の意訳で載っていたらしい。九世紀初めの平安朝の『日本書紀』学者・多朝臣人長《おほのあそみひとなが》は、八一三年、六人の下級官吏に対して『日本書紀』を講読した。そのときの記録が『弘仁私記《こうにんしき》』と

いう本になって残っている。この『弘仁私記』が引用している形では、隼別皇子の舎人たちの歌は、

「隼鳥昇天兮　飛翔衝搏兮　鷦鷯所摯焉」

と、完全な漢詩になっている。これは「ハヤブサよ、天に昇れ。飛びかけって、襲い打て。ミソサザイはつかまるぞ」という意味である。この意訳のほうが、現行本の『日本書紀』に載っている音訳の歌よりは古い形であろう。

天武天皇が『日本書紀』の編纂を命じたのは、六八一年のことであった。それが、作業に三十九年を費やして、ようやく元正《げんしょう》天皇の七二〇年に完成したのだが、そのあいだに、倭語の歌謡の表記について、編纂方針に変更があったらしい。最初は、倭語の表記法の開発が進んでいなかったから、歌謡はすべて漢字で意訳するしか方法がなかった。編纂作業が進行中に、次第に表記法が進歩して、倭語の完全音訳が可能になったので、編纂の最終段階では、現行本に見るような一音節一漢字の音訳が採用されたのである。

それでも『日本書紀』には直し忘れた部分がある。現行本の「顕宗《けんぞう》天皇紀」の、民間に姿を隠していた顕宗天皇が、舞いながら歌って自分の素性を明かす物語では、歌の文句は、すべて当て字を含んだ意訳になっている。これは『万葉集』の、柿本人麻呂が書き留めた歌と同じ時期の、日本語の発達の段階を示している。

平仮名《ひらがな》、片仮名《かたかな》の出現

こうして、新たに生まれた日本語は、ようやく漢字を離れて、耳で聞いても多くの人にわかるようになり、国語の資格をそなえるところまで来た。ここまで来れば、次の段階では、何かほかに一音節一字の文字体系を考案して、音訳にも漢字を使わないことにすればいい。そうすれば、表意文字である漢字との最後の繋がりも切れて、日本語は完全に音声だけの、漢語から独立した国語になれる。

こうして、音訳漢字を草書体にした平仮名と、筆画の一部だけをとった片仮名が出現した。

ハングルの開発が遅れた韓半島

韓半島では漢語方言

仮名は、平安朝の初期の九世紀初めには、もう成立していた。これは韓半島に比べれば、驚くほど早い。韓半島では、日本の建国と同時の七世紀に、新羅王国が統一を実現した。新羅では、日本と違って、公用語には漢文、つまり漢語を用いた。現代の韓国語の原形となった、本来の新羅語は、ついに国語の地位を獲得しなかった。

伝説では、七世紀末の新羅人の学者・薛聡《せっそう》が「吏読《りとう》」と呼ばれる、口語の表記法をつくったことになっている。この吏読は、語彙も語順も基本的には漢文だが、その合間合間に口語の助詞や語尾を表わす漢字を、送り仮名のように書き添えたものだった。だからこれは独立の国語というよりは、漢文の解読のための補助手段であり、漢語の一変種というべきものである。この状況は広東語に似ている。現代の広東語も、漢字を当てられない語彙が多いので、奇妙な俗字をつくって、漢字と混ぜて使っている。広東語も漢語の方言だとすれば、韓半島の吏読も、広東語と同じ程度に、漢語の方言だったといえる。

この吏読でも、語尾や助詞の表記を詳細にして、なるべく口語に近づけたものができたらしい。こうした表記をした「郷歌《ヒャンガ》」という歌謡が十四首、『三国遺事《さんごくいじ》』という書物に載っていて、新羅時代から伝わったものだということになっている。しかしこの『三国遺事』は、新羅時代よりははるかに後世の、十三世紀の高麗《こうらい》時代にできた書物である。だから郷歌が存在するからといって、韓国語が新羅時代に、独立の国語になっていた証拠だとは言えない。

十五世紀、ハングル創出

韓国語が本当に韓半島の国語になるのは、十五世紀のことである。朝鮮王朝の世宗《せそう》大王は、モンゴルのパクパ文字を基礎として、表音式のハングル文字をつくり出し、一四四六年、自作の

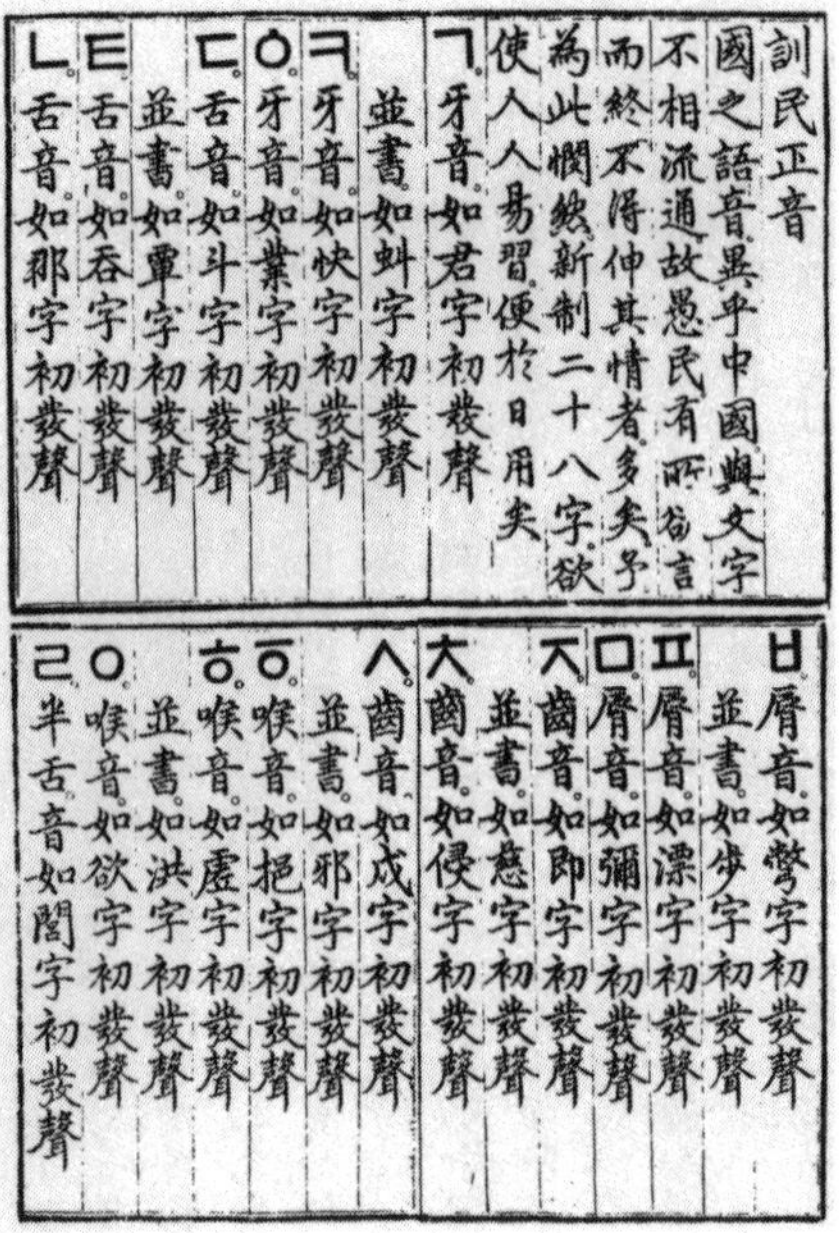

訓民正音
國之語音異乎中國與文字
不相流通故愚民有所欲言
而終不得伸其情者多矣予
為此憫然新制二十八字欲
使人人易習便於日用矣
ㄱ牙音如君字初發聲
並書如虯字初發聲
ㅋ牙音如快字初發聲
ㆁ牙音如業字初發聲
ㄷ舌音如斗字初發聲
並書如覃字初發聲
ㅌ舌音如呑字初發聲
ㄴ舌音如那字初發聲
ㅂ脣音如彆字初發聲
並書如步字初發聲
ㅍ脣音如漂字初發聲
ㅁ脣音如彌字初發聲
ㅈ齒音如即字初發聲
並書如慈字初發聲
ㅊ齒音如侵字初發聲
ㅅ齒音如戌字初發聲
並書如邪字初發聲
ㆆ喉音如挹字初發聲
ㅎ喉音如虛字初發聲
並書如洪字初發聲
ㅇ喉音如欲字初發聲
ㄹ半舌音如閭字初發聲

図７　『訓民正音』序文

『訓民正音《くんみんせいおん》』を公布して、その使い方を説明した。韓国語は、ここで初めて漢字から離れて、独立の国語の地位を獲得したのである。日本語が七世紀の建国直後に開発が始まったのに比べて、韓国語は八百年も遅れている。

　日本人が国語の開発を急いだ目的は、日本がシナや韓半島の政治力の支配下に組み込まれるのを予防するためだった。独自の日本文化を建設して、漢文への依存度をなるべく小さくすれば、シナ文化の影響を必要最小限に押さえることができる。

こうして始まった国語の開発は、情緒を表現する韻文の詩歌に関する限り、『万葉集』のように目ざましく成功したが、より実用的、論理的な散文の文体の開発は、百年経ってもなかなか成功しなかった。

紀貫之《きのつらゆき》が実験した日本語散文

『土佐《とさ》日記』の日本語

いい例は、十世紀の初めの平安朝の歌人・紀貫之である。紀貫之は日本語の散文の発達に、三つの大きな寄与をしている。一つは『竹取《たけとり》物語』。二つ目は『土佐日記』。三つ目は『古今《こきん》和歌集』の編纂で、これに漢文の「真名序《まなじよ》」と、日本文の「仮名序」を書いている。『源氏物語』の「絵《え》合《あわせ》」の巻では、冷泉《れいぜい》の帝の御前のコンクールに提出された『竹取物語』の絵巻のことを、「絵は巨勢《こせ》の相覧《あふみ》、手《て》は紀貫之書けり」と言っている。これで見ると、紀貫之の自筆の『竹取物語』があった。『源氏物語』が「物語の出《い》で来《き》はじめの親なる『たけ取《とり》の翁《おきな》』」と言うとおり、日本語の物語文学の最初の作品である『竹取物語』の散文を書いたのは、紀貫之だったらしい。

『土佐日記』は、九三四年、土佐の任地から帰京する船旅の叙述だが、紀貫之は「男もすなる日記といふものを、女もしてみんとてするなり」と書き始めている。「日記は漢字の漢語で、男

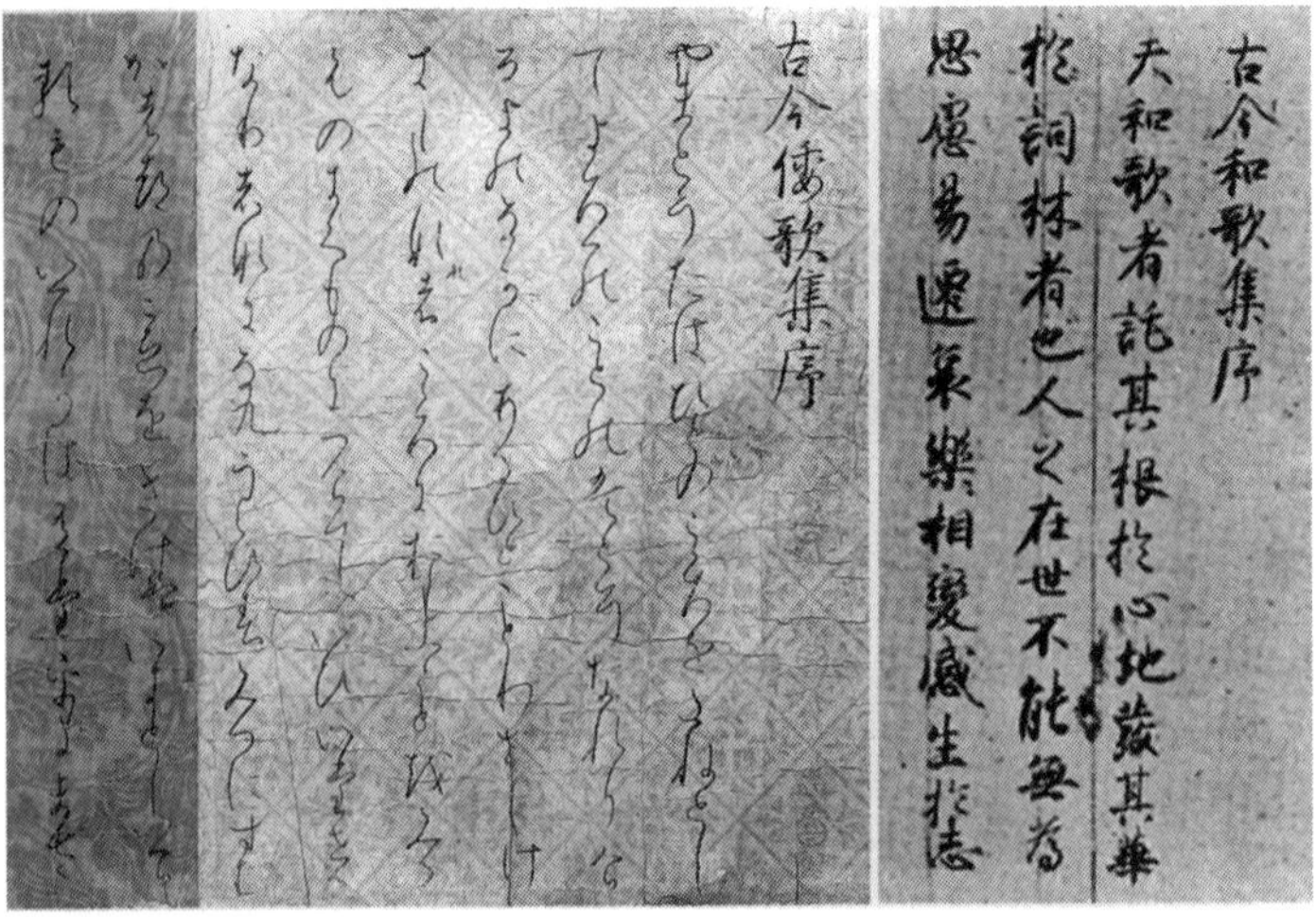

図8 **『古今和歌集』**（左は仮名序、右は真名序）

が書くものだというが、私は女だから、仮名の日本語で書いてみるのだ」という意味である。この言い方は、それまで女らしい叙情の韻文にしか向かないとされていた日本語を、男らしい叙事の散文に適用してみようという実験であることを宣言するものである。『土佐日記』のなかには漢字を「男文字」という言い方があり、これに対して仮名を「女文字」という言い方もあった。十世紀の平安朝の意識では、まだ漢語が表向きの男性文化であり、日本語は内輪の女性文化だったことがわかる。

日本語の散文が、漢文を基礎として人工的につくり出されたものであったことは、紀貫之が『古今和歌集』に書いた「真名序」と「仮名序」を読み比べればよくわかる。

「仮名序」は日本語の散文である。その書き出しの「やまと歌は、人の心を種《たね》として、万《よろづ》の言の葉とぞ成れりける」は、漢文の「真名序」の「夫和歌者、託其根於心地、発其華於詞林者也」の直訳である。多少の出入《しゅつにゅう》はあるが、だいたいにおいて「仮名序」は「真名序」の日本語訳である。先に漢文で「真名序」を書いて、それをあとで日本文に翻訳して「仮名序」をつくったことがわかる。

紀貫之の苦心にもかかわらず、「仮名序」の日本語散文のできは悪い。「真名序」がなかったら意味不明の箇所がいくらもある。たとえば「難波津《なにはづ》の歌は、帝《みかど》の御初《おほむはじ》め也」という箇所がある。「真名序」の「難波津之什、献天皇」を参照すれば、この歌が、王仁《わに》という華人が仁徳天皇に献上した歌、

「なにはづに　さくやこのはな　ふゆごもり　いまははるべと　さくやこのはな」

であることは見当がつくが、「この歌が天皇の最初である」というのは、あまりに舌足らずで、何を言いたいのかわからない。

「仮名序」にこうした難点が多いことは、『古今和歌集』ができた九〇五年の当時でも、まだ日本語の散文の文体が確立しておらず、紀貫之らが実験中だったことを示している。

散文は未発達

紀貫之の時代から百年を経て、十一世紀の初めに紫式部《むらさきしきぶ》の『源氏物語』が現われて、平安朝

の物語文学は最盛期に達する。それでもまだ、散文の文体の開発が完了していたとは言えない。その証拠に、『源氏物語』の散文には、『源氏物語』にしか現われない、特異な文法形式が多い。紫式部でさえ、日本語の散文の文体が確定しないのには苦労し、あれこれ工夫を続けていたのである。

日本語の散文の開発が遅れた根本の原因は、漢文から出発したからである。漢字には名詞と動詞の区別もなく、語尾変化もないから、字と字のあいだの論理的な関係を示す方法がない。一定の語順さえないのだから、漢文には文法もないのである。このような特異な言語を基礎として、その訓読という方法で日本語の語彙と文体を開発したから、日本語はいつまでも不安定で、論理的な散文の発達が遅れたのである。

結局、十九世紀になって、文法構造のはっきりしたヨーロッパ語、ことに英語を基礎として、あらためて現代日本語が開発されてから、散文の文体が確定することになった。

日本語に限らず、どこの新興国の国語も、人造語たるをまぬがれないものなのである。

漢字文明圏における言語事情

満洲文字の由来

清《しん》朝の支配層である満洲人は、漢字・漢文とはまったく違う文字と言葉を持っていた。満洲文字は表音文字で、英語のアルファベットと同根である。ただし縦に書く。

シナイ半島でエジプト人に使われていた鉱山労働者が用いたシナイ文字が、西のほうに伝わってフェニキア文字やギリシア文字やラテン文字（ローマ字）になり、東のほうに伝わってシリア文字となった。そのシリア文字が、商業活動に伴い、中央アジアを通り北アジアのほうへ伝わって、チンギス・ハーンの時代にモンゴル文字になった。そしてモンゴル文字のもとになったウイグル文字は、漢字が縦書きなので、漢字と併記する必要上、縦書きになった。

満洲人は、このモンゴル文字を利用して満洲語を綴るようになったのだが、もともとシリア文字は子音だけでできていたため字の種類が足りない。子音の清濁の区別ができないし、アルタイ系言語というのは、モンゴル語でも満洲語でもトルコ語でも母音に二通りの種類があるのだが、これも書き分けることができない。

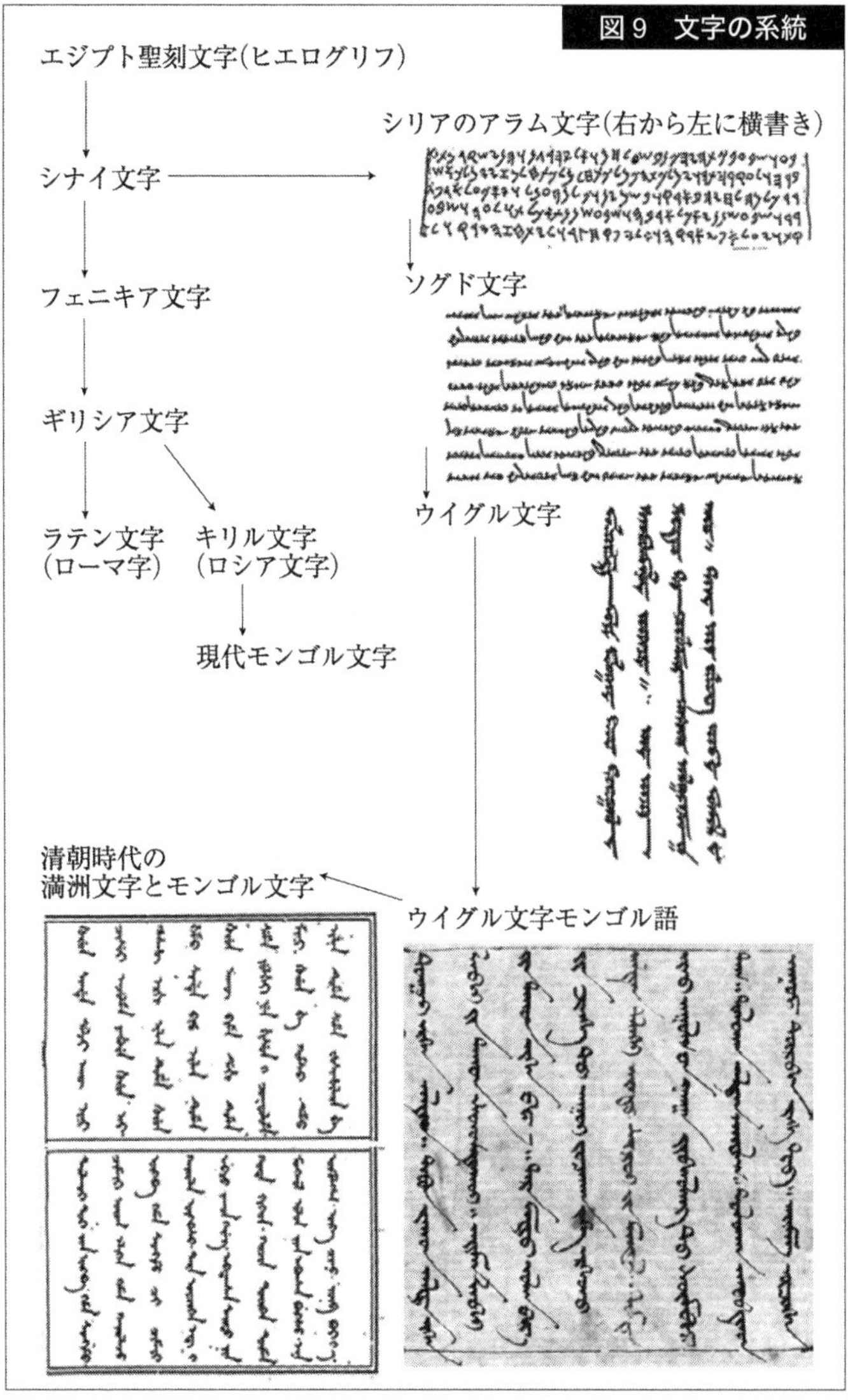
エジプト聖刻文字(ヒエログリフ)
シナイ文字
フェニキア文字
ギリシア文字
ラテン文字
(ローマ字)
キリル文字
(ロシア文字)
現代モンゴル文字
シリアのアラム文字(右から左に横書き)
ソグド文字
ウイグル文字
清朝時代の
満洲文字とモンゴル文字
ウイグル文字モンゴル語

図9 文字の系統

それで、清の太宗《たいそう》ホンタイジのときに、文字に点や丸を加えさせ、これによって母音の「ア」「エ」、「オ」「ウ」の区別、子音の清濁がはっきりすることになった。これがふつうの満洲文字で、これ以前の「無圏点字」に対して「有圏点字」と呼ばれる。

このような次第で、満洲文字は、圏点を除けばモンゴル文字そっくりである。ただし、発音すれば、語彙《ごい》は、少しの借用語を除けば、満洲語独自のものが多い。

シリア文字はアラビア文字と同様、もともと右から左に横書きしていた。それで、モンゴル語も、これを借りた満洲語も、左が一行目で、右へと順番に書いてゆくのである。

漢字の簡体字と繁体字

同じ漢字でありながら、中華民国ではむかしながらの繁体字《はんたい》を使い、中華人民共和国では簡略化した簡体字を使っているが、それは国家の政策の問題である。

中華民国は清《しん》朝から政権を合法的に委譲された正統の政権であり、その文化はシナ文化の主流である、したがって漢字を簡略化するなどというのはとんでもないことだ、文化の精髄は文字そのものだから、漢字の使い方や書体は正確に教える、というのが国民党の政策である。

それに対して中国共産党では、毛沢東《もうたくとう》の言葉は聖書である。毛沢東の語録のなかに、漢字は表音化すべきだという言葉がある。それで、延安《えんあん》時代にすでにラテン字化の実験をしていたようだ。建国以降も、言語政策の方針として、ラテン字化を推進するためにはまず漢字を簡略化しよう、同じ発音の字は一つにしてしまおう、意味に関係なく表音化し、一気にアルファベットに置き換えよう、というものだったので、非常にラディカルに漢字の筆画を少なくした。

ところが、いよいよ表音化しようという段になって、できなくなった。理由はじつに簡単なことで、現在の標準語の普通話《プートンホワ》のなかには、満洲族でないと発音のできない、ふつうの人の言葉にはない音があるのである。したがって、いくらラテン字化して発音を書き分けても、発音もできず、聞いてもわからない人たちがそれを使うのだから、綴りがめちゃくちゃになるのは避けられない。それでラテン字化は、最後にきて挫折してしまったのである。筆画を元に戻そうという運動があるのも当然である。

じつは、文字というのは、筆画が多く複雑であるほど覚えやすく、見分けやすく、意味がわかりやすく、簡単にすればするほど意味がわかりにくく、使いにくくなる、という原則がある。日本は漢字をそれほど簡略化しておらず、しかも読み方が何通りもあるような、世界でもっとも複雑な書記システムを持っているにもかかわらず、世界で最高の識字率を誇り、人口割りでは出版物の数は世界最大である。このことからもわかるように、簡略化すればするほど識字率は下がる。それに気づかず、中国は失敗をしたというわけである。

普通話は虚構の言語である

われわれはなんとなく、文字は言葉の音をありのままに書き表わしているように思っているが、そうしたことはありえない。文字に書かれる言語は、ある目標なり理想のもとにつくられ、そこから標準語も生まれてくるのであるが、それらは客観的には、どこにも実在しない言語なのである。

たとえばどんなドイツ人も、暮らしているラント（州）の言葉を話しているわけだが、それとは全然別に、表音的に綴られているはずのドイツ語というものがあって、それはだれもふだんは話さない。非常に矛盾しているが、それこそが文字言語というものの本質ではなかろうか。

実際、ふだんドイツ人はアインス eins（一）、ツヴァイ zwei（二）、ドライ drei（三）などとは発音していない。ラインラントなどでは、自動車で三十分くらいずつの距離で違う言葉がある。ドイツにいるとき、テレビでファシング（カーニバル）を中継しているのを見たことがあるが、北から南に町々の宴会の様子を映すなかで、それぞれ道化役が語る政治的な風刺話が、私には一言もわからなかった。あれが本当のドイツ語なのだろう。じつは日本語においても、カナで書かれるようになってから、カナで書かれる言葉が日本語だということになったのであって、今でもカナで書かない言葉がある。地方の古老の言葉などを想起してもらうといいが、そうした言葉は、書いたところでまったく意味がわからない。

この文字言語の虚構性は、中国では普通話（共通語）において顕著である。普通話とは、漢民族全体に通用する中国語ということだが、実際に話されているものには、さまざまな程度、各地の方言の色合いがあり、純粋無垢の普通話というのは存在しない。つまり、普通話を話している人はどこにもいない。これは台湾の国語《グオユイ》も同じで、北京語のなかから漢字に乗りうる部分だけを取り出したものである。字が基になってできている言語なのだ。また、白話《パイホワ》というものも、本当の口語ではない。漢字の枠のなかに嵌《は》まる単語だけ取り出してできた、非常に人工的なものである。要するに、客観的な普通話、国語というものがあって、その音を基礎に文字に起こし表記している、というのでは全然ないのである。

中国人にとって外国人とは何か

シナ世界においては、本来、外国という観念も国内という観念もない。漢字が使える人間が漢族であって、肉体的特徴、出身は関係がない。シナのなかで暮らしていても、漢字が使えない者は、漢族のうちには入れてもらえない。科挙は、いわば漢字をいかに使いこなせるかの能力試験で、その能力を証明した者だけが、官僚としてシナの経営に参加できた。その際、「血」を問わないから、たとえその人の目が青かろうが、金髪だろうが構わないのである。

国民国家の時代となった今でも、中国人は、中国人だけが人間で、それ以外は、漢字が使えない、半分幽霊みたいな存在だと思っている。

たとえば、中国系アメリカ人の心理について、たくさんのおもしろい小説を書いているマクシン・ホン・キングストンという中国系アメリカ人作家が、『チャイナメン』（邦訳『アメリカの中国人』。改題『チャイナ・メン』新潮文庫、村上柴田翻訳堂シリーズ）という小説のなかで、アメリカ人は「鬼子」（ゴースト）だから、われわれ中国人の顔も名前も覚えられず、話す言葉も聞き取れず、中国人のような人間の半分しか精神能力がない、と固く信じて育った、とはっきり書いている。

漢字は今でも中国人にとって、ゆがんだ中華思想の要石《かなめいし》なのである。

新しい国語は外国語である

どんな国であれ、新しい国語ができるときには、ある外国語が決定的な役割を果たす。古い時代でも同じで、たとえば古代の日本語ができたときには、漢語が決定的な、規範言語のような役割を果たした。この規範言語というのには、それとは違うものにしようという作用と、その全体のレトリックをそのまま利用しようという作用の二つの作用があり、その両面が同時に働くのである。

近代の日本語ができるときには、欧州の言語が規範言語になった。もちろん、それまでの日本語ではだめだからと言って、そっくり欧州の言語に置き換えることはできない。それで、欧州の言語のレトリックをなるべくそのまま移し替えようとしたのである。そもそも欧州においても、まず古典語のラテン語があって、それにおんぶしてようやく近代ヨーロッパ語の文章語ができた。それを今度は日本が、直訳して受け入れた。たとえば当時の会話の教本には、「饅頭ヲ持ツデアラフ」というような文章がある。これなどはまさに英語の直訳である。現在形、過去形があるのならば、未来形もなければならない、という規範意識から出発してできた言葉だ。こんな言い方が、それまでの日本語にあったはずがない。

たとえば、森鷗外の『即興詩人』は独得の文体で書かれているが、鷗外があういう文体を創造できたのは、鷗外が頭でまず組み立てた原文が、ドイツ語だったからである。ドイツ語を下敷きにした文体だから、ああいう明晰《めいせき》で新鮮な、情のあふれたいい文章ができた。「羅馬《ローマ》に往きしことある人はピアッツァ、バルベリイニを知りたるべし」という最初の一行からして、日本語的な発想ではない。

シナも事情は同じで、魯迅《ろじん》の『狂人日記』にしても、明治末期から大正期に日本で流行した文体を下敷きにしたにすぎない。白話運動が始まって現代中国語ができるときにも、日本語を規範言語としておいて、しかし、あまり日本語臭くならないように、中国語に置き換えていったのである。中国の近代科学の特徴は、あらゆる辞典類、図鑑類に日本語の対応語が書かれていることだが、科学はおろかあらゆる分野で、日本製の漢字語彙《ごい》をそのまま逆輸入した例が数知れない。漢語とは言えない「自殺」「手続」「引渡」「場合」「立場」などといった語彙まで紛れ込んでいるほどだ。

語彙が日本語になると、必然的に日本の明治末、大正期のレトリックに支配される。文学においても、日本語の文学のなかに含まれているあらゆる要素をそこに移し替えようとしたから、中国文学はわれわれ日本人から見ると、全体として新味に欠ける。要するに、白話運動というのは、じつは日本語化運動だったのである。

多言語使用における精神生活

かつてシンガポールに南洋大学という大学があった。シンガポールの華人が一九五三年に創立したもので、中国語（北京語）による初等・中等教育を受けてきた人たちの最高学府だった。しかし、中国語で教えていたのがやがて英語に切り替えられ、ついには一九八〇年頃、シンガポール大学に統合された。南洋大学で教えていた中国人教師は、たいてい台湾から来たり、香港から来たりで、英語ができないからこの大学にいたのだが、中国語で教える口を失ってしまったわけである。なぜそういうことになったかというと、シンガポールは華人の国で、八〇パーセントくらいが華人だが、そういう社会なのに、中国語の大学を出ても就職するあてがない。英語ができなければ、雇ってくれない。したがって、英語以外の学校をこれ以上維持しても、失業者をつくるだけだ、ということだったのである。

ここで、一つ注意しておかなければならないのは、南洋大学の中国語というのは、華人にとっては意味があったということである。というのは、だれの母語でもない中国語を話す華人というのは、シンガポールには事実上存在しない。数千人くらいはいるかもしれないが、それは例外中の例外で、みんな福建語《ふっけん》か広東語《カントン》か海南語《かいなん》か客家語《ハッカ》か潮州語《ちょうしゅう》（福建語の一種）である。だから、共通語として北京語《ペキン》（われわれの言う「中国語」）が採用できる。だれの言葉でもないからである。

こうした多言語使用の社会では、人々はどういう精神生活を送るのか。われわれは、中国系の名前を持つ人たちは、チャイニーズとしての精神生活を営んでいると、つい思いがちだが、どうもそうではないようなのである。

私がシンガポールで、ある華人の女性とレストランに行ったときの話だ。彼女はこう言った。

「私はベーシック・キャントニーズ（広東語）しかできない。キャントニーズでは、レストランで料理を注文するくらいのことしかできない。それで私の一族は、私のことを変なやつだ、お前はチャイニーズであるのに、なぜチャイニーズを話さないのかと言うのだが、私はチャイニーズは、生活にぎりぎり最低限度必要な広東語だけあればいい、と思っている。英語の学校に行ってイングリッシュの教育を受けたから、私はチャイニーズではない」

彼女は明らかに英語で生活をしていた。しかもその英語が、たいへん教育程度が高く、高踏的な、ハイブラウな、文学的な英語なのである。だから彼女は、イギリス文学のなかに表現されているような感情を持つことができる。彼女の精神生活は、たしかにそれで満たされるだろうと思う。その一方で、彼女は生活レベルの即物的なことがらを表現する広東語も持っているのだが、それとは彼女はアイデンティファイしないのである。

そうするとどういうことになるか。おそらく非常に微妙なことになると、ギャップができてしまうだろう。日本人だったらきっと、最低の口汚いののしり言葉から、最高は西田幾多郎の文体みたいなものまで、いちおう一人でみんなこなせるが、シンガポール人には、そういう幅の広さが明らかにない。そのため、ときどきじつに奇妙な、トンチンカンなことが起こる。彼女にしても、フォーマルな、常識的な、レディライクな反応と、非常なガッツを見せる反応との中間がない。

レストランで私と高級な話をしているところに、注文した魚料理が来た。見ると、骨が取ってある。彼女は「これはおかしい。料理した魚が運ばれてきたとき、骨が取ってあるのを見たことがない。これはよそのテーブルに持っていって、断わられて下げてきたものに相違ない」と言う。それで、こちらでは英語で高級な話をしていながら、合間合間に、店の者を何度も呼んでは広東語でガミガミ叱る。「魚の骨が取ってある、だから払わない」と言って、三時間くらいもめたのである。

私はそうした彼女を見ていて、彼女は英語でもそれをやるだろうか、広東語だからできるのではないか、と考えた。いくつかの言語を持っている場合、その言語に見合ったビヘービア（態度）がある。もっとはっきり言うと、言語によって話し手のキャラクター（人格）が違う。英語で演じるキャラクターと、広東語で演じるキャラクターは、全然別のキャラクターなのである。当人は矛盾を感じていないのだが、わきから見ていると、じつにびっくりする。態度から表情から急に変わるから、まるで違った人間になる。この点、日本人は人格が一つで、はるかに単純である。

これは多重言語使用の恐るべき現実である。多言語使用の社会においては、どの言語でも完全には精神生活が営めないのである。

終章　モンゴルの視点から見た漢字

樋口康一

一枚の紙幣が物語ること

最近の日本の紙幣には、以前にはなかった女性の肖像が登場してきた。これは、性差の偏りが好ましくないという思いが社会に広まりつつある表れであろう。これが示す通り、どこの国に限らず、紙幣には発行する国のいわば「国柄《くにがら》」——あるいは、それが国柄であってほしいと意図されるもの——が映し出されるものだ。

図Ａ　インドの１ルピー紙幣

たとえば、**図Ａ**のインドの一ルピー紙幣の裏面には、英語も含めた十七言語が印刷されている。すべて公用語だ。インドが、世界有数の多言語社会であること、そして全員が平等に使用できるのはいまだに旧宗主国の言語である英語しかないことが、如実に反映されているのである。

人口十億を超えるインドに比べれば、モンゴル国は総人口三百万余の小さな国だ。そこで現在使用されている紙幣からは何が読み取れるのか？　**図Ｂ**に掲げたのは五十トグルグ紙幣の表

図 B　モンゴルの 50 トグルグ紙幣（表面）

面である。肖像は、建国の英雄スフ・バートルだが、ここで取り上げるのは、この人物の事跡ではない。この肖像以外の、図柄、より正確に言うと、文字である。

肖像の頭の左側にあるアラビア数字は金額だ。右下にはローマ字とアラビア数字で通し番号「AA……」が印刷してあり、同じものがもう一箇所、bの下にある。旅行者なら金額以外に関心をもつこともないし、大過なく旅を終えるにはそれで十分だが、以下では敢えてその先に踏み込む。

aは、モンゴル帝国時代の通行手形で、刻まれているのは、伝統的なモンゴル文字だ。縦書きし、日本語とは逆に一行目の右側に二行目が来る。「モンゴル銀行／五十トグルグ」とある。bは、伝統的なインド式の数字で記した金額である。同じものが肖像の左下にもある。cに、細かな字がある。左の行にはモンゴル文字で「モンゴル銀行総裁」、右の行は総裁の署名だが、ロシア語式のキリル文字で書いてある。現在モンゴル国では人民共和国時代（一九二四〜九二）に導入されたキリル文字による正書法を採用している。

ただし、モンゴル人はモンゴル国にだけ住んでいるわけではない。四百万人を超える中国の内モンゴル自治区のモンゴル人の多くは、伝統的なモンゴル文字を使用している。個々の事情については、この章の最後に触れよう。

図C　モンゴルの50トグルグ紙幣（裏面）

肖像の左側dには、ラーメンの鉢に描かれたような図柄があるが、実は、これも文字だ。aと同じモンゴル文字だが、あちらは楷書体、こちらは印章用の篆書体である。「モンゴル国」と印刷されている。肖像と通行手形の間、麗々しい装飾の中のeと同じものはモンゴル国の国旗にも描かれているが、これはインド系の文字を取り入れて十七世紀に考案されたソヨンボ文字の一つで、文頭の開始記号である。

次は裏面である。**図C**には草原で草をはむ二頭のウマの上にキリル文字で「モンゴル国」、下には「トグルグ」とある。その左は通行手形の裏面で、キリル文字で「モンゴル銀行」と印刷されている。二種類の数字があるのは、表面と同じだ。

以上の、両面で使用されている文字を数字も含めてもういちどま

とめると、

①モンゴル文字楷書体
②モンゴル文字篆書体
③キリル文字
④ローマ字
⑤ソヨンボ文字
⑥アラビア数字
⑦インド式数字

の七種類である。

考えてみれば、モンゴルも日本も、シナ周辺に位置するが、本土との地理的な遠近はけた違いだ。モンゴルの場合は陸続きだけに、絶えず接触はあったし、先ほど述べた通りで、中国領内に暮らすモンゴル人も多い。にもかかわらず、表にも裏にも漢字がない。現在の韓国の紙幣にも漢字はないが、ハングル表記の語は全て漢語で、漢字に置き換えられる。

ところが、モンゴルの紙幣はそうではない。漢字以外の文字は随所にある。キリル文字は、旧ソ連との緊密な関係を考えればうなずける。しかし、それ以外を仔細に見ると、なぜ縦書きの文字なのに日本語などとは行の進み方が逆なのか、なぜモンゴルから遠く離れたインドの文字から考案された文字があったり、インド式の数字が使用されたりするのか、不思議は尽きない。そして、モンゴル人が使用してきた文字は、実はこれ以外にも数種類あり、それらが、本書第3章でも触れられていたように、ローマ字やキリル文字も含めて、実は全て同じ起源、遠く古代エジプトの象形文字から発している（図6　**文字の系統**、三二七頁）と知れば、驚きは一層ますだろう。

一枚の紙幣は、以上の疑問や驚きを考える手がかりを与えてくれる。そこには、ユーラシア全体で展開されてきた文字の変遷とともに、モンゴル人が漢字といかに関わってきたか、もっとあからさまに言うと、格闘してきたかが、くっきりと反映されている。以下ではそれを少し詳しく論じたい。

漢字とどう関わるか、そしてそもそも漢字とはどのようなものか

シナ周辺の民族にとっては、漢字とどう関わるかは、自分たちの言語や文化の根本につながる大きな課題だ。漢字は、時には薬にも、また毒にもなりかねない。日本に関する事情は第2章で説かれている。提示されている魅力的な仮説の細部については判断を留保する向きもあろうが、

図D　道路標識

漢字が日本語の形成に大きな影響を及ぼしたことを否定するものは誰もいない。その漢字が古代シナでどのような役割を果たしたかについても、第1章で詳述されている。ここでは、少し異なる角度から、漢字の性格を考えてみよう。

漢字は「表意文字」、かなやアルファベットは「表音文字」と学校で教わった記憶はどなたにもあるだろう。たしかに、「山」は一字でmountainを意味する。一方、それを「やま」と書き「yama」と書くこともできるが、各々を構成する最小の要素、「や」や「y」、にはそれ自体で意味はない。もちろん、「や」が「矢」を意味することもあるが、「山」の一部として書かれる場合は、単に読みを表しているだけだ。「y」についても、同じである。

ただ、少し立ち止まって考えてみると、「表意」「表音」だけでは、おおざっぱなことに気づく。乱暴なたとえだが、**図D**の標識も、一つの意味を表している。道路でこれを見て、年齢だと思う人はいない。きちんと意味が伝わるのだから、立派な表意文字とも言える。ただ、その意味はたった一語では言い表せない。ところが、「山」の場合はそうではない。それだけで一語を表しているのだ。

言語学的に正確な議論を進めるには、「表意」といっても何の意味か、それが表す単位は何かを示す必要がある。そこで、あまり耳慣れないが、「表語」という用語が使われる。漢字は「表語文字」なのである。**図D**の〇印の中に数字が入った記号は、表意的ではあっても、表語的ではない。

「表音」も同じだ。「や」と「yª」の違いが示す通りで、「や」は「子音＋母音」からなる単位「音節」をひとまとめに表わすので、より正確には「(表)音節文字」だ。一方、「y」「a」は、各々がこれ以上分けられない一つの子音もしくは母音を表わす。したがって、正確には「(表)単音文字」と呼ばなければならない。

ただし、文字そのものの性格とそれがどう使用されるかは、また別物だ。本書第3章でも触れられている通り、後期の万葉仮名のように漢字を意味とは無関係に表音的に使用することもある。また、文字自体は単音文字であっても、英語のknightのような組み合わせは、そのまま読みようがない。この語は全体で一語を表しており、表語的なのだ。

以上を踏まえると、漢字は表語文字であり、同時に(表)音節文字だということになる。それをしっかり理解しておけば、以下で説明するユーラシアにおける文字の変遷の話がわかりやすいはずである。

ユーラシアにおける文字の伝播と変貌

漢字と似たような文字は、世界の他の地域にもあった。古代エジプトで紀元前三千年以前から使用されていたのが、**図E**のヒエログリフ（聖刻文字）だ。歴史の教科書にも紹介されており、装飾性豊かな絵柄の面白さもあって、興味を抱く人は多い。ただし、鳥を描いてあるにしても、実物の個性は捨象されて定型化されている。だから、もちろん絵ではない。基本的には、漢字同様の表語文字だ。

横書き縦書きどちらも可能。左から右へ読む場合も、逆の場合もあるが、いずれにしても動物や人物の顔が向いている方向に読む。横書きで次の行に進むと向きが逆になることもある。これを「牛耕式」と称する。足場を組んで高く大きな壁面に碑文を刻むのを想像すれば、こちらの方が作業は楽だし、見上げて読む側も同じだ。

もっとも、誰もが文字を読めたのではない。誤解されがちだが、それが実現するのは近代の学校教育が普及してからだ。洋の東西を問わず、文字は長らく、読み書きを伝授された少数の人間の独占物で、他の人間にとっては意味ありげだが、肝心の意味は不明の模様にすぎなかった。文字にはこんな秘儀性があったのだ。

ヒエログリフも全てが表語的だったわけではない。読みだけを借りて、音を表す記号として使う、表音節的な用法も古くからあった。その際、母音は書かない。書かなくても母語話者なら語形の推定は簡単だからだ。ただ、同音の語が増えると混乱が生じる。それを避けるため、別の字を、単に意味を区別するだけの記号として書き添える。漢字の部首の組み合わせと同じだ。第1章で述べられている「六書」の原理は、実は、象形文字から発達した文字全般に通用する。せっぱつまると、ひとが考えることは似たようなものなのである。

図E　ヒエログリフ

社会組織が複雑になり記録を残す必要が増すと、装飾性にこだわってはいられない。早書きできる書体も生まれる。ヒエラティック（神官文字）と呼ばれる行書体は、ヒエログリフと平行して使われていたし、そこから草書体のデモティック（民衆文字）も生まれた。これらでは、右から左への横書きが支配的となる。

図Fに掲げたのは、ヒエログリフ解読のきっかけとなったことで有名な「ロゼッタストーン」だ。上から、ヒエログリフ、デモティック、ギリシア語で同じ内容が刻んであるが、純然たる表語文字だけなら解読は不可能だった。絵柄から意味が推測できることもあるが、どう読むかは一切手がかりがない。

解読のカギは外国人の人名だ。さすがにこれは表音的に書くしかない。それと対応するギリシア語と対照して一文字ずつ読めるようになり、そこから表語文字の解読も進んでいった。一般に未解読文字だけをじっと見ていても、解読はできない。対訳資料の存在が解読の欠かせない条件である。

図F　ロゼッタストーン

この文字の使用はしだいに周囲に広まって行った。文字記録を残す必要が生じても、遊び半分で試してみれば実感できるが、白紙で新たな文字を考案するのは、意外に難しい。借りてくる方が手っ取り早い。漢字の場合と同じく、世界のどこでも生じたことだ。こうして、必要に迫られた近隣の民族が自分のことばを書き残すのにこの文字を使い始める。だが、その字体も文字組織も複雑で、一つの音節を表す文字が複数個あったりする。母語話者でも自在には運用しづらい。外国人ならなおさらだ。秘儀性が仇となったのである。

採る道は一つ。装飾性も表語性も捨て去り、表音に徹する。文字の数も減らし、一文字一音節にして覚えやすくする。シナイ半島にいたセム系の言語の話し手がしたのは、これだ。さらに、それを借りたフェニキア人はもっと大胆で、表音節性さえ捨てた。一つ一つの文字を各々の音節の先頭の子音だけを表す表単音文字にしたのである。こうして、例えば「家」(bēth) を示すヒエログリフは、意味とは無関係に単に子音「b」だけを示す文字になる。これを「頭音法」という。

一般に文字は、記録に残すというその本質からして、保守的だ。学校教育が普及し識字層が増えても、文字組織や運用を自分から進んで大きく変えることはない。それが実現するのは、敗戦や革命など、大きな社会変動の時だ。敗戦にともない歴史的仮名遣いを廃した日本に限らず、ロシアでもドイツでもそうだ。不合理極まりない英語のスペリングが一向に改まらないのは、近代の英米人が敗戦らしい敗戦を経験していないからだとも言える。そんな保守性を一切無視してエジプトの文字を大胆に改変できたのは、使用者が外国人だったからである。

実は、これも漢字と同じだ。日本でも、フェニキア人並みに、表語性を抜きにし、表音節文字化したひらがな、カタカナが考案された。後者の祖形は朝鮮だという仮説が近年有力だ。だが、あくまでも漢文を読む時の補助的手段であり、それで文を綴るには至らなかった。シナ本土との距離が近く影響が大きすぎたからだ。その点、海で隔てられているのは日本にとって幸いだったかもしれない。

表単音文字に変貌し実用性を高めたフェニキア文字は、西に伝播してギリシア文字に、さらにキリル文字、ローマ字にと姿を変えていく。一方、フェニキア人の近隣にいたアラム人もこの字を借りて母語を表記し始める。アラム文字の誕生だ。こちらは、逆に東に伝播する。その末裔がモンゴル文字にほかならない。インドに伝わるとブラーフミー文字が生まれ、それがいろいろなインド系文字の母体となるが、その一つがチベット文字だ。要するに、漢字以外のユーラシア全域の文字の多くは、同じ起源から生まれたのである。

ここで注意しなければならないことがある。ローマ字の「B」が、もとは「家」を意味したヒエログリフだと知って驚く人は、教養ある欧米人にも多い。裏返せば、知らなくてもローマ字は使いこなせる、ということだ。歴史と現在は切っても切れない。現在は歴史の所産だ。だが、両者は同じ次元で混在しているわけではない。近代言語学の始祖であるスイスの言語学者、ソシュールの強調したポイントの一つがこれだが、それを忘れないようにしつつ、以下を読んでいただきたい。

ユーラシアにおける文字の三タイプ

図Gに掲げた地図は、宮崎市定「歴史的地域と文字の排列法」に基づく。近代ヨーロッパ列強の植民地になる前の、各々の地域の主要な文字の並べ方を類型化すると、大づかみながら各々の地域の特色が現れるという主旨のものだ。たしかに、これは直感にかなっている。

具体的には、東アジアの、中国とその影響下にある地域（日本やベトナムを含む）は縦書き、インド（チベットを含む）は左から右への横書き、西アジアは、アラビア文字がその代表だが、同じ横書きでも右から左である。

ちなみに、東南アジア大陸部の、例えばタイ文字は左から右に横書きし、一方島嶼部はイスラム化し、アラビア文字表記が支配的だったが、今ではオランダ人考案のローマ字表記が採用されている。ベトナム式の漢字（チュノムと呼ぶ）を漢字に交え縦書きしたベトナムでは、その後フランス人宣教師が考えたローマ字表記を採用し今日に至る。

では、この図をモンゴルにあてはめるとどうなるのか。近代以降のローマ字やキリル文字、アラビア数字は別にすると、あの紙幣には、これら三つの類型が全て見てとれるのである。

先にも述べたが、モンゴル文字はウイグル文字を借りたものである。そのウイグル文字は、ソ

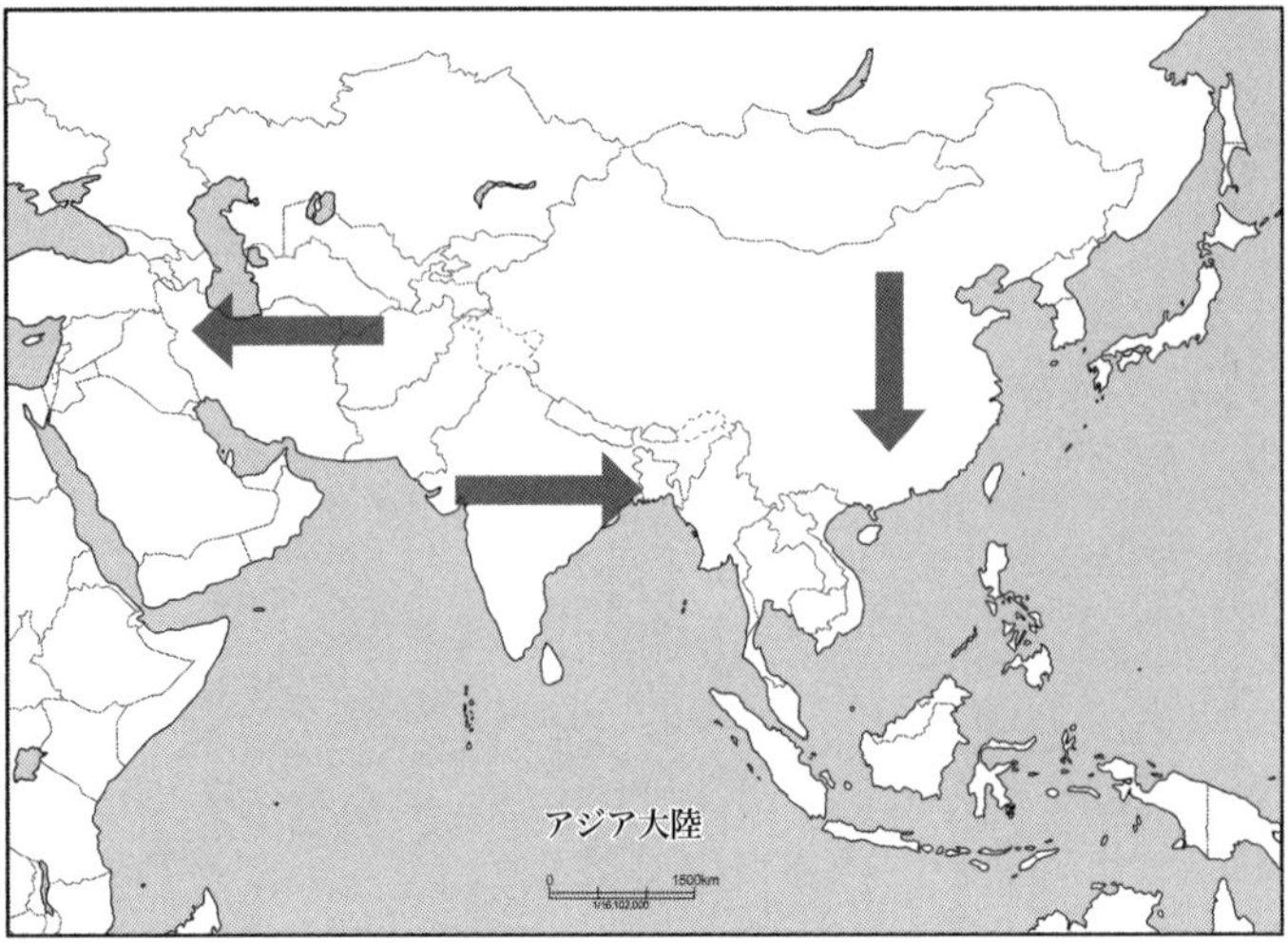

図G　文字の並べ方

グド文字を、そのソグド文字は究極的には西アジアのアラム文字を借りたもので、当初は右から左に横書きしていた。いわゆるシルクロード沿いに西から東へと文字が借用されるのだが、シナ仏教を信仰するようになったソグド人は漢文の仏典にならって縦書きも始めた。

　といっても、縦書きの日本語を横書きにするのとはわけが違う。縦書きの日本語だと、一つ一つの文字の向きはそのままにして、次の文字を下ではなく右に続けるだけで横書きになる。ところが、ソグド文字では、英語の筆記体のように、一つの単語は切れ目なく続け書きする。だから、それを縦書きしようと思えば、一つ一つの文字の向きも九十度回転させなければならない。紙を回転させる方が手っ取り早いくらいだ。お手元に紙を置いて書いてもらえばわかるが、左に向かって横書きしたものを縦書きすると、次の行は右側に来る。ウイグル文字もモンゴル文字もそしてソグド文字も当然、同じだ。

図Hに掲げたのは八世紀の縦書きソグド語の書簡だが、発信者の名前を下げて書くあたりにも、漢文の影響が見て取れる。西アジア発祥のものが東進するにつれ東アジア的に調節されていくのである。当初は縦横両方あったウイグル語も、やがてもっぱら縦書きされるようになる。

ちなみに、この文字で記されるのは古代ウイグル語で、現在、なにかと痛ましい報道が相次ぐ

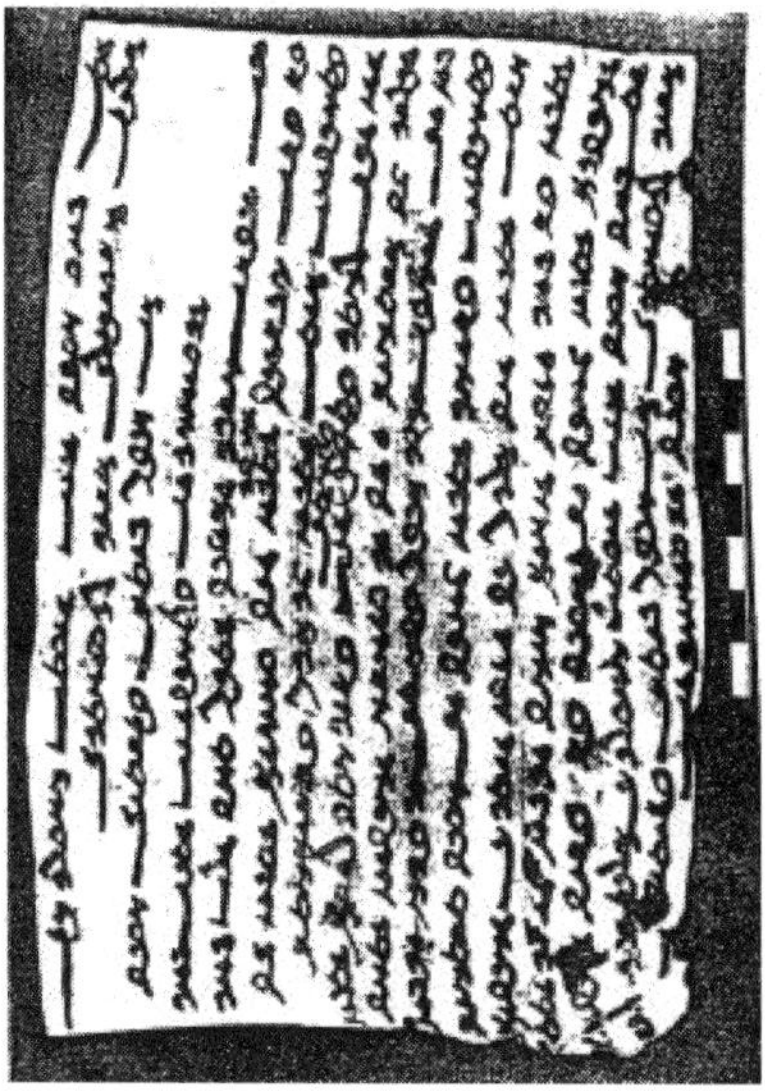

図H　8世紀の縦書きソグド語の書簡

新疆ウイグル自治区の新ウイグル語とは、近縁だが系統は少し異なる。新ウイグル語はイスラム化したウイグル族の言語で、アラビア文字で表記される。

モンゴル人は今もチベット仏教（インド仏教を忠実に伝えたものとされる）を熱心に信仰しているが、それが始まったのは元朝時代である。それ以降、インド数字を含めインド・チベット的な要素も浸透する。

もともと母音の少ないアラム語の表記には母音文字は要らなかった。ウイグル語はそれより母音が多く、そのままでは不便なので、不完全ながら母音文字が作られ、モンゴル文字はそれを受け継いだ。依然として母音を表す文字は少ないのだが、モンゴル人にとっては特に問題はない。外国語として学ぶ場合はさておき、母語については、文字はことばを習得した後で覚えるものだ。不完全な文字表記でも、ことばそのものを知っていたら、母語話者なら特に不自由しない。日本人でも同じことだ。たとえば、人名だと最初に断っておけば、ローマ字で「ＴＮＫ」とだけ書いても、これを「狸」や「手抜き」と読む日本人はいない。「田中」と推定するのは、難しいことではないはずである。

ただ、外国語をモンゴル文字で正確に書き表すのは難しい。モンゴル語にない母音や子音が出てくるとお手上げだ。ところが、仏教で大切な呪文である陀羅尼など、正確に読まないと効能が発揮されない。また、尊者の名前なども正しく発音しないと罰が当たる。そこで正確な表記が可能な新しい文字が何度か考案されたが、それらは全てインド・チベット的な左から横書きする文字にならった。

中でも有名で教科書にも載っているのが、あいにく、あの紙幣には印刷されていないが、この種の文字として初めて考案されたパクパ文字だ。

図Iに掲げる元朝時代の通行手形に刻まれているのがこの文字である。縦書きで行は左から右に進む点は、モンゴル文字と同じだ。子音文字と母音文字を組み合わせた音節を一単位として一まとめに書く。要するに、本来は、**図J**のように音節ごとに右横に続けて書くチベット文字を、一つ一つの文字自体の向きは変えずに上から下につなぎ変えただけのものである。

図I　パクパ文字
（元朝の通行手形より）

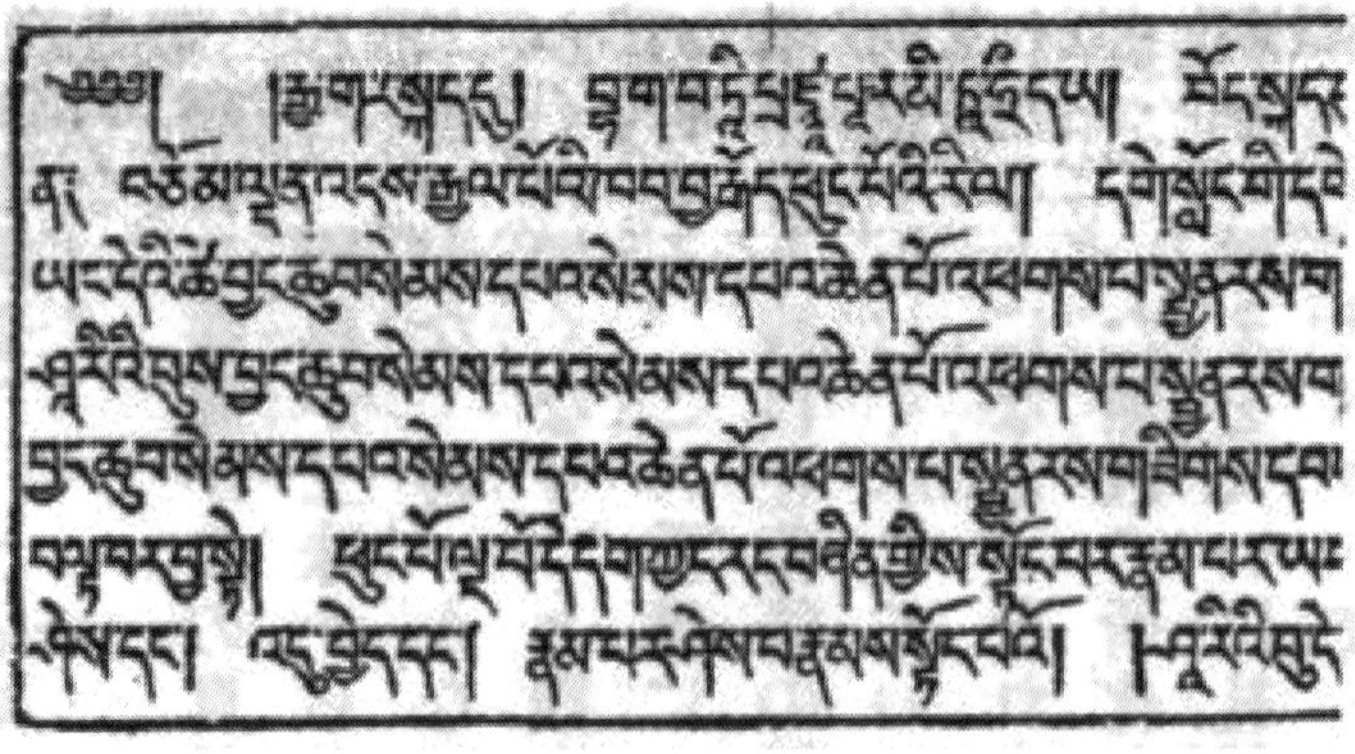

図 J　チベット文字

図 K　「琉球国王印」の印面。右が漢字（篆書体）、左が満洲文字

よほど急いで作ったと見えて、ずいぶん乱暴だが、それなりの工夫はあり、これで元朝支配下のどんな民族の言語も正確に書き表せることになっていた。事実、漢字をこれで音写した資料も実在する。

もっとも、何でもできるということは、裏返せば、何をしても半端だということが多い。これもその例に漏れない。実地に書けばわかるが、チベット文字なら横書きで一語をひと続きに書くところを、この文字は音節ごとに区切って縦につなぐ。そのため、やたらに上下に間延びする。モンゴル人が母語を書くのにこんな手間のかかる文字は使わない。事実、日常的に使われた形跡はなく、元朝崩壊後この文字が使用されなくなったのも道理である。

ただ、外国語をどう忠実に再現するかは、依然として大きな問題で、これ以降もそのための文字はいくつか考案された。紙幣にあるソヨンボ文字も、実は、その一つなのである。

ちなみに、外国語表記のもう一つの方法は、他の文字を借りずに、モンゴル文字に補助記号を加えて一部改良することである。この特殊な文字はモンゴル文字に交えて今でも活用されている。また、満洲人は当初モンゴル文字をそのまま借りていたが、不具合があるので工夫したのがこの方法であった。詳しくは第3章で紹介されている（本書三一六〜三一八頁）。日本にもこれは伝わっている。**図K**で紹介するのは、那覇の首里城に展示されている「琉球国王印」（レプリカ）の印面である。右が漢字の篆書体、左が満洲文字で、ともに「琉球国王之印」と刻まれている。冊封体制下に組み込まれた琉球国王が清朝からくだし置かれたものである。

モンゴル国はモンゴル帝国の版図のごく一部

ここまでで、あの紙幣にはユーラシアの文字にかかわる三つの要素、**図**Gに示した《↓ → ←》に集約できる要素が、全て存在することがおわかりいただけただろう。実際、文字だけではない。モンゴルのことばや文化もそうだ。

図Lに掲げた地図は現在のモンゴル国の位置を示す。ユーラシアのちょうど真ん中ではないにせよ、周囲に四通している。もちろん、険しい山脈や広い砂漠もある。ただ、地続きなのはたしかだ。事実、モンゴル系民族の現在の居住域は、実際にはこれよりはるかに大きい。歴史的には、**図**Mのモンゴル帝国の版図が示す通りで、それはユーラシアの大半を占める。このような地理的、歴史的な条件があの紙幣に反映されている。

それはすっぽりシナ本土を飲み込んでいる。この地理的・歴史的な関係の近さの割には、最初に指摘したように、あの紙面には漢字の影響はたいへん少ない。縦書きはするが、それはウイグル語を踏襲しただけで、自ら進んで漢文をまねたのではない。篆書はあるものの、それを日常的には使わないのは、日本語と同様だ。

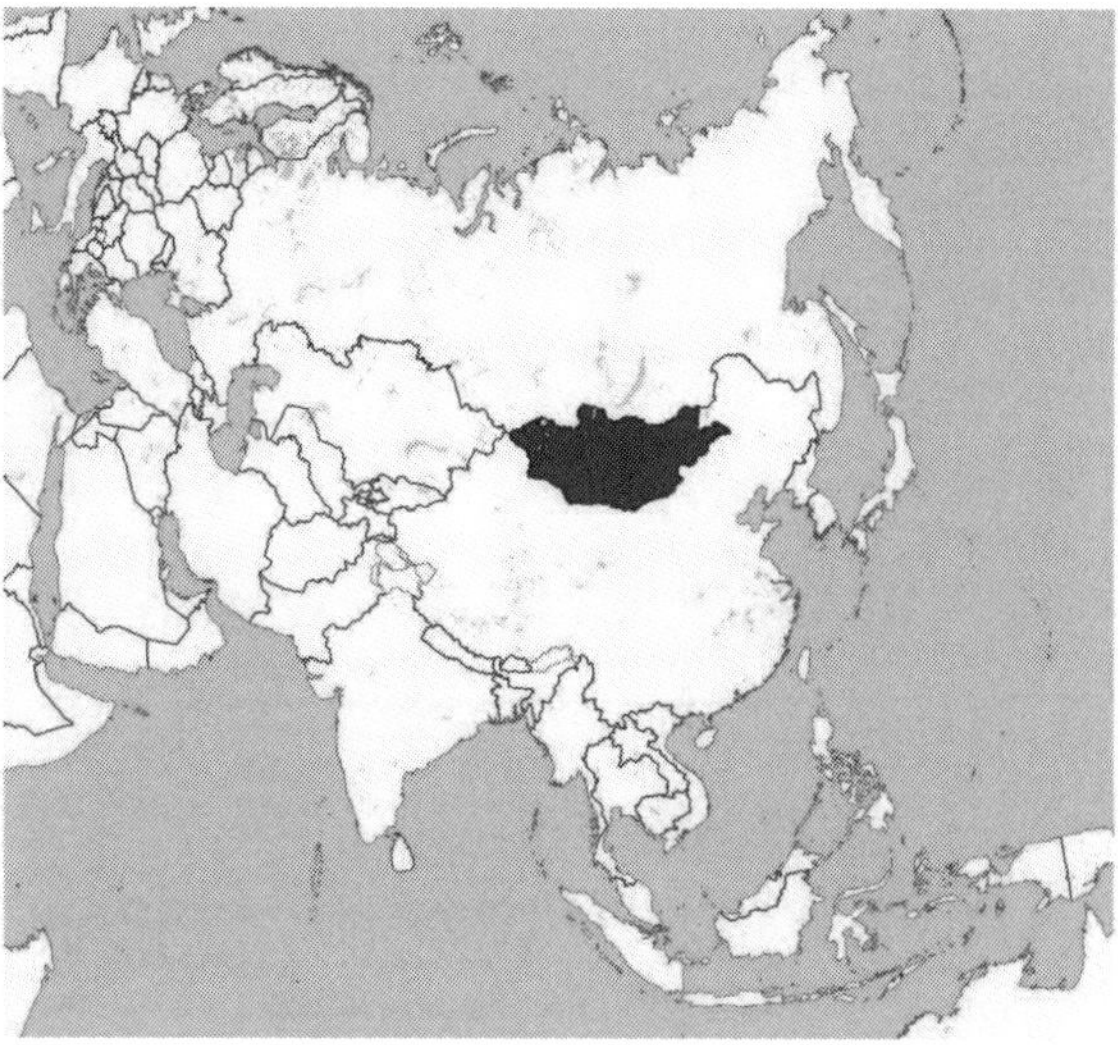

図Ｌ　現代モンゴル国の位置

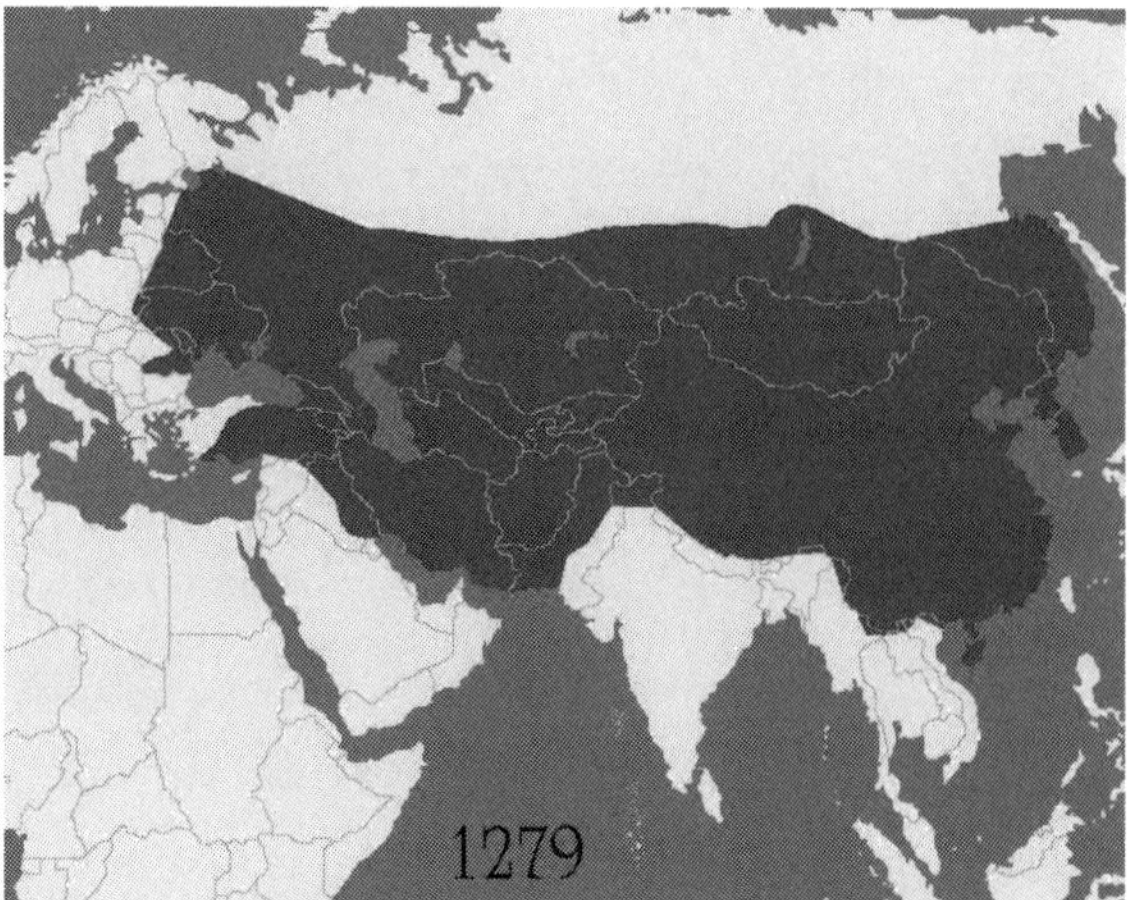

図Ｍ　モンゴル帝国の版図

いや、実は、文字だけではない。そもそも、ことばの中にシナ語由来の借用語が驚くほど少ないのだ。

モンゴル人が漢字とどう関わったか

図Nに掲げたのは「契丹《きったん》文字」である。契丹人が十世紀初めに建国した遼という王朝（版図の一部にシナ本土を含むので征服王朝と呼ばれる）で使用されていた。契丹語は後世のモンゴル語には直接はつながらないが、モンゴル語の一派と考えられている。大字と小字があるが、ここに掲げるのは小字である。

漢字そのままの字形も少しはあるが、それを除けば、漢字のように見えても、そうではないことはすぐ分かる。この文字は、基本的には表音文字である。「へん」や「つくり」など、一つ一つの部首が単一の子音や母音を表し、それを組み合わせた一音節をまるで一文字の漢字に見えるように組み立てる。それを縦に連ねて単語を記し、さらに文を綴る。まだ、解読の途上で全部は読めておらず、学者が努力を傾けている。ちなみに、大字の方は、漢字同様の表語文字で、ほとんど解読できていない。

ためしに書けば実感できるが、部首を複雑に組み合わせる結果、一文字の画数がきわめて多く、書きづらい。ところが、契丹語には一音節の単語が少ない。一つの単語を書くのに二文字も三文字も要する。文を綴るにはもっと手間がかかる。これでは、時間をかけて碑文に刻むのならともかく、日常生活で使うには不便このうえない。実用性には乏しいのである。ちなみに読めている限りでは、資料の大半が墓碑銘であるせいか、役職名など漢語の音訳語が多く、固有語は意外に少ない。

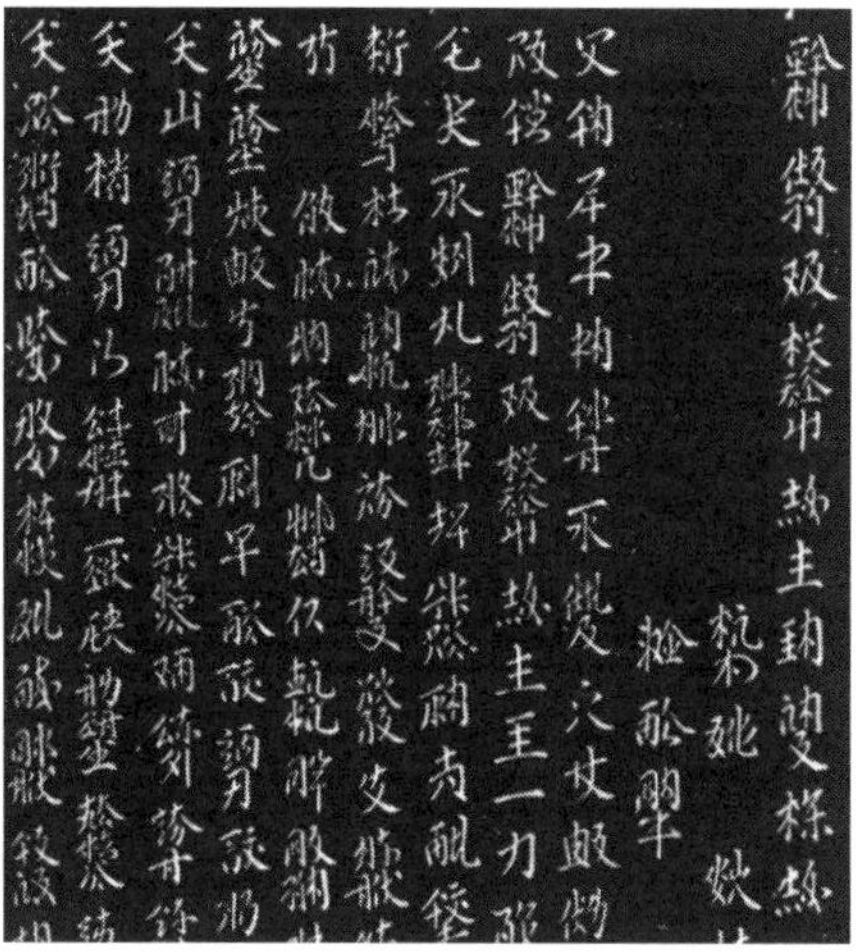

図N　契丹文字

この文字は、漢字なしでも、自分たちの言語を表記できる証しにはなるものの、それ以上の意味はなく、要は、漢字への対抗意識の産物にほかならない。この種の擬似漢字は、「対抗文字」とでも称し得るもので、西夏や金といった他の征服王朝でも作られたが、どれも王朝滅亡後は使用されなくなった。それも当然で、他の言語の使い手がわざわざ使用するメリットが、なにもなかったのである。

ところが、漢字にはそれがある。それは、第1章でも論じられている。表語文字としての漢字とそれを組み合わせた漢語が有する概念の普遍性だ。といっても、真の意味で言語差がないかどうか、議論の余地はあるので、正確には「擬似普遍性」というべきだろう。

たとえ同形の単語でも、言語間で、中核的な概念そのものは同じでも、意味の広がり、そこから連想できるもろもろのことがらは異なる。前者を「内包」、後者を「外延」と呼ぶ。例えば、「社会」は日本製の漢語で、英語の society の訳語としてシナ語にも逆輸入された。三言語で、内包は同じだ。しかし、外延が異なる。友人からの伝聞だが、昭和四十年代末期に入った会社の新人研修で聞いたことばが今でも脳裏から離れないという。曰く「会社を逆にしたら社会だ、つまり会社とは本来反社会的なのだ」。だから余事は考えず儲けに徹せよという、コンプライアンスも何もあったものではない結論になる。敢えて社名はあげないが、モーレツ社員全盛期ならありそうな発言だ。「会社」という、これまた日本製の漢語は、残念ながらシナ語には輸入されなかった。だから、同じことを中国で話しても通じない。もちろん、英語もそうだ。反意語が何か、を含む外延が異なるのだ。

とはいえ、内包がおなじなら、中核的な意味概念だけをになう単語として漢語をかりることはできる。こえにだしてよむときは、それに対応する自分の母語でよむ。よこがきの日本語に英単語、たとえばboxがまじっており、それを「はこ」と音読する。おかしなようだが、これが「箱」と漢字でかいてあれば、われわれが日常的にしていることだ。

これが、訓読みである。漢字とどう折り合うか、その工夫の産物だ。お気づきだろうが、直前の段落で、漢字で書いたのは音読みする漢語だけである。その音読みとは、過去の漢字音を日本語でそれなりに再現したものだ。渡来の時期やどの方言音なのか、その違いに応じて複数個ある。ただ、どれももう日本語の中に溶け込んでいて、外国語音ではない。漢語は外来語ではないのだ。

実は、モンゴル人が文字を学んだウイグル人も、同じことをしていた。かれらはソグド人よりさらに歩を進めて、ウイグル文の中に漢字を交えて書いた。それをウイグル式になまった漢語音で読むこともあれば、対応するウイグル語に置き換えて読むこともあった。前者は音読み、後者は訓読みであることは言うまでもない。ただ、これはかれらが信奉したシナ仏教の漢訳仏典を解釈するときに限られていた。**図〇**はその一例だ。日本語のように、日常的な文書の中に大量に漢字漢語を借りていたわけではない。とはいえ、漢字漢語を取り入れることは、文字のシステムとして不可能ではなかったことはたしかである。

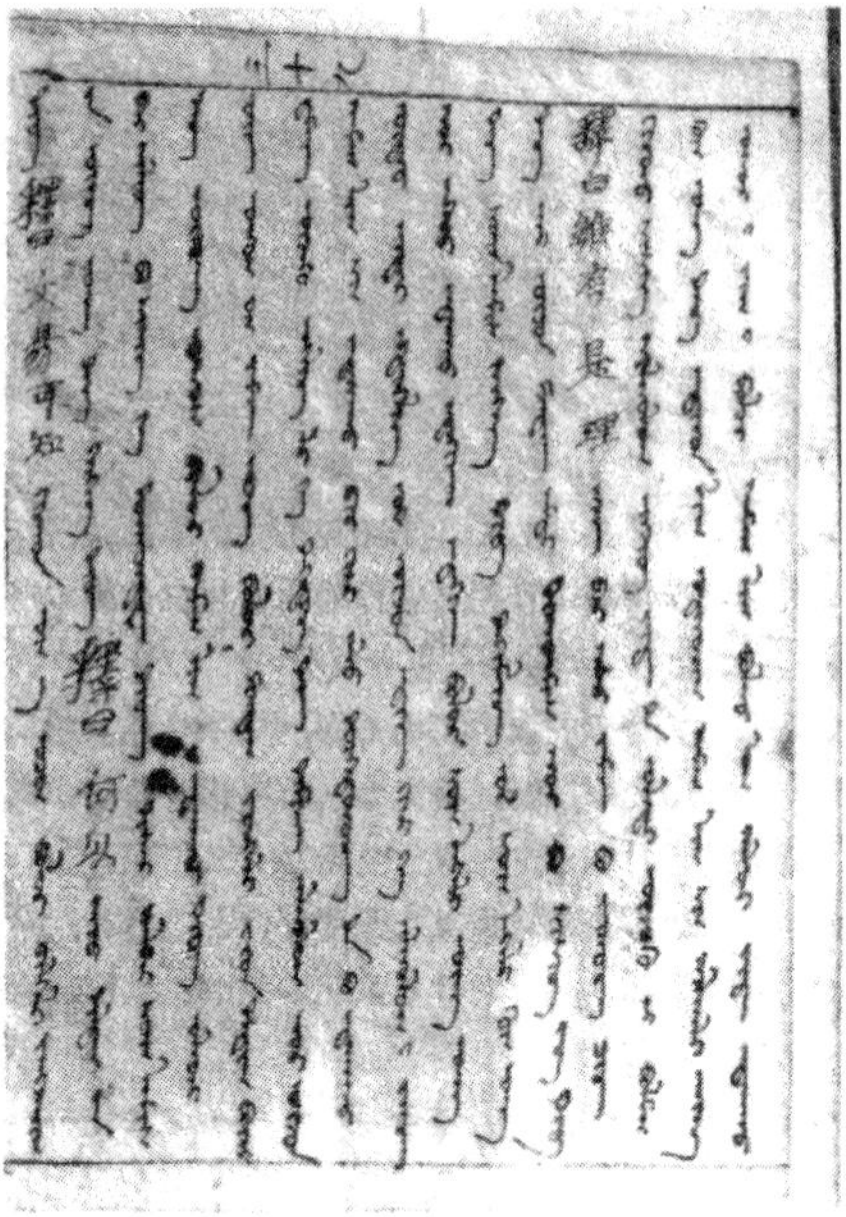

図〇　漢字交じりのウイグル文

契丹文字が使用されていた時期やこの漢字交じりのウイグル文が使用されていた時期と、モンゴル人が文字を使い始めた時期（十二世紀前半、というのが現在の通説だ）とは多少ずれがある上に、モンゴル人がこんなウイグル人の企てを実見したかどうか、また契丹人の経験に学んだかどうかはわからない。だが、進んだ道は、ウイグル人や契丹人とは全く別のものだった。要は、できるかぎり、漢字と関わらない。その姿勢はのちも堅持される。

モンゴル語が漢字との関わりについて選んだ道は、どの言語とも異なる。表記こそ今は漢字を使わないものの日常語の中に大量の漢語を借りた朝鮮語やベトナム語とも、もちろん日本語とも違う。十九世紀以降、近代的な事物や制度が中国経由で入ったが、名称は多くの場合モンゴル語に翻訳され、漢字、漢語がそのまま使われることはなかった。モンゴル文字表記に交えることなどなかったのはもちろんだ。これは、強烈な意志の産物と見るしかない。

現代モンゴルの文字事情

以下は、漢字の談義を離れたモンゴルの文字事情である。脱線じみるが、広い意味で文字の問題を考えるよすがになると考える。

モンゴル国では、人民共和国成立（一九二四年）後、モンゴル文字のローマ字化が計画されたが、一転、キリル文字化へと方向転換し、四〇年代に実現した。同じモンゴル系であり旧ソ連で自治権を有していたバイカル湖周辺のブリヤート人やカスピ海沿岸のカルムィク人も、同様にキリル文字使用を余儀なくされた。言語差は小さく、話せば意思疎通が可能だが、各々正書法が異なり、文字面を見ると違いが実態以上に際立つ、というか、そう仕組んであるとしか思えない。ちなみに、人民共和国時代の紙幣にはキリル文字とアラビア数字しかない。九二年のモンゴル国成立にともない印刷された紙幣が最初に紹介したものだ。キリル文字を性急には捨てないものの、歴史に照らして大きく方向を変えたことが如実にわかる。

ただ、好んだどうかはさておき、一度慣れたものを切り替えるのは厄介だ。まして、モンゴル文字の綴りは基本的には十二世紀のものを踏襲した、日本語で言うと「歴史的仮名遣い」だ。切り替えには一層手間がかかる。当面はキリル文字を併用し、モンゴル文字の教育を始めるしかない。聞くところでは、モンゴル人力士の中でも旭鷲山（七三年生）の世代はだめだが、白鵬（八五年生）の世代はモンゴル文字が読めるという。二〇二五年からは、公文書でのキリル文字とモンゴル文字の併記が義務化されると伝えられている。

モンゴル国よりモンゴル人が多い中国内モンゴル自治区は、全く事情が異なる。中ソ蜜月時代にはモンゴルと同じキリル文字化も目論《もくろ》まれたが、抗争激化で中止、以後はずっとモンゴル文字を使用してきた。けっこうなようだが、うまくいかないものだ。なにしろ、ここの言語事情は変化が著しい。五〇年代から漢民族が続々と流入し、今では全人口の八割を占め、二割弱のモンゴル人を圧倒している。特に漢民族の多い都市部では、モンゴル語は耳にできない。若い世代では漢語しか使わない、使えない者が多い。漢民族が圧倒的優位の社会では漢語を使う方が、使える方が有利だ。モンゴル語をかえりみない者がいても不思議はない。

また、モンゴル語を話す者でもそのモンゴル語が無意識のうちに変容しつつある。早くも五〇年代末には漢語との混成語めいたものの存在が報告されている。漢語の単語が大量に借用され、固有のモンゴル語に取って代わるだけではない。漢語特有の言い回しなどが交じる。昔の邦画に登場した怪しげな日系人の話す英語混じりの日本語を想像すれば、それに近いかもしれない。

もっとも、こんな混成は言語と言語が接触した時にどこにでも起こる普遍的現象だ。本書で論じられた古代のシナや日本でもあり得ることだった。言語接触の研究が近年世界的に盛んだが、岡田説の先駆性がここにうかがえる。こうして、内モンゴルは接触研究の格好の材料を提供するフィールドとなった。ただ、母語には誰しも大なり小なり感情移入する。それをゆるがせにされては良い気もちはしない。自治区発足当初から交通標識や街の看板では漢語とモンゴル語の併記が義務化されてきた。**図P**の写真はその一例だ。ところが、近年は、そのモンゴル語に間違いが多くなった。とうとう、最近は義務ではなく任意化されたと聞く。

図P　漢語・モンゴル語併記の看板

それだけではない。自治区の小中学校、高校は漢語で授業をする学校とモンゴル語で授業をする学校とがある。モンゴル人がどちらに行くかは任意だが、都市部では後者が年々減っている。昨年の九月からは民族学校においてモンゴル語で行なわれてきた授業の多くが漢語での授業に切り替えられ反発を呼んでいると報じられている。趨勢に従ったといえば、それまでだが、これは自治の根幹に関わる深刻な事態だ。

岡田説を敷衍すると、ある人間が漢民族であるか否かは、出自とは関係なく、漢字漢文が操れるか否かにかかっている。それに照らして、ブラック・ホールさながらに周囲の民族を飲み込み漢民族は増殖してきた。今進められているのは、それを強引に加速する企てだ。河清《かせい》を百年も待てないらしい。本章で紹介してきた、モンゴル国のモンゴル人が示す、漢字とは関わらないという強烈な意志は、漢字の持つ利便性と表裏一体の、魔力的な同化力を察知し、こんな事態を予見した上でのことだったのかもしれない。

【追記】

二〇一七年夏に内モンゴル自治区赤峰市で見かけた看板、**図P**の「和風寿司」の上のモンゴル文字は翻訳ではない。漢字を一字ずつ音訳してあるだけだ。モンゴル語しか読めない人間には何のことかわからない。英語の原語にカナで読みがふってあるだけでは、英和の二言語表記とは称せまい。当初の方針がいかに形骸化しているかがわかる。もはや単なる形式的なアリバイ証明にすぎない。

ひぐち・こういち　一九五一年大阪府生。一九八一年京都大学大学院文学研究科博士後期課程（言語学専攻（言語学））単位取得退学。愛媛大学名誉教授。専攻は、アルタイ言語学・モンゴル語文献言語学。主著は、『蒙古語訳「宝徳蔵般若経」の研究』（渓水社）（第19回金田一京助博士記念賞）等。

出典一覧

序章　岡田英弘の漢字論（宮脇淳子）　書き下ろし

第1章　シナにおける漢字の歴史

漢字の正体――マクルーハンの提起を受けて　『岡田英弘著作集4　シナ（チャイナ）とは何か』第Ⅳ部、藤原書店、二〇一四年五月（初出は『大航海』No.17、一九九七年八月、新書館。初出題は「漢字文化とマクルーハン」）

漢字の宿命　同右（初出は『講座・比較文化　第二巻　アジアと日本人』第五章「真実と言葉」岡田英弘編、研究社、一九七七年。但し大幅加筆構成）

漢字が生んだ漢人の精神世界　同右（初出も同右）

漢字が苦手な中国人　『岡田英弘著作集5　現代中国の見方』藤原書店、二〇一四年十月（初出は『諸君！』文藝春秋、一九七七年六月）

文字の国の悲哀――漢字は中国語ではない　同右（初出は『月刊シルクロード』㈱シルクロード、一九七七年八月）

シナで口語で話すとおりに口授したらどうなる？　『岡田英弘著作集7　歴史家のまなざし』藤原書店、二〇一六年二月（初出は『別冊正論　日中歴史の真実』二〇〇七年十一月、発行・産経新聞社、発売・扶桑社）（『中国人にとって『歴史』とは何か』六～七頁）

漢字で書くということ　『岡田英弘著作集3　日本とは何か』藤原書店、二〇一四年一月所収「「魏志倭人伝」、シナ側の事情」より（初出は『倭国の時代』第二章、ちくま文庫、二〇〇九年。初出題は「『魏志倭人伝』とは何か」）

書物の政治性　同右

なぜ中国では文盲率が高いか　『岡田英弘著作集4』第Ⅳ部「漢字をめぐる発言録」所収（初出は『歴史のある文明　歴史のない文明』筑摩書房、一九九二年、四二～四三頁）

漢人の漢字学習法　同右（初出は『世界の中の日本文字』弘文堂、一九八〇年、一四六～一四八頁）

漢文はだれの言葉でもない　同右（初出は『対話　起源論』共著、新書館、八九～九〇頁）

拼音の限界　同右（初出は『世界の中の日本文字』二七〇～二七一、二八一～二八二頁）

中国は結局「読書人国家」？　同右（初出は『民族の世界史5　漢民族と中国社会』終章「座談会　現代の漢民族」四六四～四七一頁）

第2章　日本の影響を受けた現代中国語と中国人

日清戦争後の日本語の侵入　『岡田英弘著作集4』に書き下ろし

現代中国における「和製漢語」の実態　同右（初出は『歴史通』二〇一二年七月、ワック出版。宮脇淳子「共産主義・革命・人民――どれも日本からの〝盗用漢字〟」を大幅加筆構成）

「時文」と「白話文」　同右（初出も同右）

中国の文字改革――表音への志向と挫折　『岡田英弘著作集4』に書き下ろし

中国人はなぜ対句を好むか　『中国意外史』新書館、一九九七年

魯迅の悲劇　『岡田英弘著作集4』（初出は『中央公論』一九七九年七月、中央公論社。口語体の論説「魯迅のなかの日本人」を再構成）

周令飛著『北京よ、さらば』を読む　『岡田英弘著作集7』（初出は『世界日報』一九八三年五月二十三日）

日本を愛した中国人――陶晶孫の生涯と郭沫若　『岡田英弘著作集7』（初出は『中央公論』一九八〇年十二月、中央公論社）

第3章　文字と言葉と精神世界の関係

書き言葉と話し言葉の関係　『岡田英弘著作集4』に書き下ろし

日本語は人工的につくられた　『岡田英弘著作集3』（初出は『言論人』一九七八年九月五日、言論人懇話会）

満洲文字の由来　『岡田英弘著作集6　東アジア史の実像』藤原書店、二〇一五年所収第Ⅴ部「発言集」より（初出はエグゼクティブ・アカデミー講演「満洲民族はいかに中国を創ったか」一九八六年、質疑応答三五～三六頁）

漢字の簡体字と繁体字　同右（初出はエグゼクティブ・アカデミー講演「満洲民族はいかに中国を創ったか」一九八六年、質疑応答三六～三七頁）

普通話は虚構の言語である　『岡田英弘著作集4』第Ⅳ部「漢字をめぐる発言録」所収（初出は『世界の中の日本文字』共著、弘文堂、一九八〇年、一〇〇～一〇三頁）

中国人にとって外国人とは何か　『岡田英弘著作集4』第Ⅳ部「漢字をめぐる発言録」所収（初出は「『歴史』の本」上、『本』一九九二年十月、講談社、一二頁）

新しい国語は外国語である　『岡田英弘著作集4』第Ⅳ部「漢字をめぐる発言録」所収（初出は『世界の中の日本文字』一九八〇年、一六〇～一七四頁）

多言語使用における精神生活　『岡田英弘著作集4』第Ⅳ部「漢字をめぐる発言録」所収（初

出は『世界の中の日本文字』一九八〇年、一九一～一九四頁)

終章　モンゴルの視点から見た漢字(樋口康一)　書き下ろし

図表一覧

や　行

ら　行

わ　行

ま　行

は　行

な 行

た行

さ 行

か 行

事項索引

あ 行

さ 行

た 行

人名索引

あ 行

か 行

著者紹介

岡田英弘（おかだ・ひでひろ）

1931年東京生。歴史学者。シナ史、モンゴル史、満洲史、日本古代史と幅広く研究し、全く独自に「世界史」を打ち立てる。東京外国語大学名誉教授。2017年5月歿。

東京大学文学部東洋史学科卒業。1957年『満文老檔』の共同研究により、史上最年少の26歳で日本学士院賞を受賞。アメリカ、西ドイツに留学後、ワシントン大学客員教授、東京外国語大学アジア・アフリカ言語文化研究所教授を歴任。

著書に『歴史とはなにか』（文藝春秋）『倭国』（中央公論新社）『世界史の誕生』『日本史の誕生』『倭国の時代』（筑摩書房）『中国文明の歴史』（講談社）『読む年表　中国の歴史』（ワック）『モンゴル帝国から大清帝国へ』『〈清朝史叢書〉大清帝国隆盛期の実像』（藤原書店）『チンギス・ハーンとその子孫』（ビジネス社）他。編著に『清朝とは何か』（藤原書店）他。2016年、『岡田英弘著作集』全8巻（藤原書店）が完結。

漢字《かんじ》とは何《なに》か　――日本《にほん》とモンゴルから見《み》る

2021年7月30日　初版第1刷発行©
2024年9月10日　初版第2刷発行

著　者　岡　田　英　弘
発行者　藤　原　良　雄
発行所　株式会社　藤　原　書　店

〒162-0041　東京都新宿区早稲田鶴巻町523
電　話　03（5272）0301
FAX　03（5272）0450
振　替　00160－4－17013
info@fujiwara-shoten.co.jp

印刷・製本　中央精版印刷

落丁本・乱丁本はお取替えいたします
定価はカバーに表示してあります
Printed in Japan
ISBN978-4-86578-319-3

中国よ、どこへ行く？

現代中国のリベラリズム思潮
（一九二〇年代から二〇一五年まで）

石井知章編　跋＝子安宣邦

日本では一部しか紹介されてこなかった現代中国のリベラリズムの多面的な全体像を、第一線で活躍する日中の気鋭の研究者一五人により初めて捉えた画期的な論集！

（著者）徐友漁／栄剣／張博樹／劉擎／許紀霖／秦暉／張千帆／周保松／及川淳子／梶谷懐／王前／水羽信男／緒形康／福本勝清（訳者）本田親史／中村達雄／李妍淑／藤井嘉章／劉春暉／徐行

Ａ５上製　五七六頁　**五五〇〇円**
（二〇一五年一〇月刊）
◇978-4-86578-045-1

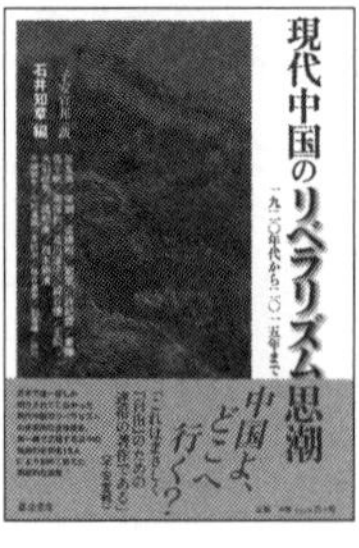

“近すぎる隣国”日本からは見えない中国の実像

中国の何が問題か？
（ハーバードの眼でみると）

J・ルドルフ＋M・ソーニ編
朝倉和子訳

ハーバード大学の一流研究者らが、政治、国際関係、経済、環境、社会、歴史と文化という多様な視角から、「世界の中の中国」を見据える。最先端の中国研究からの三六の問いかけ。**米大統領選を受けた緊急寄稿収録。**

Ａ５判　三三六頁　**三〇〇〇円**
（二〇二一年一月刊）
◇978-4-86578-296-7

THE CHINA QUESTIONS
edited by Jennifer RUDOLPH and Michael SZONYI

完全監視社会は、独裁体制の完成形か？

セレモニー

王力雄　金谷譲訳
推薦のことば＝王柯

共産党建党記念祝賀行事と北京万博が重なる空前の式典年に勃発した感染症パニックと、その背後で密かにうごめき始めた極秘の暗殺計画――。ＳＡＲＳ事件、ウイグル問題、ファーウェイ疑惑など、現代中国をめぐる事態を髣髴とさせる、インターネット時代の『一九八四年』。現在、行動の自由を厳しく制限されている反体制作家による、中国本国で未公刊の問題作、邦訳刊行！

四六上製　四四八頁　**二八〇〇円**
（二〇一九年四月刊）
◇978-4-86578-222-6

「人種差別撤廃」案はなぜ却下されたか?

「排日移民法」と闘った外交官

(一九二〇年代日本外交と駐米全権大使・埴原正直)

チャオ埴原三鈴・中馬清福

第一次世界大戦後のパリ講和会議での「人種差別撤廃」の論陣、そして埴原が心血を注いだ一九二四年米・排日移民法制定との闘いをつぶさに描き、世界的激変の渦中にあった戦間期日本外交の真価を問う。

〈附〉埴原書簡

四六上製　四二四頁　**三六〇〇円**
(二〇一一年一二月刊)
◇978-4-89434-834-9

ビッグスリーが繰り広げる駆け引き

奇妙な同盟Ⅰ・Ⅱ

(ルーズベルト、スターリン、チャーチルは、いかにして第二次大戦に勝ち、冷戦を始めたか)

J・フェンビー　河内隆弥訳

一九四一年八月の大西洋会談から四五年八月の日本降伏まで、数々の挿話・秘話を散りばめた、二十世紀で最も重要な指導者たちの四年間の物語。「スターリンは寡黙だったが、ルーズベルトは始終とりとめなく話し、チャーチルは際限なく喋った」。

口絵各八頁

四六上製　Ⅰ三六八頁　Ⅱ三八四頁　**各二八〇〇円**
(二〇一八年三月刊)
Ⅰ◇978-4-86578-161-8
Ⅱ◇978-4-86578-162-5

ALLIANCE　Jonathan FENBY

屈辱か解放か

ドキュメント 占領の秋 1945

毎日新聞編集局　玉木研二

一九四五年八月三十日、連合国軍最高司令官マッカーサーは日本に降り立った――無条件降伏した日本に対する「占領」の始まり、「戦後」の幕開けである。新聞や日記などの多彩な記録から、混乱と改革、失敗と創造、屈辱と希望の一日一日の「時代の空気」たちのぼる迫真の再現ドキュメント。

写真多数

四六並製　二四八頁　**二〇〇〇円**
(二〇〇五年一二月刊)
◇978-4-89434-491-4

百枚の写真と手紙で知る、古都の光と闇

米軍医が見た占領下京都の六〇〇日

二至村 菁　日野原重明＝推薦

占領軍政を耐える日本人群像を、GHQ未発表資料や証言とともに、二十五歳の米軍医の眼をとおして鮮やかに描くノンフィクション物語。

「戦争はどんな人間をもクレージーにしてしまうほど異常な事態です。太平洋戦争中の731部隊の行動はその後どのような影響をもたらしたのか、それが本書によって明白にされています。」(日野原重明)

カラー口絵一六頁

四六上製　四四〇頁　**三六〇〇円**
(二〇一五年九月刊)
◇978-4-86578-033-8